トム・クルーズ

ザ・レジェンド

a series of
superstar
biographies

クルーズミッションチーム編

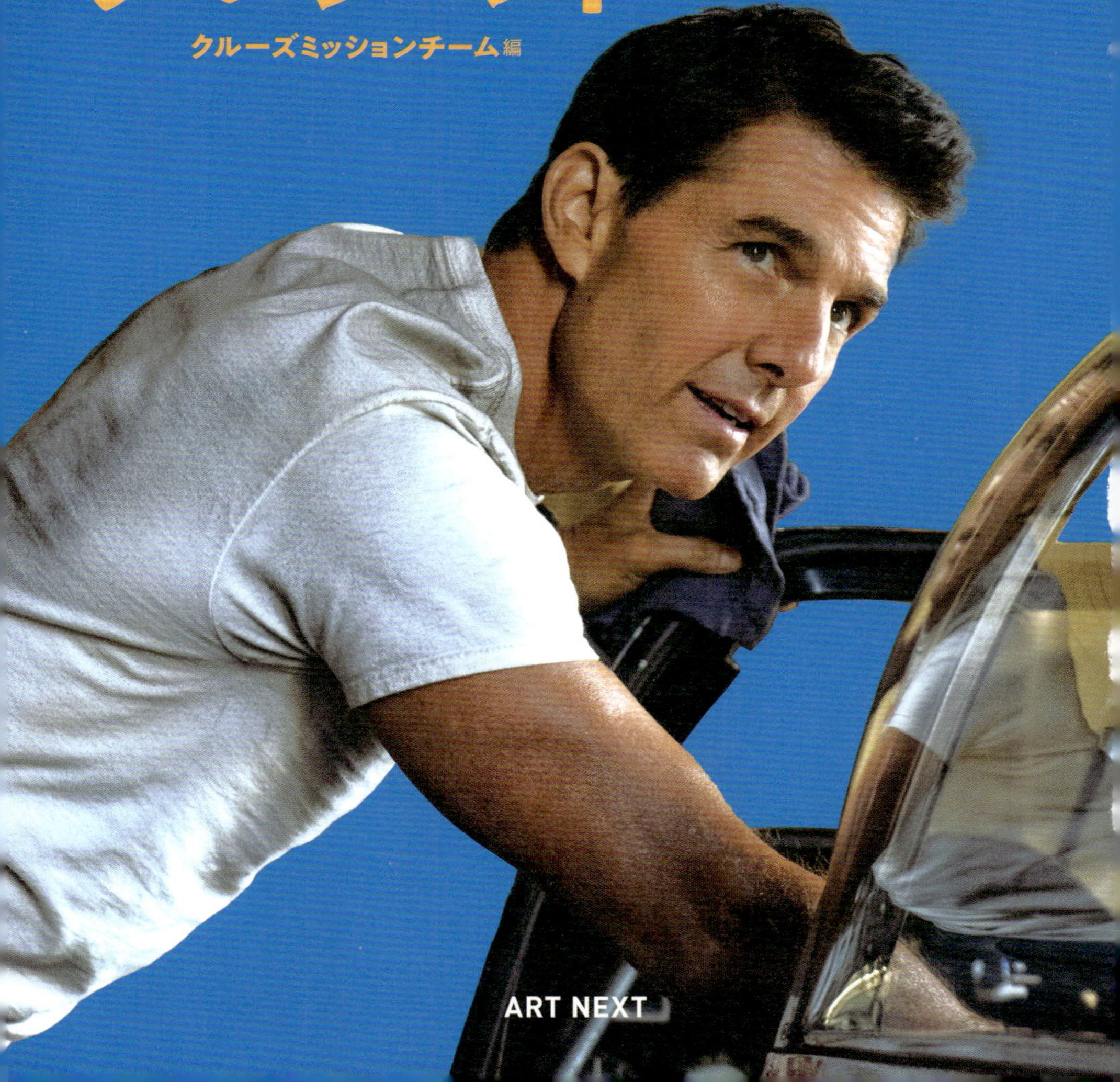

ART NEXT

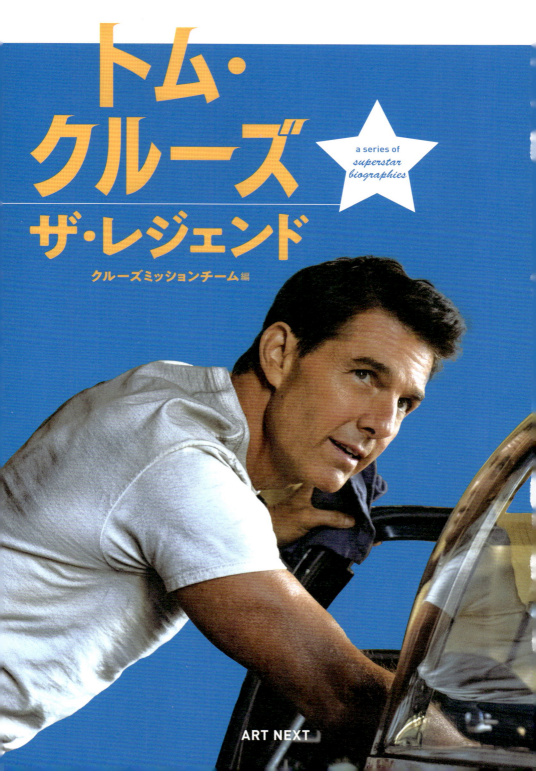

Contents

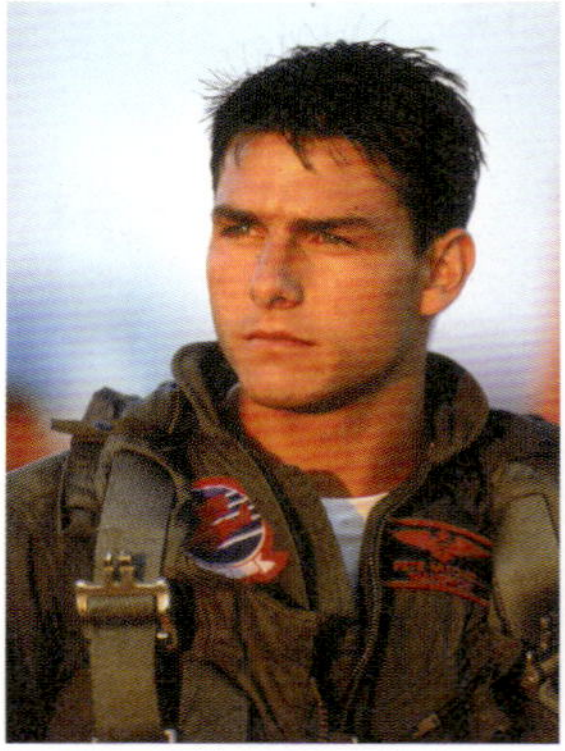

第1章 「ミッション：インポッシブル」大解剖

1作目は自らが設立したクルーズ／ワグナー・プロダクションズ第1回作品であり、トム自身で監督を選ぶなどプロデューサーとしても初めて手腕を振るった。その思い入れは半端がなく、あまり続編ものに出演せず常に新しいことにチャレンジするトムが、最新作で8作目となる長期シリーズを作り続けている。

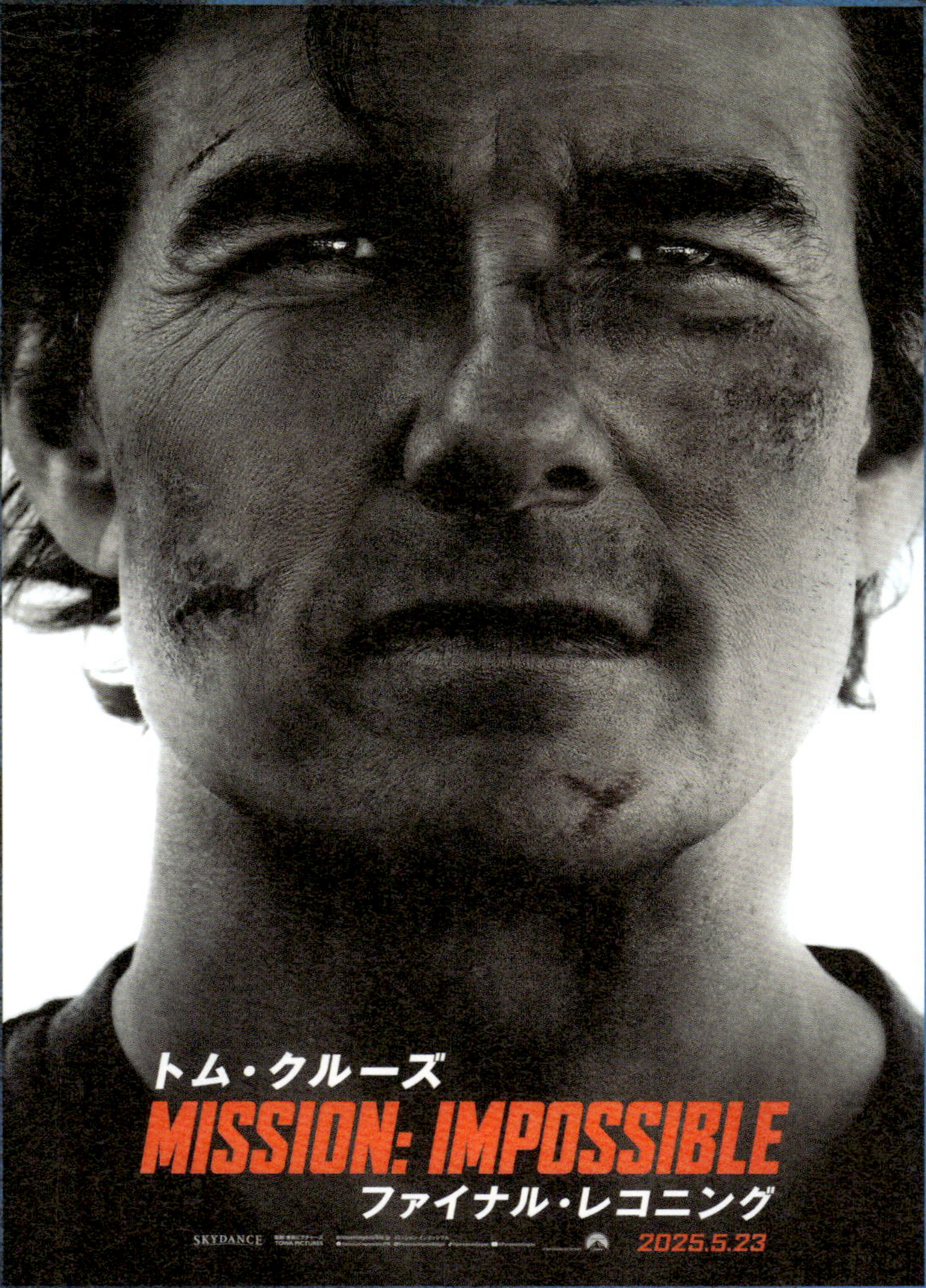

トム・クルーズ
ミッション:インポッシブル
ファイナル・レコニング

シークレット・フォトファイル

極秘写真を大公開！これらが意味することとは……

“鍵”が導く運命とは!?

超絶アクションに挑む!

イーサン・ハントファイル

Ethan Hunt Files

プロフィール

スパイゆえ、詳細なプロフィールは明かされていないが、第1作目によると生年月日は1964年8月18日。名前は「モサド長官のイサーハレル」からのもじり。性格は無謀なほど大胆。初めは一匹狼的な行動を取っていたが、チームリーダーとなり、仲間の命を非常に大事にして行動するようになる。さらには敵には容赦しないが、一般人の命が危険に晒されないようにミッションを遂行している。

IMF

Impossible Missions Force＜インポッシブル・ミッション・フォース＞「不可能作戦部隊」に所属する。第１作目の上司の裏切りにより、メンバーからチームリーダーへとなるが、第３作目では、現場を離れ若手の育成をする指揮官となる。しかし、教え子救出のため復帰。第５作目ではCIAに吸収されるが、今ではすっかりベテランエージェントとなり、活躍中である。

家族

第１作目では、母親のマーガレットと義弟のドナルドと叔父もいたが、第３作目では孤児であると言っている。女性関係は盛んで第１作目では上司の妻クレアと、第２作目では、仕事の協力者であるナイアと出会った翌日にベッドインとプレイボーイぶりを見せたが、第３作目では結婚した。しかし、幸せな日々はつかの間。妻の身に危険がおよび、安全を優先して妻の死を偽装して離れることとなった。

頭脳

極めて明晰。第5作目では、何桁もある銀行口座の口座番号と暗証番号を短時間で覚えた。語学にも長けていて、英語以外にロシア語、ドイツ語、フランス語、スペイン語を完璧に習得している。読唇術も習得しており、第３作目では、離れたところにいた恋人のジュリアが友人と会話している内容を読んだ。さらには判断力もずば抜けている。想定外の事態が起きても、瞬時に作戦を切り替えて臨機応変に対応する。

ドライビング

イーサンといえばバイク。しかし、トム的には「トップガン」のイメージがあるからか第１作目では登場していない。第2作目からバイクに乗っている。チェイスのシーンもあり、そのドライビングテクニックは超一流だ。自動車に関しても第１作目では運転シーンは登場しない。第２作目から高級車でのチェイスシーンがあり、第５作目からはBMWが全面サポートに入り好き放題。さすがに無傷とまではいかないが、どんな場所でも超高速で走行する。

身体能力

超人的。走るのが速い！かつ長距離を全力疾走してもほとんど息が乱れない。第１作目では、宙づりの状態を長時間維持。体幹とバランス感覚を見せつけた。第２作目では、ロッククライミングを披露。第４作目では水中で６分間以上息を止めた（トムは本当に訓練してこのシーンを演じている）。格闘術にも非常に長けており、ボクシングやレスリングに加え、空手、ブラジリアン柔術、テコンドーなど世界各地の技を取得して組み合わせて戦う。

IMFのエージェントにして究極のスパイ。
不可能といわれる数々の任務〝ミッション：インポッシブル〟を遂行してきた。
そんなイーサンのことを分析していこう。

サポート **ベンジー・ダン**（サイモン・ペッグ）

第３作目から登場したベンジー・ダン（サイモン・ペッグ）。IMF所属の技術者でITガジェットのスペシャリスト。安定職のはずが、イーサンに加担したことで巻き込まれていく。第４作目ではエージェントに昇格。すっかり、イーサンをサポートする側に回った。しかし、第５作目ではIMFの解体によりCIA内勤分析官に。そして、指名手配されたイーサンをかばってくれた。ミッションに同行するが、敵に捕まり人質に。身体に時限爆弾を装着されるピンチとなるがイーサンが救った。

信頼 **ルーサー・スティッケル**（ヴィング・レイムス）

イーサンが、絶大なる信頼を寄せているルーサー・スティッケル（ヴィング・レイムス）。「ネットレンジャー」の名で知られる天才ハッカー。第１作目ではIMFから解雇されていたが、復職を許された。システムの解析やハッキング、監視の目をかく乱するのはもちろん、変装マスクの作成なども行っている。第６作目では、ベルリンでのプルトニウム強奪の任務中に敵に捕まり、イーサンが救出した。そこから、さらに２人の絆が深まっていった。

イーサンを窮地に陥れる敵たち。上司に裏切られ、自分の替え玉に裏切られ、妻を危険な目に晒され、散々な目に。犯罪の規模が、次第にエスカレートしていく敵たちを追う。

M:I-2

ショーン・アンブローズ（ダグレイ・スコット）

イーサンの替え玉をしている男。休暇中のイーサンの代わりに任務を遂行し、イーサンに変装して、飛行機に乗るバイオサイト製薬の研究員であるネコルヴィッチ博士（ラデ・シェルベッジア）に同行する。しかし、同社で開発されたキメラウイルスと、その治療薬ベレロフォンを強奪し、飛行機を墜落させた。ショーンはバイオサイトの株購入権を持っていて、キメラを世に広め、バイオサイトがベレロフォンを量産することで同社の株価の上昇を目論んでいた。

ミッション：インポッシブル

ジム・フェルプス（ジョン・ヴォイト）

IMFの上級エージェントでイーサンのチームを統括する責任者。東欧で活動するCIAの非公式工作員の名簿「ノックリスト（NOC）」をプラハで盗み出す作戦の指揮を執るが、実は武器商人のマックス（ヴァネッサ・レッドグレイヴ）と結託して横取りを企んでいた。イーサンには、作戦中の襲撃によって撃たれ死んだと偽装するが裏切りがバレてしまう。逃げるためには、妻クレア（エマニュエル・ベアール）をも撃ち殺す非情者。

ミッション：インポッシブル／ゴースト・プロトコル

カート・ヘンドリクス（ミカエル・ニクヴィスト）

ストックホルム大学の元物理学教授で、IMFからはコードネーム「コバルト」として追われる人物。IQ190の天才だが、過激な核戦争論者でもある。世界的な核戦争を起こし、地球の浄化を企てていて、クレムリンから核兵器発射制御装置を盗み、起動コードも手に入れていた。そして、核兵器をアメリカに向かって発射する。スウェーデン人で特殊部隊に所属していたこともあり、格闘術も持ち合わせており、イーサンたちと死闘を繰り広げる。

M:i:III

オーウェン・デイヴィアン（フィリップ・シーモア・ホフマン）

兵器やそれに関する情報、技術を諸国に売り渡している要注意人物で、ブラックマーケットで国際的に暗躍する武器商人。オーウェンの監視任務中に、イーサンの教え子である女エージェントのリンジー・ファリス（ケリー・ラッセル）が拉致されたことにより、イーサンが救出に向かう。しかし、リンジーは助けられなかった。イーサンはオーウェンの拘束には成功したが、その時オーウェンはイーサンの名を知り、妻ジュリア（ミシェル・モナハン）の存在を突き止める……。

エネミー・ファイル

Enemy Files

ミッション：インポッシブル／フォールアウト

オーガスト・ウォーカー（ヘンリー・カヴィル）

暴走するイーサンの行動を不服としたCIA長官のエリカ・スローン（アンジェラ・バセット）がミッションに同行させたエージェント。だが、追っていた謎の人物ジョン・ラークこそがウォーカーの正体。前作で捕らえられた「シンジケート」のボスであるソロモン・レーン（ショーン・ハリス）の救出のためにイーサンに近づいていたのだった。オーガストは「シンジケート」の残党であるアポストル（神の使徒）と呼ばれるグループの一員であり、イーサンと決死の戦いを繰り広げる。

ミッション：インポッシブル／ローグ・ネイション

ソロモン・レーン（ショーン・ハリス）

元MI6のスパイにして謎の犯罪組織「シンジケート」のボス。「シンジケート」とは、死亡者や行方不明者とされている各国のスパイたちが集まってできたならずもの国家「ローグ・ネイション」のこと。世界中でテロ活動を行い核戦争や天然痘ウイルスで世界を破滅させようと企んでいる。ベンジー・ダン（サイモン・ペッグ）を捕らえ、イーサンを窮地に追い込んだ。

イーサンたちの行く手を阻む
さらなる敵とはいったい……

ミッション：インポッシブル／デッドレコニング PART ONE

ガブリエル（イーサイ・モラレス）

IMFエージェントとなる前のイーサンと深い因縁を持つ。お互いの現在を作った過去の出来事を共有している。世界を統べる全能AIシステムであるエンティティの鍵を見つけることに執着し、容赦ない非情な攻撃を仕掛けてくる。そして、イーサンたちの協力者だった元MI6の女エージェント、イルサ・ファウスト（レベッカ・ファーガソン）が、ガブリエルの手によって殺されてしまう……。

ヒロイン・ファイル

Heroine Files

M:I-2

ナイア・ノードフ=ホール（タンディ・ニュートン）

本作の敵であるショーン・アンブローズ（ダグレイ・スコット）の元恋人。全世界で指名手配されている大泥棒。上司の命令でナイアと接触するために、盗みの現場を邪魔しにきたイーサンだったが、あっという間に恋仲に。ナイアはイーサンを助けるために命を張った。

ミッション：インポッシブル

クレア（エマニュエル・ベアール）

IMFのエージェントでイーサンたちのチーム責任者であるジム・フェルプスの妻。クレア自身もエージェントだが、裏切り者扱いされるイーサンの味方となって助ける。次第に2人は急接近。イーサンは上司の妻とデキてしまったことになるが、実はクレアは監視役だった。

M:i:III

リンジー・ファリス（ケリー・ラッセル）

イーサンがスパイ養成所の教官をしていた時の元教え子。訓練生の頃から優秀ですぐに現場に出られるエージェントへと成長。しかし、本作の敵となるオーウェン・デイヴィアン（フィリップ・シーモア・ホフマン）の監視任務中に拉致された。イーサンに救出されたが……。

M:i:III

ジュリア・ミード（ミシェル・モナハン）

看護師であるジュリアに、イーサンは交通局に勤務していると偽って結婚。しかし、ジュリアは出張と言って度々任務に行くイーサンに不信感を募らせる。そして、事件に巻き込まれたことでイーサンの正体を知る。イーサンがピンチに陥った際、初めて手にした銃で敵を倒した。

ミッション:インポッシブル／ゴースト・プロトコル

ジェーン・カーター（ポーラ・パットン）

IMFのメンバーでエージェント。以前の任務で、想いを寄せ合った仲間のエージェント、トレヴァー・ハナウェイ（ジョシュ・ホロウェイ）をザビーヌ・モロー（レア・セドゥ）に殺されたことに強い憎しみを抱いている。ザビーヌと対峙したとき、怒りが爆発し死闘に……。

M:i:III

ゼーン・リー（マギー・Q）

IMFのメンバーでエージェント。イーサンとチームを組む。電子工学の専門家で、ハッキングを得意とし、銃や爆弾の扱いにも長けている。妖艶な容姿を利用し、セクシーなドレスをまとい、オーウェン・デイヴィアン（フィリップ・シーモア・ホフマン）に近づくが罠にかかり……。

スクリーンを彩る美しきヒロインたち。
ときにイーサンの味方にもなり、ときに敵にもなる。女は魔性だ。
そんなハント・ガールたちを振り返ってみよう。

ミッション：インポッシブル／ローグ・ネイション

イルサ・ファウスト（レベッカ・ファーガソン）

イギリスの秘密情報部MI6のエージェント。2年にわたり犯罪組織「シンジケート」に潜入調査していたが、拷問に合うイーサンを見かねて助けた。ときにイーサンの味方になったり、敵になったりとやや複雑な関係。第７作目でガブリエル（イーサイ・モラレス）の手により……。

ミッション：インポッシブル／ゴースト・プロトコル

サビーヌ・モロー（レア・セドゥ）

ダイヤモンドを報酬として受け取るフランス人の殺し屋。IMFメンバーであるトレヴァー・ハナウェイ（ジョシュ・ホロウェイ）を無表情で殺す冷血漢。ロシアの核兵器発射コードを手に入れた。カート・ヘンドリクス（ミカエル・ニクヴィスト）と取引するはずが罠にハマり……。

ミッション：インポッシブル／フォールアウト

ホワイト・ウィドウ（ヴァネッサ・カービー）

表向きは慈善事業家。しかし、裏では武器の密輸で大金を稼いでいるブラックマーケットの大物。資金浄化にも手を染め、政界にコネを持ち、身の安全を保っている。第１作目で登場したマックス（ヴァネッサ・レッドグレイヴ）の娘である。

ミッション：インポッシブル／デッドレコニング PART ONE

グレース（ヘンリー・アトウェル）

一匹狼の泥棒。アブダビの空港で、ある“鍵”をイーサンから盗んだことで、世界を破滅に追い込む大計画に巻き込まれていく。次第にグレースの身にも危険が及び、イルサ・ファウスト（レベッカ・ファーガソン）に救ってもらったことでIMFチームと行動を共にする。

アクション映画の歴史を塗り替える超絶スタント。
トムは訓練を積んで自ら挑んでいる。その準備時間は桁外れ。
しかし、その甲斐あって観る者に感動すら与えてくれる。

M:I-2

保険会社にはスタントマンがやると言って自ら行っている。

本シリーズ初のバイクアクションとなった。

ミッション：インポッシブル

巨大水槽をガム型爆弾で爆破して逃走。

実は、なかなかうまく止まれずトムは何度も頭をぶつけている。

ミッション：インポッシブル／ゴースト・プロトコル

セットではなく、ドバイにあるブルジュ・ハリファの4階分を駆け下りた。

ミッション：インポッシブル／ローグ・ネイション

時速400km、高度1,500mで飛行機にしがみつく。8テイクも撮影している。

ノーヘルで実際に撮影。敵のライダーが転倒し投げ出される場面も本物。

M:i:III

爆風で飛ばされ、ぶつかったクルマのドアが凹むほどの衝撃。

アクション・ファイル

Action Files

ミッション：インポッシブル/フォールアウト

ビルからビルへ大ジャンプ、ビルの壁面にぶつかり足首を骨折した。

フランス パリの市街地をバイクで疾走。

宿敵・オーガストと断崖絶壁で死闘を繰り広げた。

ヘリから垂れたワイヤーにしがみついたが手が滑り落下した。

ミッション：インポッシブル/デッドレコニング PART ONE

ローマのフォーリ・インペリアーリでフィアット５００に乗ってカーチェイス。

あるミッションに失敗し追われるハメに。空港の屋上を走り逃げた。

このスタントのために500回以上のスカイダイビングを行って準備している。

宿敵・ガブリエルと走行する列車の上で戦った。

トリビア・ファイル

Trivia File

本シリーズは奇跡の連続。まさに、不可能を可能にしてきた。その軌跡を振り返ろう。

たダグレイ・スコットは「X-MEN」のウルヴァリン役が決まっていたが、「M:I-2」の撮影が長引いたことと、手を怪我していたことから出演がかなわなくなってしまった。勿体ない。

音楽

有名なオープニングテーマだが、あれはTVシリーズのモノを踏襲している。カット割りの激しいあの映像演出も同様。オリジナル曲の作曲者はラロ・シフリン。「ダーティハリー」や「燃えよドラゴン」など誰もが知っている曲も手がけている巨匠だ。実は当初、独自のテーマ曲が製作される予定でアラン・シルヴェストリが起用されていた。こちらもあの「バック・トゥ・ザ・フューチャー」などの名曲を生み出している巨匠だ。すでに録音まで終了していたが、トムがどうしてもドラマ版の曲を使いたくてアランを降板させた。そして、当時の妻だったニコール・キッドマンが「誘う女」で組んだダニー・エルフマンを推した。こちらも「バットマン」などティム・バートン監督作の常連人気作曲家。しかし、起用された時はすでに期間が2週間しかなく大突貫で劇伴を完成させている。

©2025 PARAMOUNT PICTURES.

ヒッチコック

第1作目の監督に選ばれたのは、「キャリー」、「スカーフェイス」、「アンタッチャブル」などで有名なブライアン・デ・パルマだった。以前からデ・パルマはアルフレッド・ヒッチコック監督の影響を強く受けており、「殺しのドレス」では「サイコ」を、「ボディ・ダブル」では「めまい」「裏窓」をオマージュしている。本作では、「逃走迷路」、「三十九夜」、「北北西に進路を取れ」などでの手法である、「追われながらも追う」というシチュエーションを展開。さらには、列車が多用されているのは、「見知らぬ乗客」、「バルカン超特急」へのオマージュだ。そして、このヒッチコック手法はシリーズに継承されていく。第4作目では、トム自身が大好きな「汚名」の撮影方法を反映させ、第5作目では、オペラハウスでの首相暗殺計画で、演奏中の音楽のある音に合わせて銃撃するという「知りすぎていた男」をオマージュするシーンがある。また「シンジケート」に潜入していたイルサが、イーサンを助けたせいでソロモンから疑いの目を向けられるというプロットは、「北北西に進路を取れ」からの引用。ちなみに、冒頭でイーサンがグレーのスーツを着ているのは、同作でケーリー・グラントが演じていた主人公のグレーのスーツを意識したものである。

オリジナル

全171話が放送されたTVドラマ「スパイ大作戦」（1966年～1973年）。その続編に当たり全35話からなる「新スパイ大作戦」（1988年～1990年）。その6年後を描いたのが映画「ミッション：インポッシブル」であり、リメイクといわれているが続編というのが正しい。TVシリーズから続投しているのは、ジム・フェルプスのみ。ジムは「スパイ大作戦」の第2シリーズから長期で登場している2代目のIMFリーダーである。そんな人物をあっさり悪役にして第1作目で消してしまっている。日本で言ったら刑事モノだが「太陽にほえろ！」のボスが悪人でしたみたいなこと。なかなか大胆な改変だ。これにはTVシリーズの出演者からかなり否定的な反応をされている。当然ながらイーサン・ハントもこの映画版から登場した新しいキャラクターである。

興行収入

何度も映画化の話が出ていた本作。トムが、自分の製作会社「クルーズ/ワグナー・プロダクションズ」を設立し、本作の権利を獲得。3年という時をかけて完成させた。そして、アメリカ史上初となる全米3,000館以上という大規模で公開され、世界中で大ヒット。4億5769万ドルを稼ぎ出し、1996年度の第3位となる。第2作目「M:I-2」では、それを上回る5億4663万ドルを記録して、2000年の最高興行収入となった。第4作目「ゴースト・プロトコル」では6億9471万ドル、第5作目「ローグ・ネイション」では6億8271万ドル、第6作目「フォールアウト」では7億9165万ドルを記録し、シリーズ過去最高額となる。そしてこれまでの全世界での興行収入が35億ドルを超え、2025年3月現在、映画シリーズとして歴代15位の興行収入を記録している。2025年5月に新作が公開されればさらに順位を上げることは間違いない。

製作

プロデューサーであるトムはスタッフィングやキャスティングも自在。監督は毎回自分で選んでいる。第1作目では、当時はまだ無名だったジョー・カーナハンが監督をする予定だったが、スタジオの上層部と意見が合わず降りている（のちに同社製作の「NARC ナーク」を監督している）。第3作目では「セブン」や「ファイト・クラブ」で、すでに有名だったデヴィッド・フィンチャーが監督をする予定だったが製作工程での意見の相違により降板している。第2作目で、イーサンにミッションを下すスワンベック役に、「X-MEN」シリーズのマグニートー役で有名なイアン・マッケランに依頼したが、断られたために、アンソニー・ホプキンスになった。それゆえか、ノンクレジットで出演している。「X-MEN」といえば、同じ第2作目で敵役のショーン・アンブローズを演じ

第2章
映画に命をかける男
フィルモグラフィ

「ミッション：インポッシブル／デッドレコニング PART ONE」から
デビュー作「エンドレス・ラブ」までの
全出演作45作品を紹介。
（ナレーターとして出演した「IMAX SPACE STATION 3D」は除く）

ミッション：インポッシブル／デッドレコニング PART ONE

MISSION: IMPOSSIBLE DEAD RECKONING PART ONE

すべてが今、繋がっていく。

トム・クルーズ
全世界待望のM:I最新作
2022年、映画史に激震を与えたトム・クルーズが満を持して全世界に贈る
最新作は「ミッション:インポッシブル／デッドレコニング PART ONE」。
欧州市街地での激しいカーチェイスや、断崖絶壁からの大ジャンプ、
そして激走する列車上での格闘——
ただ、見どころはトムが「俳優人生で最も危険」と語るアクションだけではない。
シリーズの随所に張り巡らされた伏線が交差する、紛うことなき"集大成"となった。
STORY
IMFエージェント、イーサン・ハントに課せられた究極のミッション
——全人類を脅かす新兵器が悪の手に渡る前に見つけ出すこと。
しかし、IMF所属前のイーサンの"逃れられない過去"を知る"ある男"が迫るなか、
世界各地でイーサンたちは命を懸けた攻防を繰り広げる。
やがて、今回のミッションはどんな犠牲を払っても
絶対に達成させなければならないことを知る。
その時、守るのは、ミッションか、それとも仲間か。
イーサンに、史上最大の決断が迫る——
すべてが今、繋がっていく。
7月21日、新次元の劇場体験へ
オリジナルアートカード付ムビチケ前売券 販売中 ¥1,500
購入者限定! MISSIONガチャで豪華賞品をゲットしよう!
詳細はこちら missionimpossible.jp/mvtk-cp

トム・クルーズ
ミッション:インポッシブル
デッドレコニング PART ONE
7.21 FRI

Story

ロシアの次世代潜水艦であるセヴァストポリは、デッドレコニング（推測航法）による新しい航行システムの為に高度なＡＩシステムを搭載して、試験運用の航海に出た。しかし、ＡＩが暴走。乗組員たちをかく乱し、自艦から発射した魚雷をＵターンさせて自爆に追い込み、乗組員全員が死亡した。イーサン・ハント（トム・クルーズ）は、元ＭＩ６のイルサ・ファウスト（レベッカ・ファーガソン）から、ある〈鍵〉を手に入れるよう指令を受ける。それは、２つの鍵を組み合わせると十字架型になる特殊な鍵の片割れ。しかし、その使用目的は知らされぬまま、イーサンはアラビア砂漠へ向かい鍵を手に入れる。ＡＩには「エンティティ」と名が付いた。エンティティは自我を持つ高度なＡＩで、サイバー空間を伝って世界中のあらゆるＡＩに自在に侵入することができる。このＡＩがいずれ人類の脅威となるのは確実だった。これを知ったイーサンは、どの国にも鍵を渡さず、もう一本も手に入れエンティティを破壊することを誓う。しかしそれは、イーサンと仲間たちが世界中の情報機関から命を狙われることを意味していた。守るのは、ミッションか、それとも仲間か。イーサンに史上最大の決断が迫られる。

イーサン・ハント

諜報機関IMFのメンバー。ローマ市街地での激しいカーチェイス、激走する列車上での格闘、極めつきは、トロールの壁と呼ばれるノルウェーの雄大なヘルセツコペン山での断崖絶壁からのバイクジャンプ。1,200m下の渓谷に落下し、地上150m地点でパラシュートを開くというスタントだ。トムはこのために500回以上のスカイダイビングを行い一年間準備を重ねた。

DATA

監督	クリストファー・マッカリー
脚本	クリストファー・マッカリー エリック・ジェンドレセン
製作	トム・クルーズ クリストファー・マッカリー デヴィッド・エリソン ジェイク・マイヤーズ
出演者	グレース…ヘイリー・アトウェル ルーサー・スティッケル…ヴィング・レイムス ベンジー・ダン…サイモン・ペッグ イルサ・ファウスト…レベッカ・ファーガソン ホワイト・ウィドウ…ヴァネッサ・カービー ユージーン・キトリッジ…ヘンリー・ツェーニー ガブリエル…イーサイ・モラレス ジャスパー・ブリッグス…シェー・ウィガム デンリンガー…ケイリー・エルウィス ドガ…グレッグ・ターザン・デイヴィス ゾラ…フレデリック・シュミット NRO代表…チャールズ・パーネル NSA代表…マーク・ゲイティス DIA代表…インディラ・ヴァルマ JSOC代表…ロブ・ディレイニー
音楽	ローン・バルフ
撮影	フレーザー・タガート
編集	エディ・ハミルトン
製作会社	スカイダンス・メディア TCプロダクションズ
配給	全米：パラマウント・ピクチャーズ 日本：東和ピクチャーズ
公開	全米：2023年7月12日 日本：2023年7月21日
上映時間	163分
製作費	291,000,000ドル
興行収入	世界：567,535,38ドル

BD&DVD　INFORMATION

ミッション:インポッシブル/デッドレコニング
4K ULTRA HD＋Blu-rayセット：6,589円／
Blu-ray：2,075円／
DVD：1,572円（全て税込）
発売元：NBCユニバーサル・エンターテイメント

トップガン マーヴェリック

Top Gun: Maverick

このミッションは生還の可能性ゼロ　誇りをかけて、飛ぶ

このミッションは生還の可能性ゼロ
アメリカのエリートパイロットチーム"トップガン"。
かつてない世界の危機を回避する、絶対不可能な[極秘ミッション]に直面していた。
ミッション達成のため、チームに加わったのは、トップガン史上最高のパイロットでありながら
常識破りな性格で組織から追いやられた"マーヴェリック"(トム・クルーズ)だった。
なぜ彼は、新世代トップガンと共にこのミッションに命を懸けるのか？
タイムリミットは、すぐそこに迫っていた──
5月27日(金)"胸熱"ロードショー
TOM CRUISE
TOP GUN MAVERICK
#トップガン
トップガン
シネコン

誇りをかけて、飛ぶ。
トム・クルーズ
トップガン
マーヴェリック
IN THEATRES AND IMAX
5.27

Story

ピート・〝マーヴェリック〟・ミッチェル海軍大佐（トム・クルーズ）は、アメリカ海軍の過去40年間の歴史において空中戦で3機の敵機撃墜記録を持つ唯一のパイロット。その戦歴からはすでに将官になっていてもおかしくないが、マーヴェリックは昇進を拒み続けている。今は、極超音速テスト機「ダークスター」のテストパイロットを務めている。しかし、この計画が凍結されるという情報が入る。最高速度がマッハ10になかなか達しないからだ。それならばとマーヴェリックは、チェスター・〝ハンマー〟・ケイン海軍少将（エド・ハリス）が計画凍結を言い渡しに来る前にマッハ10を達成させようと離陸した。皆が見守る中、見事成功。しかし、それだけでは済まないのがマーベリックの性格だった。暴走して記録を伸ばそうとした結果、ダークスターを空中分解させてしまう。無事に脱出し帰還したマーヴェリック。これでもう飛行機に乗ることはできないかと思っていたその時、かつて戦闘機パイロットとしてマーヴェリックと共に戦った太平洋艦隊司令官トム・〝アイスマン〟・カザンスキー海軍大将（ヴァル・キルマー）の強い要望で、「トップガン」での教官職を命じられる。三十数年ぶりに戻った古巣。しかし、懐かしんでいる間もなく特殊作戦が始まった……。

ピート・ミッチェル
（コールサイン：マーヴェリック）

極超音速テスト機のパイロットをしていたが、「トップガン」の教官となる。36年ぶりとなる続編。これだけ時間がかかったのはトムのこだわりが強かったから。徹底した飛行訓練を行い、出演者たちはプロのパイロットと共に1日に数回1回90分ずつ空を飛び、照明やメイクをチェック。自らカメラのスイッチを入れるという過酷な撮影を行った。

BD&DVD　INFORMATION

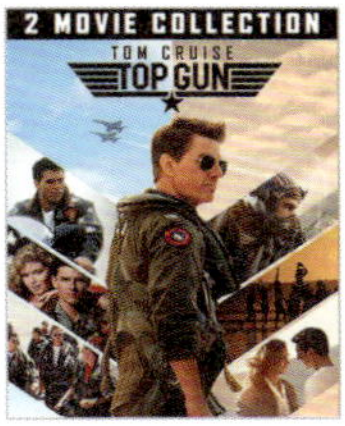

トップガン&トップガン
マーヴェリック
4K ULTRA HD+Blu-rayセット
（4枚組）10,780円

トップガン マーベリック
4K ULTRA HD+Blu-rayセット：7,260円／ Blu-ray：2,075円／ DVD:1,572 円（全て税込）
発売元: NBCユニバーサル・エンターテイメント

DATA

監督	ジョセフ・コシンスキー
脚本	アーレン・クルーガー
	エリック・ウォーレン・シンガー
	クリストファー・マッカリー
原案	ピーター・クレイグ
	ジャスティン・マークス
製作	ジェリー・ブラッカイマー
	トム・クルーズ
	クリストファー・マッカリー
	デヴィッド・エリソン
出演者	チェスター・“ハンマー”・ケイン少将…エド・ハリス
	ブラッドリー・“ルースター”・ブラッドショー海軍大尉…マイルズ・テラー
	ペニー・ベンジャミン…ジェニファー・コネリー
	トム・“アイスマン”・カザンスキー海軍大将…ヴァル・キルマー
	ボー・“サイクロン”・シンプソン海軍中将…ジョン・ハム
音楽	ハロルド・フォルターメイヤー
	レディー・ガガ
	ハンス・ジマー
主題歌	レディー・ガガ
	「Hold My Hand」
撮影	クラウディオ・ミランダ
編集	エディ・ハミルトン
製作会社	パラマウント・ピクチャーズ
	スカイダンス・メディア
	TCプロダクションズ
	ニュー・リパブリック・ピクチャーズ
	ドン・シンプソン/ジェリー・ブラッカイマー・フィルムズ
配給	全米:パラマウント・ピクチャーズ
	日本:東和ピクチャーズ
公開	2022年5月18日（カンヌ国際映画祭にて上映）
	日米同時公開: 2022年5月27日
上映時間	131分
製作費	170,000,000ドル
興行収入	世界:718,732,821ドル
	全米:1,493,491,858ドル
	日本:137億7000万円

トップガン マーヴェリック チラシグラフィティ

トム・クルーズ主演、伝説の代表作が帰ってくる!
アメリカ海軍のエリートパイロット養成学校、通称"トップガン"に所属する訓練生の挫折と栄光の日々を、戦闘機による迫力の"スカイ・アクション"で魅せる映像美と、今も心に鳴り響く数々のヒットメロディと共に、瑞々しい青春＆ラブ・ストーリーを重ね合わせて描き、日本を含む世界中で空前の大ヒットを記録。主人公"マーヴェリック"役で主演を務めたトム・クルーズを一躍ハリウッドのスターダムの頂点へと押し上げた映画史に燦然と輝く伝説の名作『トップガン』(86)。その待望の最新作『トップガン マーヴェリック』が、ついに2020年夏、公開される!
限界超えのG体験ほか、
飛行シーンの全てが本物の迫力!!
爆音を立て超音速で飛行する戦闘機、手に汗を握らせる激しいドッグファイト、一瞬の判断ミスも許されない命懸けの操縦――映し出されるスカイ・アクションの全てが本物。トム・クルーズが自ら挑んだ飛行シーンの撮影は、これまでの彼の出演作より更に過酷なものとなった。『ミッション：インポッシブル』シリーズさながらCGは多用せず、飛行中には常人の限界を超えるG（重力加速度）が加わる実際の戦闘機を使用しての撮影など、観客に"本物の映像"を届けたいトムのリアルを追求する挑戦は続く。この夏、果たして、どんなアクションとドラマがマーヴェリックを待ち受けるのか!?
2020.7.10［FRI］ TopGunMovie.jp
@TopGunMovie.jp #トップガン @TopGunMovie.jp
@topgunmovie.jp /ParamountJapan
Powered by シネコン

トム・クルーズ
トップガン
マーヴェリック
2020/7/10
IN THEATRES AND IMAX

2021
トム・クルーズ
トップガン
マーヴェリック
映画で空へ。
2021 ROADSHOW
IN THEATRES AND IMAX
SKYDANCE
Powered by
シネコン

トム・クルーズ
トップガン
マーヴェリック
2020/12/25
IN THEATRES AND IMAX

大空を駆け抜ける
感動、興奮、爽快感がここに！
2021年、大スクリーンで観るべき
最高のアクション映画！
戦闘機パイロットたちの挫折と栄光の日々を、数々のヒットチューンに乗せて
迫力のスカイ・アクションと共に描き、世界中で大ヒットした『トップガン』(86)。
主人公“マーヴェリック”役のトム・クルーズを一躍スターダムの頂点へと押し上げた
映画史に燦然と輝く名作の最新作が、2021年、ついに公開される！
『ミッション：インポッシブル』シリーズ同様、常に新たな挑戦を続けるトム・クルーズが
『セッション』のマイルズ・テラーや、前作に引き続き出演するヴァル・キルマー、
アカデミー賞®女優ジェニファー・コネリーら豪華キャストと共に
“本物”にとことんこだわり、絶対に映画館でしか体験できないド迫力の映像を作り上げた。
コロナ禍で試練を迎えた映画界の新たな未来を切り拓く一本が、ここに誕生する――！
2021年、新時代到来――
映画館でリアルに“空”を体感せよ！
REALITY
CGなし、リアルな空中戦！ 実際の戦闘機を使用し、
過酷な撮影への挑戦で生まれた“本物”の迫力！
究極のリアルを追求するトム・クルーズは、CG合成を一切使用せずに飛行シーンの撮影を敢行。戦闘機にIMAXクオリティカメラ6台を搭載し、本物の臨場感を映像化することに成功した。またキャストたちも3か月以上にわたる厳しい訓練を乗り越え、常人の限界を超えるG（重力加速度）が加わる実際の戦闘機に搭乗して、過酷な撮影に挑んだ。その結果、爆音を立て超音速で疾走する戦闘機、息をのむ激しいドッグファイト、一瞬の判断ミスも許されぬ命懸けの飛行など、誰も見たことのない超絶スカイ・アクションが誕生。
“本物”だけが持つ最高の迫力を堪能せよ！
STORY
亡き親友の息子と向き合う“伝説の男”
パイロットたちの想いが空で交差する！
アメリカ海軍のエリート・パイロット養成学校“トップガン”に、天才と呼ばれた男が帰ってきた。父と親友を空で失った過去を持ち、誰よりも空の厳しさと美しさを知るマーヴェリック（トム・クルーズ）だ。彼は守ることの難しさ、戦うことの過酷さを教えようとするが、訓練生らは型破りな指導に困惑し反発する。そんな新人たちの中には、かつてマーヴェリックの相棒だったグースの息子ルースター（マイルズ・テラー）の姿もあった。ルースターは、訓練中に命を落とした父とバディを組んでいたマーヴェリックを恨み、対峙するが…。マーヴェリックはなぜ、もう一度飛ぶことを決めたのか――いま再び、熱いドラマが展開する！

2018年5月30日から撮影が行われ、
2019年6月17日にクランクアップしている。
当初は、2019年7月12日に公開される予定だったが撮影が長引いたため、
2020年6月26日に延期された。前倒しての公開もアナウンスされたが、
2020年初頭に新型コロナウイルス感染症が蔓延してしまう。
そして2020年12月23日公開に延期、さらに、2021年7月2日に延期され、
最終的に2022年5月27日に公開されるという苦行を強いられた。
そこでこれらのチラシを見てほしい。日本ではこれを受け、
まず2020年7月10日に公開することを決めている（右ページ右上）。
そして2020年12月25日の公開に延期（右ページ右下）。
さらに延期されると2021年公開としている（右ページ左下）。
最終的に2022年5月27日に日米同時公開となったが、そのたびにチラシが作成されている。
あまりの延期に次ぐ延期で、配信のみの公開も検討されたが、トムは絶対に譲らなかった。
この映画は映画館で観ないとダメなんだと。
こうして皆が待ちに待った超大作は、北米歴代興行収入では5位を記録する大ヒットとなった。
全世界興行収入においては、トムのキャリア史上最高額となる10億ドル超えを達成。
日本でもそれまでのトム主演作品の中で1位だった「ラスト サムライ」を抜き、
137億円7000万円を稼ぎ出した。

ミッション:インポッシブル/フォールアウト

MISSION: IMPOSSIBLE - FALLOUT

今度の“ミッション”は＜不可能＞が連鎖する!

Story

前作「ミッション:インポッシブル/ローグ・ネイション」の敵、ソロモン・レーンが逮捕されてから2年。ソロモンが率いていた組織「シンジケート」の残党は、アポストル(神の使徒)と呼ばれるグループを結成して活動を続けていた。ＩＭＦのエージェント、イーサン・ハント(トム・クルーズ)、ベンジー・ダン(サイモン・ペッグ)、ルーサー・スティッケル(ヴィング・レイムス)は、盗まれた3つのプルトニウムがアポストルの手に落ちることを阻止するためギャングと取引をする。しかし、突如現れた何者かによってルーサーの身に危険がおよび、ルーサーを救っている間にプルトニウムを奪われてしまう。プルトニウムをホワイト・ウィドウ(ヴァネッサ・カービー)と呼ばれる武器商人がジョン・ラークという人物に売るという情報を得て、イーサンは2人が接触するパリのナイトクラブに潜入しようとする。しかし、ＩＭＦの動きに不満を抱いたＣＩＡ長官のエリカ・スローン(アンジェラ・バセット)は、ＩＭＦ長官であるアラン・ハンリー(アレック・ボールドウィン)の反対を押し切り、敏腕エージェントのオーガスト・ウォーカー(ヘンリー・カヴィル)を同行させる。ナイトクラブに潜入したイーサンとオーガストは、ジョンとトイレで格闘。そこにＭＩ６のイルサ・ファウスト(レベッカ・ファーガソン)が現れる……。

イーサン・ハント

諜報機関IMFのメンバー。成層圏近く上空7,620mからのスカイダイビング、2,000時間におよぶ訓練を経てヘリ操縦免許を取得して高度600mでヘリを飛ばし雪山でのスパイラル飛行を見せ、パリの市内ではバイク&カーチェイス、極めつきは、ビルからビルへのジャンプ！そのシーンでトムは骨折した。その時のシーンはそのまま使用されている。

DATA

監督	クリストファー・マッカリー
脚本	クリストファー・マッカリー
製作	トム・クルーズ クリストファー・マッカリー ジェイク・マイヤーズ J・J・エイブラムス
製作総指揮	デヴィッド・エリソン デイナ・ゴールドバーグ ドン・グレンジャー
出演者	オーガスト・ウォーカー…ヘンリー・カヴィル ルーサー・スティッケル…ヴィング・レイムス ベンジー・ダン…サイモン・ペッグ イルサ・ファウスト…レベッカ・ファーガソン ソロモン・レーン…ショーン・ハリス エリカ・スローン…アンジェラ・バセット ホワイト・ウィドウ…ヴァネッサ・カービー ジュリア・ミード…ミシェル・モナハン エリック…ウェス・ベントリー ゾラ…フレデリック・シュミット アラン・ハンリー…アレック・ボールドウィン
音楽	ローン・バルフ
撮影	ロブ・ハーディ
編集	エディ・ハミルトン
製作会社	スカイダンス・メディア TCプロダクションズ バッド・ロボット・プロダクションズ
配給	全米：パラマウント・ピクチャーズ 日本：東和ピクチャーズ
公開	全米：2018年7月27日 日本：2018年8月3日
上映時間	147分
製作費	178,000,000ドル
興行収入	世界：791,657,398ドル 全米：220,159,104ドル 日本：47億2000万円

BD&DVD INFORMATION

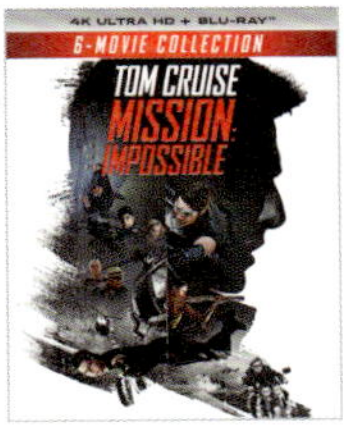

ミッション：インポッシブル
6 ムービー・コレクション
4K ULTRA HD＋Blu-rayセット：
25,080円

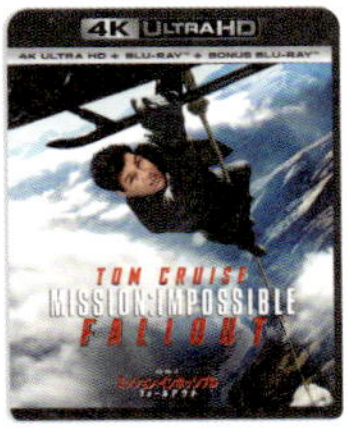

ミッション：インポッシブル/
フォールアウト
4K ULTRA HD＋Blu-rayセット：
6,589円／ Blu-ray：2,075円／
DVD：1,572円（全て税込）
発売元: NBCユニバーサル・
エンターテイメント

バリー・シール　アメリカをはめた男

AMERICAN MADE

この男、天才パイロット、CIA エージェント、そして麻薬の密輸王。

CIA、ホワイトハウス、麻薬王…すべてをはめた、たったひとりの男。
嘘みたいにぶっ飛んだ密輸の実話
barry-seal.jp
2017.10

この男、天才パイロット、CIAエージェント、そして麻薬の密輸王。
トム・クルーズ
バリー・シール
アメリカをはめた男
2017.10

Story

１９７０年代後半、バリー・シール（トム・クルーズ）は大手航空会社ＴＷＡでパイロットとして働いていた。バリーは若くして機長に昇進。機長という立場のため税関の検査は緩く、それを利用して密輸に手を染めていた。操縦の腕前は天才的。そしてＣＩＡからも注目されるようになる。ある日、バリーはＣＩＡエージェントからスカウトされ、極秘作戦に偵察機パイロットとして加わることになる。野心家でもあったバリーは喜んでその依頼を引き受けた。すぐにＴＷＡを飛び出してＣＩＡが用意した航空会社に転職し、メキシコ湾を航空レーダーを避けるように超低空飛行で通り抜けてアメリカと中米や近隣諸国を秘密裏に往復するスリリングな日々を始める。数年後、バリーはパナマの独裁者、マヌエル・ノリエガとＣＩＡの仲介人の役割を果たすようにまでなっていた。バリーはＣＩＡには隠して、コカインをルイジアナ州に密輸する仕事も請け負っていた。しかし、ＣＩＡに密輸に関与していることを知られてしまう。だが、ＣＩＡにはバリーの代わりを担える人材がおらず、バリーの行為を黙殺する。ホワイトハウスやＣＩＡの命令に従いながら、同時に麻薬密輸ビジネスで数十億円の荒稼ぎをするバリーだった。

バリー・シール

実在したパイロット。CIAの仕事をしながら、麻薬の運び屋でもあった。「アメリカが歴史から消したい男」とまで呼ばれたバリー・シールをトムが楽しそうに演じている。フライトシーンはノースタントで挑戦。実話ゆえに、パナマのノリエガ将軍やメデジン・カルテルの麻薬王パブロ・エスコバルなどが登場するのは見物。バリー本人は1986年、パブロ・エスコバルに雇われた殺し屋に殺害されている。

BD&DVD INFORMATION

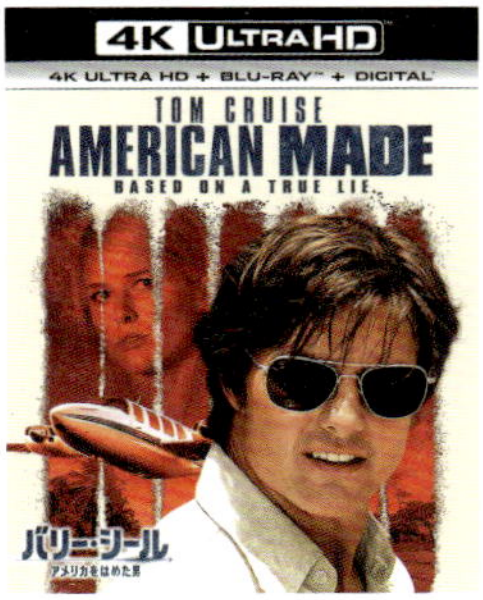

バリー・シール/
アメリカをはめた男
4K ULTRA HD+Blu-ray
セット：6,589円／
Blu-ray：2,075円／
DVD：1,572円（全て税込）
発売元: NBCユニバーサル・エンターテイメント

DATA

監督	ダグ・リーマン
脚本	ゲイリー・スピネッリ
製作	ブライアン・グレイザー
	ブライアン・オリヴァー
	タイラー・トンプソン
	ダグ・デイヴィソン
	キム・ロス
	レイ・アンジェリク
製作総指揮	パリス・ラトシス
	エリック・グリーンフェルド
	マイケル・フィンリー
	マイケル・ベイシック
	レイ・チェン
出演者	モンティ・"シェイファー"…ドーナル・グリーソン
	ルーシー・シール…サラ・ライト・オルセン
	クレイグ・マッコール捜査官…E・ロジャー・ミッチェル
	ダウニング保安官…ジェシー・プレモンス
	ホルヘ・オチョア…アレハンドロ・エッダ
	JB…ケイレブ・ランドリー・ジョーンズ
	デイナ・シボタ…ジェイマ・メイズ
音楽	クリストフ・ベック
撮影	セザール・シャローン
編集	サー・クライン
	アンドリュー・モンドシェイン
	ディラン・ティチェナー
製作会社	クロス・クリーク・ピクチャーズ
	イマジン・エンターテインメント
	クオドラント・ピクチャーズ
	ヴェンディアン・エンターテインメント
配給	全米:ユニバーサル・ピクチャーズ
	日本:東宝東和
公開	全米:2017年9月29日
	日本:2017年10月21日
上映時間	117分
製作費	50,000,000ドル
興行収入	世界:132,324,616ドル
	全米:50,239,285ドル
	日本:7億5200万円

ザ・マミー／呪われた砂漠の王女

THE MUMMY

5000年封印された“究極の悪”が解き放たれる

選ばれしその男の力は、光か――闇か――

「モンスターを倒すのは、モンスターだ。」

1932年『ミイラ再生』、1999年『ハムナプトラ／失われた砂漠の都』そして2017年夏――

トム・クルーズを主演に迎え、中東の広大な砂漠から現在のロンドンに隠された地下迷宮を舞台に、神話に封印された邪悪なる“王女”復活の物語を描き出す。

人智を超えた驚愕の世界へと見る者を誘うアクション・アドベンチャー！

5000年の時を経て復活した悪しき王女アマネット

神々とモンスターの新たなる世界の幕開け
トム・クルーズ
5000年封印された“究極の悪”が解き放たれる
ザ・マミー
MUMMY
呪われた砂漠の王女
7.28 FRI
トム・クルーズ主演映画史上 No.1

Story

古代エジプト。アマネット王女（ソフィア・ブテラ）は王位継承間近。しかし、父親であるメネフトラ王（セルヴァ・ローゼリンガム）に男児が生まれたため、その夢は消えた。王の座を諦められなかったアマネットは邪神セト（ハビエル・ボテット）に魂を売り、自分の邪悪な精神を具現化するためのダガーを入手して一族を殺してしまう。そして、自らが神になるため自分の恋人の肉体にセトを憑依させようとしていた。だが、神官たちはそれを見破り、アマネットを生き埋めの刑に処し、儀式に用いられたオシリス石を別の場所に封印した。時は現代。中東の戦闘地帯で、古代エジプトの文字が刻まれた石棺が発見された。発掘に立ち会ったアメリカ軍関係者のニック・モートン（トム・クルーズ）、考古学者のジェニファー・〝ジェニー〟・ハルジー（アナベル・ウォーリス）たちが調査のため、石棺をイギリスに輸送。その途中で想定外の事態に陥り、ジェニーは辛うじて脱出したものの、輸送機はニックたちを乗せたままロンドン郊外に墜落し、石棺も行方不明となってしまう。しかし、その石棺の中から、古代にファラオから裏切られ邪悪なモンスターと化し封印された王女アマネットが、全ての人間への憎悪を募らせ復活しようとしていた。そして想像を絶する復讐が幕を開け、世界は恐怖のどん底に突き落とされてゆく……。

ニック・モートン

アメリカ軍の軍曹。アマネット王女の墓の封印を解いてしまい呪いをかけられ「選ばれしもの」として追われる立場となる。1932年に公開された映画「ミイラ再生」のリブートでユニバーサルが過去に製作したホラー映画をリブートするダーク・ユニバースの第1作目となった。鳴り物入りの企画であったが、本作が興行的に失敗したことによりこの計画は白紙となってしまった。

DATA

監督	アレックス・カーツマン
脚本	デヴィッド・コープ クリストファー・マッカリー ディラン・カスマン
原案	カール・フロイント 「ミイラ再生」
製作	アレックス・カーツマン クリス・モーガン ショーン・ダニエル サラ・ブラッドショー
製作総指揮	ジェブ・ブロディ ロベルト・オーチー
出演者	ヘンリー・ジキル…ラッセル・クロウ アマネット…ソフィア・ブテラ ジェニー・ハルジー…アナベル・ウォーリス クリス・ヴェイル…ジェイク・ジョンソン グリーンウェイ大佐…コートニー・B・バンス
音楽	ブライアン・タイラー
撮影	ベン・セレシン
編集	ポール・ハーシュ ジーナ・ハーシュ アンドリュー・モンドシェイン
製作会社	ユニバーサル・ピクチャーズ パーフェクト・ワールド・ピクチャーズ K/Oペーパー・プロダクツ ショーン・ダニエル・カンパニー 電通
配給	全米:ユニバーサル・ピクチャーズ 日本:東宝東和
公開	全米:2017年6月9日 日本:2017年7月28日
上映時間	110分
製作費	125,000,000ドル
興行収入	世界:409,104,837ドル 全米:80,121,125ドル 日本:15億3000万円

BD&DVD INFORMATION

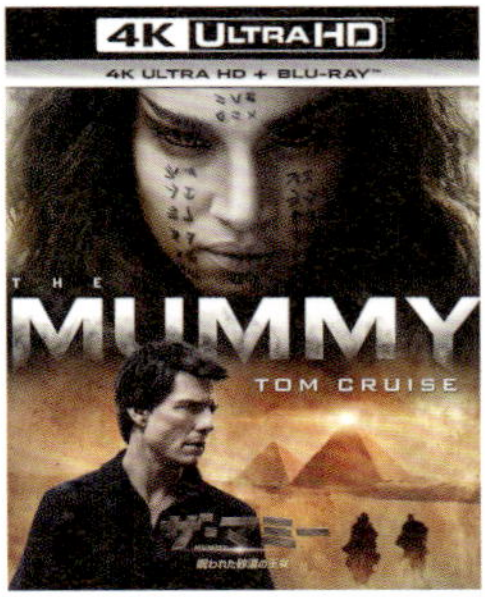

ザ・マミー／
呪われた砂漠の王女
4K ULTRA HD＋Blu-ray
セット：6,589円／
Blu-ray：2,075円／
DVD：1,572円（全て税込）
発売元：NBCユニバーサル・エンターテイメント

ジャック・リーチャー NEVER GO BACK

Jack Reacher: Never Go Back

ルール無用、あるのは正義だけ。あの最も危険なアウトローが帰ってくる！

トム・クルーズ主演
『ラストサムライ』×のタッグ再び！
エドワード・ズウィック監督
ルール無用。あるのは正義だけ。
NEVER GO BACK《決して、戻ってはならない》
あの最も危険な"アウトロー"が帰ってくる！
イーサン・ハント、ジェイソン・ボーン、ジェームズ・ボンド…、これまでのアクションヒーローとは全く異なる一匹狼で、
正義を貫くためならルールは問わない"アウトロー"な男、ジャック・リーチャー。
リー・チャイルドのベストセラー小説"ジャック・リーチャー"シリーズから、評価の高い"NEVER GO BACK"を
『ラストサムライ』のエドワード・ズウィック監督とトム・クルーズ主演の最強タッグで映画化。信念を持った男の生き様を描く。
映画盗撮は犯罪！
発見したら
www.eigakan.org
0120-550098

決して、屈するな。
決して、あきらめるな。
決して、戻るな。
トム・クルーズ
ジャック・リーチャー
NEVER GO BACK
11.11［FRI］

Story

喧嘩のあった現場に保安官が駆けつけると、何人もの男が倒れていた。事情聴取をすると、それはジャック・リーチャー（トム・クルーズ）という1人の男の仕業であることがわかる。手錠をかけられたジャックは連行されそうになると突然、予言を始める。「90秒の間に2つのことが起きる。その1、電話が鳴る。その2、お前が手錠をかけられて拘置所に送られる。」と。それを笑う保安官だったが、直後ジャックの言うとおりになった。その保安官は、オクラホマ州にある軍の敷地内で犯罪を犯していたのだった。そして、ジャックは元同僚である憲兵隊のスーザン・ターナー少佐（コビー・スマルダース）と電話で1週間後に会う約束をし、ワシントンD.C.にある軍司令部を訪れる。しかし、そこにいたのはスーザンではなくサム・モーガン大佐（ホルト・マッキャラニ）だった。そこでジャックはサムから、スーザンがスパイ容疑で逮捕されたと聞かされる。これに疑問を感じたジャックは、軍内部で起こっていることを探るため、モアクロフト大佐（ロバート・カトリーニ）に助力を求める。するとジャックは、大佐からスーザンが関係したある事件のファイルを渡される。それは、アフガニスタンで、スーザンの部下2人が殺された件と関係していた……。

ジャック・リーチャー

前作「アウトロー」と同様に、放浪生活を続けている元米軍憲兵隊捜査官。原作のジャック・リーチャーは、2メートル近い身長と100キロ以上の巨漢かつダークなイメージで、小柄なトムは多くの原作ファンから起用に反発されていた。それが影響してか、この2作目の世界興収は約1億6200万ドルとトム・クルーズ主演作としては期待外れの結果となり、トムはシリーズを降板してしまった。

DATA

監督	エドワード・ズウィック
脚本	リチャード・ウェンク エドワード・ズウィック マーシャル・ハースコビッツ
原作	リー・チャイルド 『ネバー・ゴー・バック』
製作	トム・クルーズ ドン・グレンジャー クリストファー・マッカリー
製作総指揮	ポーラ・ワグナー ハーバート・W・ゲインズ デヴィッド・エリソン デイナ・ゴールドバーグ
出演者	スーザン・ターナー…コビー・スマルダース サマンサ・ダットン…ダニカ・ヤロシュ ジェームズ・ハークネス将軍…ロバート・ネッパー アンソニー・エスピン大尉…オルディス・ホッジ ハンター…パトリック・ヒューシンガー サム・モーガン大佐…ホルト・マッキャラニー モアクロフト大佐…ロバート・カトリーニ
音楽	ヘンリー・ジャックマン
撮影	オリヴァー・ウッド
編集	ビリー・ウェバー
製作会社	スカイダンス・メディア TCプロダクションズ
配給	全米：パラマウント・ピクチャーズ 日本：東和ピクチャーズ
公開	全米：2016年10月21日 日本：2016年11月11日
上映時間	118分
製作費	96,000,000ドル
興行収入	世界：162,146,076ドル 全米：58,697,076ドル 日本：8億6700万円

BD&DVD INFORMATION

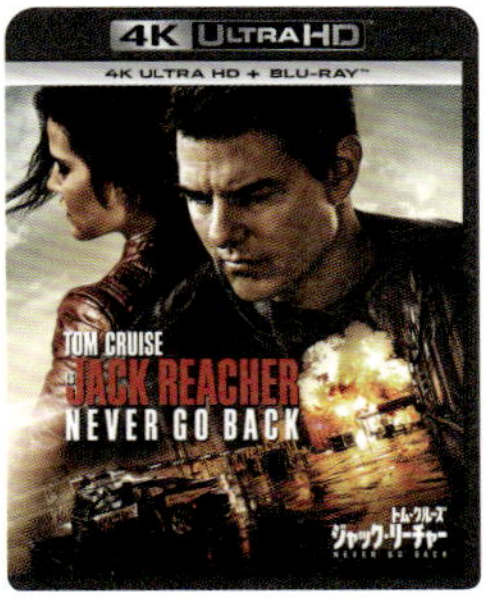

ジャック・リーチャー
NEVER GO BACK
4K ULTRA HD＋Blu-ray
セット：6,589円／
Blu-ray：2,075円／
DVD：1,572円（全て税込）
発売元：NBCユニバーサル・エンターテイメント

ミッション：インポッシブル／ローグ・ネイション

MISSION IMPOSSIBLE ROGUE NATION

高度1,500m、時速400kmの空中で繰り広げられる前人未到のアクション！

成功率0%。
数々の不可能を可能にしてきた伝説のスパイ、イーサン・ハント。
その彼に、絶対に遂行不可能なミッションが発令される!
シリーズ第5弾のストーリーは、現時点ではほとんど明らかにされていない。だがそのヒントはサブタイトルに隠されている。「ローグ・ネイション」、つまり「悪の国家」。これは、CIAやKGBをはじめとする各国の元エリート諜報部員が結成した無国籍スパイ組織"シンジケート"を指す。彼らの暗躍により、イーサン・ハントの所属するIMFはまたしても解体の危機に陥る。組織という後ろ盾を失いながら、イーサンと彼のチームは、史上最強の敵を潰すことができるのか？交錯する情報と刻々と迫り来る世界の危機。誰が敵で誰が味方か、究極の諜報バトルが繰り広げられる。
高度1500m、時速400kmの空中で繰り広げられる、前人未到のアクション!
トム・クルーズ主演の超人気シリーズ第5弾「ミッション:インポッシブル/ローグ・ネイション」が、いよいよ8月7日(金)に公開される。前作の「ミッション:インポッシブル/ゴースト・プロトコル」(2011)では全世界で6億9400万ドル(約832.8億円)という驚異的な興収を叩き出し、トム自身にとっても最大のヒット作となった。約4年ぶりとなる最新作。最大の見所と言えば、やはりスリルとアイディアあふれるアクションシーンだろう。今作のハイライトは高度1500m、時速400kmで飛行する軍用機のドアに張りつき、決死の侵入を試みるという驚くべきもの。このスタントは前作のブルジュ・ハリファ登頂(828m)と同様、トム・クルーズ本人が敢行している。まさに命懸けのシーンとあって、観客の心拍数をMAXに上げ、手に大量の汗を握らせるのは間違いない。全世界待望のスパイ・アクション超大作が、暑い夏を猛烈に熱くする!
トム・クルーズ
ミッション:インポッシブル
ローグ・ネイション
出演:トム・クルーズ　ジェレミー・レナー　サイモン・ペッグ
レベッカ・ファーガソン　ウィング・レイムス　ショーン・ハリス
and アレック・ボールドウィン　サイモン・マクバーニー
チャン・チンチュー　トム・ホランダー
TVシリーズ原案:ブルース・ゲラー
監督・脚本:クリストファー・マッカリー
8.7 FRI.
missionimpossiblejp.jp

絶対不可能に挑め。
トム・クルーズ
ミッション:インポッシブル
ローグ・ネイション
8.7 FRI.

Story

イーサン・ハント（トム・クルーズ）は謎の多国籍スパイ組織「シンジケート」の正体を探るため調査を進めていた。ある日、イーサンは指令を受けるためにＩＭＦのロンドン支部を訪れるが、「シンジケート」により催涙ガスで眠らされてしまう。目覚めると拘束されていて、目の前には謎の女と、3年前に死亡したはずのエージェントがいた。イーサンは拷問を受けるが、「シンジケート」の構成員である謎の美女イルサ・ファウスト（レベッカ・ファーガソン）によって命を救われ脱出する。その頃、ＣＩＡでは、ＩＭＦの捜査方針を問題視していた長官のアラン・ハンリー（アレック・ボールドウィン）により、ＩＭＦを解体し、ＣＩＡに吸収する提案が出されていた。さらには「シンジケート」はＩＭＦが自らの存在意義を示すために創った実体のない組織だとし、イーサンを反逆者として国際手配してしまう。それから半年が経ち、ベンジー・ダン（サイモン・ペッグ）たちＩＭＦの元メンバーはアランの監視を受けながら、それぞれＣＩＡ職員として任務をこなしていた。イーサンは、単独でＣＩＡの捜索をかわしながら「シンジケート」の調査を続け、「シンジケート」が行方不明になっている各国のスパイたちでできた「ローグ・ネイション（ならずもの国家）」であると突きとめる。

イーサン・ハント

諜報機関IMFのメンバー。冒頭の上空約1,500m×時速400kmの軍用機への侵入シーンや、6分間息継ぎなしの潜水スタントなど見せ場の連続。50カ国でオープニング興収No.1を獲得した。BMWがメイン・オートモーティブ・パートナーであり、公開当時の新型車F80型BMW·M3セダンや、F15型BMW·X5 x Drive40e、G11型BMW·7シリーズなどが登場している。

DATA

監督	クリストファー・マッカリー
脚本	クリストファー・マッカリー
原案	クリストファー・マッカリー ドリュー・ピアース
製作	トム・クルーズ J・J・エイブラムス ブライアン・バーク デヴィッド・エリソン ディナ・ゴールドバーグ ドン・グレンジャー
製作総指揮	ジェイク・マイヤーズ
出演者	ウィリアム・ブラント…ジェレミー・レナー ベンジー・ダン…サイモン・ペッグ イルサ・ファウスト…レベッカ・ファーガソン ルーサー・スティッケル…ヴィング・レイムス ソロモン・レーン…ショーン・ハリス アラン・ハンリー…アレック・ボールドウィン アトリー…サイモン・マクバーニー ヤニク・ヴィンター… イェンス・フルテン
音楽	ジョー・クレイマー
撮影	ロバート・エルスウィット
編集	エディ・ハミルトン
製作会社	クルーズ/ワグナー・プロダクションズ スカイダンス・プロダクションズ バッド・ロボット・プロダクションズ
配給	パラマウント・ピクチャーズ
公開	全米：2015年7月31日 日本：2015年8月7日
上映時間	131分
製作費	150,000,000ドル
興行収入	世界：682,716,636ドル 全米：195,042,377ドル 日本：51億4000万円

BD&DVD INFORMATION

ミッション：インポッシブル
6ムービー・コレクション
4K ULTRA HD＋Blu-rayセット：
25,080円

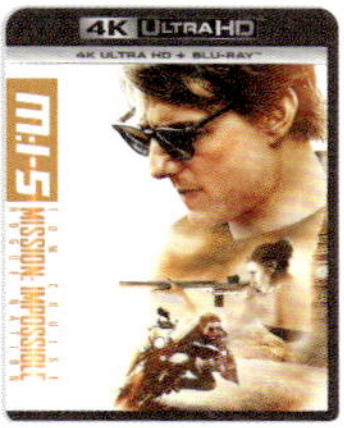

ミッション：インポッシブル/
ローグ・ネイション
4K ULTRA HD＋Blu-rayセット：
6,589円／Blu-ray：2,075円／
DVD：1,572円（全て税込）
発売元: NBCユニバーサル・
エンターテイメント

オール・ユー・ニード・イズ・キル

Edge of Tomorrow

何回死んでも、彼女を守って、世界を救え！

何回死んでも、彼女を守って、世界を救え！
これは事件だ！日本原作、トム・クルーズ主演
『マトリックス』『パシフィック・リム』——ハリウッドに多大な影響を与える日本製カルチャー。そして、ついに日本の小説を直接映画化したハリウッド超大作が誕生した！原作は桜坂洋の傑作SF小説、「All You Need Is Kill」。斬新な設定、スリリングな展開。そのすべてに魅了されたトム・クルーズは超一流の布陣で製作に挑んだ。
監督は『ボーン・アイデンティティー』の名匠ダグ・ライマン
SFでありながら『ボーン・アイデンティティー』さながらのリアリティのある世界観を追及したアクションは圧巻！いきなり自分が戦場のど真ん中に放り込まれた感覚に陥る110分ノンストップのアクション・エンターテイメント。まさにダグ・ライマン監督の真骨頂だ。
戦う、死ぬ、目覚める——。生き残れるまで、今日をやり直せ
物語のポイントはタイムループ。トム演じるケイジは「戦いを嫌う、臆病な男」。そんな男が何度も戦場の最前線に飛ばされ、そのたびに死ぬという同じ一日を何回も繰り返す。特にこの作品の新しいところは、主人公が死ぬ度にスキルアップし、強くなっていくという設定。こんなに死ぬトム、見たことない！
"強い女"が男を変える！
ヒロインは『プラダを着た悪魔』のエミリー・ブラント
彼を最強の兵士へと教育していく戦場の女神リタ・ヴラタスキ役に、エミリー・ブラントが大抜擢された。彼女の持つ誠実さ、知性、心の強さはリタのイメージ通りとプロデューサーも絶賛。
STORY
謎の侵略者"ギタイ"の攻撃に、世界は滅亡寸前まで追いつめられていた。ウィリアム・ケイジ少佐（トム・クルーズ）は機動スーツで出撃するがすぐに命を落とす。しかし、死んだ瞬間、彼は出撃前日に戻っていた。無数に繰り返される同じ激戦の一日。ある日、ケイジは戦場の女神リタに出逢う。繰り返される過酷なループの中、彼女による戦闘訓練を通してどんどん強くなってゆくケイジ。果たして彼は、世界を、そして、やがて愛するようになった彼女を守れるのか。
NOVEL
原作小説
史上初！日本の小説がハリウッドで映画化。
「All You Need Is Kill」
桜坂洋 illustration 安倍吉俊
コミック
さらに、『DEATH NOTE』『バクマン。』の小畑健が原作小説をコミカライズ！
週刊ヤングジャンプ誌上にて連載中
7月4日(金)新宿ピカデリー他全国ロードショー
特別ご鑑賞券一般1,400円(税込)発売中!!
映画盗撮は犯罪！発見したら
www.eigakan.org
0120-550098

日本原作、トム・クルーズ主演。
トム・クルーズ
エミリー・ブラント
ALL YOU NEED IS KILL
オール・ユー・ニード・イズ・キル
「ボーン・アイデンティティー」監督最新作
07.04
3D/2D
www.allyouneediskill.jp

Story

近未来。地球は「ギタイ（Mimics）」と呼ばれる謎の侵略者からの攻撃を受け、滅亡の危機に晒されていた。

軍属の報道官であったウィリアム・ケイジ少佐（トム・クルーズ）は、ギタイ殲滅作戦を指揮するブリガム将軍（ブレンダン・グリーソン）に歩兵として最前線に送られてしまう。ウィリアムが配属されたJ分隊の兵士たちはウィリアムに非協力的で、武器の安全装置の解除の手順すら教わらないまま作戦に参加させられてしまう。ウィリアムは武器もうまく使えず逃げ惑うばかり。敵にダメージを負わせることもできずにいたウィリアムは決死の覚悟で、自爆用に渡されていた地雷を使い、ギタイと相打ちになって死亡する。しかしウィリアムは息を吹き返す。時は出撃前に戻っていた。同じように死んでは戻りを繰り返し、タイムループに巻き込まれてしまっていることに気付く。そして、特殊部隊の軍人リタ・ヴラタスキ（エミリー・ブラント）もウィリアム同様にタイムループに巻き込まれていることを知る。リタによるとタイムループはギタイ側が自らの未来を有利なものに変えるために起こしている現象であるという。戦いを繰り返しながらウィリアムは戦闘技術を磨いていき、リタと共にこのタイムループから抜け出す糸口を掴む。

DATA

監督	ダグ・リーマン
脚本	ダンテ・W・ハーパー ジョビー・ハロルド クリストファー・マッカリー ティム・クリング ジェズ・バターワース
原作	桜坂洋 『All You Need Is Kill』
製作	ジェイソン・ホッフス グレゴリー・ジェイコブズ トム・ラサリー ジェフリー・シルヴァー アーウィン・ストフ
製作総指揮	ジョビー・ハロルド
出演者	リタ・ヴラタスキ… エミリー・ブラント ファレウ曹長…ビル・パクストン ブリガム将軍…ブレンダン・グリーソン カーター博士…ノア・テイラー グリフ…キック・ガリー クンツ…ドラゴミール・ムルジッチ ナンス…シャーロット・ライリー スキナー…ジョナス・アームストロング フォード…フランツ・ドラメー キンメル…トニー・ウェイ
音楽	ラミン・ジャヴァディ
主題歌	ジョン・ニューマン 「Love Me Again」
撮影	ディオン・ビーブ
編集	ジェームズ・ハーバート
製作会社	ワーナー・ブラザース ヴィレッジ・ロードショー・ピクチャーズ スペース・トラベル K/Oペーパー・プロダクツ
配給	ワーナー・ブラザース
公開	全米:2014年6月6日 日本:2014年7月4日
上映時間	113分
製作費	178,000,000ドル
興行収入	世界:370,541,256ドル 全米:100,206,256ドル 日本:15億9000万円

BD INFORMATION

オール・ユー・ニード・イズ・キル
4K ULTRA HD+Blu-ray
セット:6,980円(税込)
発売元:ワーナー・ブラザース ホームエンターテイメント
販売元:NBC ユニバーサル・エンターテイメント

ウィリアム・ケイジ

アメリカ軍のメディア担当、階級は少佐。戦場で負傷するのが嫌で報道官となったが、ブリガム将軍の不興を買い、歩兵として戦場に送られてしまう。2004年に発表された桜坂洋のライトノベル『All You Need Is Kill』がベースとなっている。トムが初めて日本の原作作品に出演した。劇場公開では3Dでも上映が行われた。

オブリビオン

Oblivion

全ての謎が解けなければ地球は“過去の惑星”となる。

想像を超える未来を
目撃する。
彼は、何故ひとり
地球に残されたのか――？
オブリビオン
OBLIVION
2013年5月
地球は過去の惑星となる。
OBLIVION-movie.jp

『猿の惑星：創世記』プロデューサー
『トロン：レガシー』監督最新作
この未来を、誰が予想したか。
トム・クルーズ
オブリビオン
OBLIVION
2013年5月、地球は過去の惑星となる。
OBLIVION-movie.jp

Story

西暦２０７７年。核兵器により荒廃した地球。人類は、土星の衛星・タイタンへの移住を余儀なくされる。そんな中、元海兵隊司令官ジャック・ハーパー（コードネーム「Ｔｅｃｈ４９」）（トム・クルーズ）はヴィクトリア・オルセン（アンドレア・ライズボロー）と共に異星人スカヴの残党を始末するため地球に残る。ある日、ジャックは墜落した宇宙船を発見。その残骸からジュリア・ルサコーヴァ（オルガ・キュリレンコ）という謎の女性を助け出す。目覚めたジュリアは、初めて会ったジャックの名前を呼んだ。そして、ジャックも断片的な記憶の中にジュリアを見る。そんな折、ジャックが突然スカヴに捕らえられ、連行先でマルコム・ビーチ（モーガン・フリーマン）と名乗る男と出会う。そしてマルコムから、スカヴはエイリアンではなく人類の生き残りであること、タイタンに移民者などいないこと、移民前の一時的な避難先である宇宙ステーションとされていた「テット」という物体こそが人類の敵であることを告げられる。「汚染地区」へと向かったジャックは、自分と全く同じ容姿の「Ｔｅｃｈ５２」と遭遇。そして自分とヴィクトリアは量産されたクローンであり、テットの手先として人類を抹殺する任務を行っていることを知るのだった。

ジャック・ハーパー / Tech 49

複数存在するジャック・ハーパーのクローンの一人。「オブリビオン」とは、忘却、忘我、無意識状態という意味。本作は、ジョセフ・コシンスキーによる未公開だった同名漫画の映画化であり、監督も兼ねた。監督としては、「トロン：レガシー」から2作目。まだ経験の浅い監督ではあったが、トムはその手腕に惚れ込み、この6年後「トップガン マーベリック」にジョセフを抜擢した。

BD&DVD INFORMATION

オブリビオン
4K ULTRA HD+Blu-ray
セット：6,589円／
Blu-ray：2,075円／
DVD:1,572円(全て税込)
発売元: NBCユニバーサル・エンターテイメント

DATA

監督	ジョセフ・コシンスキー
脚本	ウィリアム・モナハン(ノンクレジット)
	カール・ガイダシェク
	マイケル・アーント
	(ペンネーム「マイケル・デブリュイン」名義)
原作	ジョセフ・コシンスキー
	アルヴィド・ネルソン(ノンクレジット)
	編集:ラディカル・コミックス(ノンクレジット)
製作	ピーター・チャーニン
	ディラン・クラーク
	ブルース・フランクリン
	スティーブ・ゴーブ
	ダンカン・ヘンダーソン
	ジョセフ・コシンスキー
	マイク・ラロッカ
	バリー・レヴィン
	R.J.ミノ
製作総指揮	ジェシー・バーガー
	デイブ・モリソン
	ジャスティン・スプリンガー
出演者	マルコム・ビーチ…モーガン・フリーマン
	ジュリア・ルサコーヴァ…オルガ・キュリレンコ
	ヴィクトリア・"ヴィカ"・オルセン…アンドレア・ライズボロー
	サイクス軍曹…ニコライ・コスター=ワルドー
	テット/"サリー"…メリッサ・レオ
	ジュリアの娘…アビゲイル・ロウ、イザベル・ロウ
音楽	アントニー・ゴンザレス(M83)
	ジョセフ・トラパニーズ
撮影	クラウディオ・ミランダ
編集	リチャード・フランシス=ブルース
制作会社	ユニバーサル・ピクチャーズ
	レラティビティ・メディア
	モノリス・ピクチャーズ
	チャーニン・エンターテインメント
	ラディカル・コミックス
配給	全米:ユニバーサル・ピクチャーズ
	日本:東宝東和
公開	全米:2013年4月12日(IMAX先行)
	:2013年4月19日(拡大)
	日本:2013年5月31日
上映時間	124分
製作費	130,000,000ドル
興行収入	全米:286,168,572ドル
	日本:13億1000万円

アウトロー

Jack Reacher

彼の名は、ジャック・リーチャー。世界で最も危険な流れ者＜アウトロー＞

トム・クルーズ新シリーズ誕生!
"不可能を可能にする男"
"世界で最も危険な流れ者"
《M:I・シリーズ》イーサン・ハントからジャック・リーチャーへ——
完全犯罪だろうと、逃がしはしない。
トム史上、最も危険でワイルドな
アウトロー・ヒーロー!
2012年洋画No.1『ミッション：インポッシブル ゴースト・プロトコル』の"M:Iシリーズ"に続き、トム・クルーズが新境地に挑むのが、かつてないほどの非情さとワイルドさを兼ね備えたアウトロー・ヒーロー"ジャック・リーチャー"シリーズ。英国作家リー・チャイルドの17冊にも及ぶ全米ベストセラー小説が原作のハードボイルド・アクション超大作だ。監督は『ユージュアル・サスペクツ』の脚本家として名高いクリストファー・マッカリー。『タイタンの逆襲』のロザムンド・パイク、『ゴッドファーザー』のアカデミー賞®俳優のロバート・デュヴァル、そして冷酷な悪役に監督・俳優で異才のドイツ人ヴェルナー・ヘルツォークが見事な演技で脇を固め、新シリーズの誕生を盛り上げている。映画史に刻まれる新たなヒーロー伝説が、世界をかつてない衝撃で魅了する。
これぞリーチャー流：《アウトロー7カ条》
職には就かない：実は元米軍エリート捜査官
住居は持たない：流れ着いた街の安宿を転々とする
煩わしい物は持たない：携帯電話・免許証・クレジットカード
人とは絶対に繋がらない：恋人・家族・友人は必要なし
証拠は信じない：警察は一切信用しない
法律は関係ない：己のルールこそが法
悪は決して許さない：唯一あるのは正義のみ
6発の銃声、5つの死体。事件は闇に葬られるはずだった…
ピッツバーグ近郊。白昼に6発の銃弾が発射され5人が殺害された事件で、元米軍スナイパーのジェームズ・バーが逮捕された。証拠がすべて揃えられ自白を強要された彼は、黙秘を続け「ジャック・リーチャーを呼べ」と紙に書いて要求する——。警察がリーチャー（トム・クルーズ）の身元を掴めない中、突然リーチャーが現れる。かつて軍の秘密捜査官をしていた彼は、事件のある矛盾点に気づき始めていく。完璧に訓練された凄腕のバーが、1発でも外すわけがない。それに、証拠があまりにも揃い過ぎている…。リーチャーは己の正義に従い、手段を選ばず、この一見単純に見える完全犯罪の真相をあぶり出していく——。
outlaw-movie.jp
2月1日金 映画ファーストデー公開

トム・クルーズ
その男、
行き着く先に、
事件あり。
彼の名は、ジャック・リーチャー
世界で最も危険な流れ者《アウトロー》
アウトロー
outlaw-movie.jp

Story

アメリカ、ペンシルベニア州ピッツバーグ。アレニゲーの川沿いで、市民5人が射殺されるという発砲事件が起きた。地元警察のエマーソン刑事（デヴィッド・オイエロウォ）たちは、残された薬莢や指紋から、元アメリカ陸軍のジェームズ・バー（ジョセフ・シコラ）を逮捕した。否認を続けるジェームズは、「ジャック・リーチャー（トム・クルーズ）を呼べ」と要求。しかし、ジェームズは移送中に他の受刑者から暴行を受け、昏睡し証言不可能な状態に陥ってしまった。この街では「アウトロー」であるジャックのことを誰も知らない。ジャックは、ジェームズの弁護士であり、地方検事アレックス・ロディン（リチャード・ジェンキンス）の娘でもあるヘレン・ロディン（ロザムンド・パイク）と出会い、共に事件の調査を開始する。ジェームズには、イラン・イラク戦争中に友軍の民間軍事会社のオペレーター4人を殺害した過去があった。その時、憲兵としてジェームズを捕らえたジャックは、独断でジェームズを放免していた。殺された4人が卑劣なレイプ魔であったからだ。しかし、今回の射殺事件がジェームズの殺人衝動だとするならば、ジャックは過去の罪も清算させるつもりでいた。だが、ヘレンと共に調査を進めていくうち、矛盾が多すぎることや、ジャックまでもが狙われるといった状況が続き、真犯人は別にいると考え始める……。

ジャック・リーチャー

元アメリカ軍憲兵隊捜査官。優秀な軍人だったが、退役後は放浪生活を続けている。全米でベストセラーとなった、リー・チャイルドによる小説「ジャック・リーチャー」シリーズ第9作目となる本作にトムが挑んだ。カースタントは全て自分で行い、クルマが樽に衝突した際、その衝撃でエンストを起こしたが自力で再起動した。そのシーンはそのまま劇中で使用されている。

BD&DVD INFORMATION

アウトロー
4K ULTRA HD+Blu-ray
セット：6,589円／
Blu-ray：2,075円／
DVD：1,572円（全て税込）
発売元：NBCユニバーサル・エンターテイメント

DATA

監督	クリストファー・マッカリー
脚本	クリストファー・マッカリー
原作	リー・チャイルド 『アウトロー』
製作	トム・クルーズ ポーラ・ワグナー ゲイリー・レヴィンソン ドン・グレンジャー ケヴィン・J・メシック デヴィッド・エリソン デイナ・ゴールドバーグ
製作総指揮	ジェイク・マイヤーズ ポール・シュウェイク
出演者	ヘレン・ロディン…ロザムンド・パイク アレックス・ロディン…リチャード・ジェンキンス ゼック…ヴェルナー・ヘルツォーク カルヴィン・エマーソン…デヴィッド・オイェロウォ マーティン・キャッシュ…ロバート・デュヴァル ジェームズ・バー…ジョセフ・シコラ チャーリー…ジェイ・コートニー リンスキー…マイケル・レイモンド=ジェームズ サンディ…アレクシア・ファスト
音楽	ジョー・クレイマー
撮影	キャレブ・デシャネル
編集	ケヴィン・スティット
製作会社	TCプロダクションズ スカイダンス・プロダクションズ
配給	パラマウント・ピクチャーズ
公開	全米：2012年12月21日 日本：2013年2月1日
上映時間	130分
製作費	60,000,000ドル
興行収入	世界：218,340,595ドル 全米：80,070,736ドル 日本：11億3000万円

ロック・オブ・エイジズ

Rock of Ages

落ちぶれたロックスターが、夢を追う若者に出会った―

史上最強のロック・ミュージカルが、
最高にゴージャスになってスクリーンに！
ブロードウェイを騒然とさせ、今なお絶賛の舞台が続くミュージカル『ロック・オブ・エイジズ』が、ついにハリウッドに進出！誰もが知っているロックの大ヒットナンバーばかりを集めて構成された、この"史上最強のロック・ミュージカル"に挑むのは、トム・クルーズをはじめ、キャサリン・ゼタ=ジョーンズらハリウッドきっての豪華なキャスト！さらに監督は『ヘアスプレー』のアダム・シャンクマンという鉄壁の布陣。9月、最高にゴージャスな、夢のようなミュージカルがスクリーンに実現する！
夢と欲望が渦巻くハリウッドを舞台に
トム・クルーズが
超絶カリスマ・
ロックスターに挑む!!
落ちぶれたロックスターが、夢を追う若者に出会った
時は80年代、とてつもないサクセスストーリーとスキャンダルがあふれ返る黄金時代のハリウッド。そこに待ち受けているのは輝かしい成功か、それとも華々しい転落か。一度は夢を叶え、人気の絶頂を極めたロックスターも、そんな崖っぷちに立つひとり。夢を見失い落ちぶれかけた彼は、目の前の現実に挫けそうになりながらも諦めない若者たちの姿に、もう一度自分の夢を取り戻そうとするのだが……。
トム・クルーズが挑むのは、ロックの神と呼ばれる男、失神者続出の超絶カリスマ・ロックスターだ。目に焼きついて離れないそのビジュアルもさることながら、意外にも最高にロックな生歌が、トム・クルーズ史上もっとも意外性に満ちたこの役を、天井知らずにはじけさせる！
「夢を、諦めない」――信じて追い続ければ、届かないと思っていた場所に辿り着くことも、なくしたものを取り戻すことも、きっとできるはず。そんな前向きな曇りのないメッセージが、まっすぐ胸に突き刺さる。そしてもうひとつ、理屈抜きで響いてくるのが、選りすぐりのロックナンバーだ。豪華スターのパワフルな歌声と、キレキレのパフォーマンスが、さらに気分を盛り上げる！
9月―最強のミュージカルで、日本中が最高潮にアツくなる!!
大ヒットロックナンバーが満載！
デフ・レパード★ポイズン★フォリナー★ジャーニー★エクストリーム
ボン・ジョヴィ★トゥイステッド・シスター★ガンズ・アンド・ローゼズ and more!
キャスト
トム・クルーズ／キャサリン・ゼタ=ジョーンズ／アレック・ボールドウィン
ジュリアン・ハフ（『バーレスク』）／ディエゴ・ボネータ／ポール・ジアマッティ／ラッセル・ブランド
メアリー・J・ブライジ（R&Bの女王）／マリン・アッカーマン
監督
アダム・シャンクマン（『ヘアスプレー』）
www.rockofages-movie.jp
facebookページはこちら》》www.facebook.com/rockofagesjp
ロック・オブ・エイジズ
9月21日［金］
ロードショー!!

『ヘアスプレー』監督作品
ジュリアン・ハフ　ディエゴ・ボネータ　ラッセル・ブランド　ポール・ジアマッティ
キャサリン・ゼタ=ジョーンズ　マリン・アッカーマン　メアリー・J・ブライジ　WITH アレック・ボールドウィン
AND トム・クルーズ　AS ステイシー・ジャックス
ロック・オブ・エイジズ
IS FILTH
STACEE JAXX
FEATURING THE MUSIC OF
デフ・レパード★フォリナー★ジャーニー★ポイズン★REO スピードワゴン★トゥイステッド・シスター
落ちぶれたロックスターが、夢を追う若者に出会った――
"ROCK OF AGES"
www.rockofages-movie.jp
9.21［FRI.］

Story

時は1987年。ハリウッドのサンセット大通りに数々のロックスターを世に送り出してきた名門ライブハウス"バーボンルーム"があった。オーナーはデニス・デュプリー（アレック・ボールドウィン）だ。ロックシンガーを目指す青年ドリュー・ボレー（ディエゴ・ボネータ）は、オクラホマから出てきたシェリー・クリスチャン（ジュリアン・ハフ）とこの店で知り合う。シェリーもシンガーを目指してこの街にやってきたが、泥棒に遭ってしまい、ドリューの紹介により店で働くことになる。やがて2人は恋に落ちた。ある日、店でロックバンド"アーセナル"の解散ライブが開催された。ボーカルはこの店から巣立った大スター、ステイシー・ジャックス（トム・クルーズ）である。しかし、かつては人気者だったステイシーも今では酒に溺れ、堕落し切っていた。一方、ステイシーのマネージャー、ポール・ギル（ポール・ジアマッティ）がドリューをスカウトしていた。だが、ドリューは控室でのステイシーとシェリーの関係を誤解してしまい、シェリーの前から去ってゆく。それに傷ついたシェリーも店を辞め、ダンサーとして働き始めた。そんな折、青少年健全育成のために街からロックを排除しようという市長夫人パトリシア・ホイットモア（キャサリン・ゼタ＝ジョーンズ）率いる抗議団体の運動があり、バーボンルームは存続の危機に陥ってしまう……。

DATA

監督	アダム・シャンクマン
脚本	ジャスティン・セロー クリス・ダリエンツォ アラン・ローブ
原作	クリス・ダリエンツォ
製作	アダム・シャンクマン ジェニファー・ギブゴット トビー・マグワイア マシュー・ウェーバー スコット・プリサンド カール・レヴィン ギャレット・グラント
出演者	シェリー・クリスチャン…ジュリアン・ハフ ドリュー・ボレー…ディエゴ・ボネータ ロニー・バーネット…ラッセル・ブランド ポール・ギル…ポール・ジアマッティ パトリシア・ホイットモア …キャサリン・ゼタ=ジョーンズ コンスタンス・サック…マリン・アッカーマン ジャスティス・チャリアー…メアリー・J・ブライジ デニス・デュプリー…アレック・ボールドウィン ミッチ・マイリー…ウィル・フォーテ
音楽	アダム・アンダース ピアー・アストロム
撮影	ボジャン・バゼリ
編集	エマ・E・ヒコックス
製作会社	ニュー・ライン・シネマ オフスプリング・エンタテイメント コーナー・ストーン・エンターテインメント マテリアル・ピクチャーズ
配給	ワーナー・ブラザース
公開	全米:2012年6月15日 日本:2012年9月21日
上映時間	123分
製作費	75,000,000ドル
興行収入	世界:59,418,613ドル

BD&DVD　INFORMATION

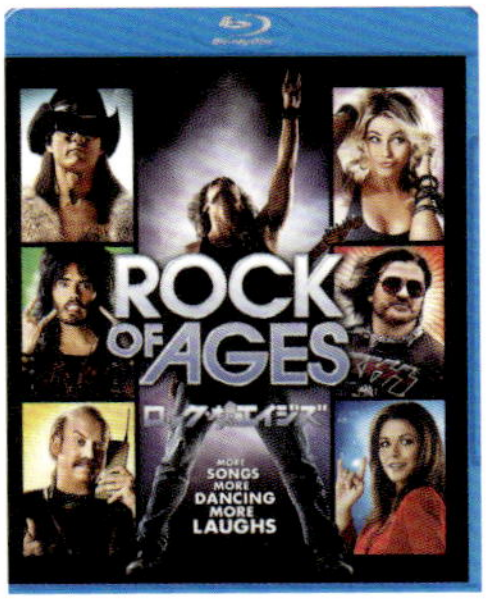

ロック・オブ・エイジズ
Blu-ray：2,619円／
DVD：1,572円（全て税込）
発売元：ワーナー・ブラザース
ホームエンターテイメント
販売元：NBC ユニバーサル・
エンターテイメント

ステイシー・ジャックス

かつては「ロックの神」と呼ばれた男だが、今は落ちぶれたロックスター。トムは長髪をなびかせて楽しそうに演じている。本作は、トニー賞で作品賞のほか5部門にノミネートされたブロードウェイで人気を博した同名ロックミュージカル（2005年初演、ブロードウェイ初演は2009年）の映画化。ロックの名曲の数々が全編を彩る。

ミッション：インポッシブル／ゴースト・プロトコル

Mission: Impossible - Ghost Protocol

地上828m、世界一の超高層ビルに身ひとつで挑む究極のミッションとは!?

全世界待望のスパイアクション超大作!
"不可能を可能にする男"イーサン・ハントが帰ってくる!
地上828m、世界一の超高層ビルに身ひとつで挑む究極のミッションとは!?
息もできぬほどのスリルと興奮を、スクリーンで体感せよ!
トム・クルーズ
ミッション:インポッシブル
ゴースト・プロトコル
製作:トム・クルーズ「ミッション:インポッシブル」シリーズ、J.J.エイブラムス「SUPER8/スーパーエイト」、ブライアン・バーク「SUPER8/スーパーエイト」
監督:ブラッド・バード「Mr.インクレディブル」「レミーのおいしいレストラン」 主演:トム・クルーズ
共演:ジェレミー・レナー「ハート・ロッカー」、サイモン・ペッグ「スタートレック」、ポーラ・パットン「プレシャス」
配給:パラマウント ピクチャーズ ジャパン
WWW.MI-GP.JP
12/16(金)公開!

不可能を超えろ。
トム・クルーズ
ミッション:インポッシブル
ゴースト・プロトコル
12.16

Story

ＩＭＦのエージェント、トレヴァー・ハナウェイ（ジョシュ・ホロウェイ）は、ブダペストで「コバルト」というコードネームの人物に渡る予定の秘密ファイルを奪う任務に就いていた。しかし、秘密ファイルを狙う別の組織が乱入し、トレヴァーは女殺し屋のサビーヌ・モロー（レア・セドゥ）によって殺害され、ファイルを奪われてしまう。この事態を収拾するため、ＩＭＦはモスクワの刑務所に服役中のイーサン・ハント（トム・クルーズ）を、トレヴァーのチームで働いていたジェーン・カーター（ポーラ・パットン）と、現場のエージェントに昇格したベンジー・ダン（サイモン・ペッグ）に脱獄させる。そして、ＩＭＦは「コバルト」の正体を暴くためクレムリンへの潜入任務を命じる。速やかに任務を遂行したイーサンだったが、この時クレムリンが大爆発。爆発に巻き込まれたイーサンは病院で目覚めるが、ロシア諜報員のアナトリー・シディロフ（ウラジミール・マシコフ）から爆破テロの首謀者だと決め付けられてしまう。イーサンはその場から逃亡し、ＩＭＦに救助を求めるが、事態は深刻だった。アメリカ大統領は政府が事件に関与した疑いを避けるため、「ゴースト・プロトコル（架空任務）」を発令。イーサンのチームはＩＭＦから登録を抹消されてしまう……。

DATA

監督	ブラッド・バード
脚本	アンドレ・ネメック ジョシュ・アッペルバウム
原作	ブルース・ゲラー
製作	トム・クルーズ J・J・エイブラムス ブライアン・バーク
製作総指揮	ジェフリー・チャーノフ デヴィッド・エリソン ポール・シュウェイク デイナ・ゴールドバーグ
出演者	ウィリアム・ブラント…ジェレミー・レナー ベンジー・ダン…サイモン・ペッグ ジェーン・カーター…ポーラ・パットン カート・ヘンドリクス…ミカエル・ニクヴィスト アナトリー・シディロフ…ウラジミール・マシコフ ウィストロム…サムリ・エーデルマン レオニド・ライセンカー…イワン・シュヴェドフ ブリッジ・ナス…アニル・カプール サビーヌ・モロー…レア・セドゥ
音楽	マイケル・ジアッキーノ
撮影	ロバート・エルスウィット
編集	ポール・ハーシュ
製作会社	パラマウント・ピクチャーズ TCプロダクションズ バッド・ロボット・プロダクションズ スカイダンス・プロダクションズ
配給	パラマウント・ピクチャーズ
公開	全米:2011年12月16日(IMAX先行) :2011年12月21日(拡大) 日本:2011年12月16日
上映時間	132分
製作費	145,000,000ドル
興行収入	世界:694,713,380ドル 全米:209,397,903ドル 日本:53億8000万円

BD&DVD INFORMATION

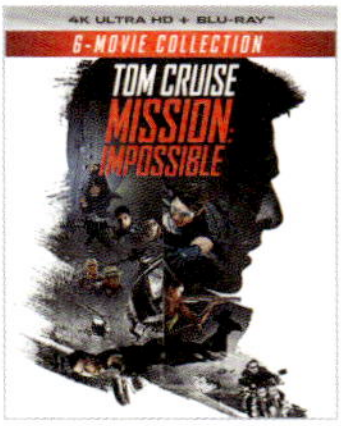

ミッション:インポッシブル
6 ムービー・コレクション
4K ULTRA HD+Blu-rayセット:
25,080円

ミッション:インポッシブル/ゴースト・プロトコル　4K ULTRA HD＋Blu-rayセット:6,589円/Blu-ray:2,075円/DVD:1,572円(全て税込) 発売元: NBCユニバーサル・エンターテイメント

イーサン・ハント

諜報機関IMFのメンバー。「ゴースト・プロトコル」とは、IMFという組織そのものが存在しないもの(ゴースト/幽霊)である、取り決め(プロトコル)という意味。トムは、監督に3作目のJ・J・エイブラムス同様、実写長編映画の経験のないブラッド・バードに白羽の矢を立てている。かつ、ブラッドは『Mr.インクレディブル』などのピクサー作品というアニメーション作品しか経験のない監督だった。

ナイト＆デイ

Knight and Day

ハートが近づくたび、危険が加速する。

トム・クルーズ×キャメロン・ディアス
ハートが近づくたび、危険が加速する。
平凡な女性ジューン（キャメロン・ディアス）が空港で出会った、
とびきり笑顔が素敵な男性ロイ（トム・クルーズ）。
しかし、恋の予感は一瞬にして怒濤のパニックへと変わり、
ジューンは嵐のような大事件に巻き込まれていく。
ミステリアスなロイの背後には、巨大な陰謀の影が…。
しかも、この予測不能で危険なロイと行動を共にすることだけが、
ジューンに残された生き延びる方法だった――。
『M:i:III』などでクールなヒーロー像を体現してきたトム・クルーズと、
幾多のキュートなヒロイン役で
世界中を魅了してきたキャメロン・ディアス。
ハリウッドの頂点に立つ2大スターがオンリーワンの個性を
惜しみなく発揮し、お互いの魅力を最大限に輝かせた最新作、
それが『ナイト&デイ』である。
平凡な女性の運命を変えた、男性の正体とは？
陶酔を誘うアクションと危ういロマンスが彩る、
極上のエンターテイメント超大作！
アクション&ロマンスを絶妙に溶け合わせたサプライズ満載の本作は、
南の島からラテンの熱気ほとばしるスペインまで、
世界各地のゴージャスなロケ地を壮大なスケールで駆けめぐる。
相次ぐ絶体絶命の危機を豪快に切り抜けていくロイは、
逢う間もなく旅の道連れとなったジューンにとって、すべてが謎だらけの男性。
何度も颯爽と現れてジューンを救い、驚くべき変身を遂げさせていく彼は、
国家のお尋ね者か、運命の騎士（ナイト）か――、
うっとり酔いしれてしまうほどスリリングで、危ういまでにロマンティック。
そんな奇跡のような魅惑に満ちあふれ、観る者をめくるめく別世界へと誘う
スタイリッシュ・エンターテイメント超大作が、ついに誕生した！
2010年 アメリカ映画 配給：20世紀フォックス映画
ナイト&デイ
10.9（SAT）
全国先着10,000名様
限定非売品 特製名場面ポストカード付 特別鑑賞券 発売中！
BIGなWプレゼント!! 抽選で15組30名様をジャパン・プレミアにご招待！
◎全国ロードショー

TOM CRUISE
CAMERON DIAZ
ワイルドな誘惑。スイートな衝撃。
トム・クルーズ
キャメロン・ディアス
KNIGHT AND DAY
ナイト&デイ

Story

理想の男性との出会いを夢見る平凡な女性ジューン・ヘイヴンス（キャメロン・ディアス）。妹エイプリル（マギー・グレイス）の結婚式に向かうためウィチタ・ミッド・コンティエント空港からボストンへと向かう飛行機に乗った。そこで、ジューンはロイ・ミラー（トム・クルーズ）と名乗る謎の男性と運命的な出会いをする。すると、ロイは機内で乗務員や乗客たちから襲われ、パイロットまで殺してしまう。全員敵だったのだ。ロイの正体は、1週間前までCIAに所属していた超一流のスパイ。政府の陰謀に巻き込まれて追われる身であった。以来、ことあるごとに危険な目に遭うジューンだったが、危機を助けられ、次第にロイに惹かれていく。そして、さらなるカーチェイスと銃撃戦が繰り広げられ、ロイはジューンを救出するが、怖くなったジューンはロイの元を離れ、昔の恋人であるロドニー（マーク・ブルカス）に助けを求める。しかし、そこにロイが現れジューンを手錠で拘束し、ロドニーの足に発砲して傷を負わせ、強引に車で連れ去った。そしてジューンは、天才科学者の開発した永久エネルギーを生むバッテリー「ゼファー」を奪い合う事件に巻き込まれていく。ゼファーは、小さな街や大型潜水艦の電力を補うほどの膨大なエネルギーを生む電池で、無限の可能性を秘めていた……。

DATA

監督	ジェームズ・マンゴールド
脚本	パトリック・オニール
製作	キャシー・コンラッド
	トッド・ガーナー
	スティーヴ・ピンク
	ジョー・ロス
製作総指揮	アーノン・ミルチャン
	E・ベネット・ウォルシュ
出演者	ジューン・ヘイヴンス…キャメロン・ディアス
	ジョン・フィッツジェラルド…ピーター・サースガード
	アントニオ・キンターナ…ジョルディ・モリャ
	イザベル・ジョージ…ヴィオラ・デイヴィス
	サイモン・フェック…ポール・ダノ
	エイプリル・ヘイヴンス…マギー・グレイス
	ロドニー…マーク・ブルカス
音楽	ジョン・パウエル
撮影	フェドン・パパマイケル
編集	マイケル・マカスカー
	クインシー・Z・ガンダーソン
製作会社	リージェンシー・エンタープライズ
	ニュー・リージェンシー・プロダクションズ
	デューン・エンターテインメント
	ピンク・マシーン
	スリー・ライン・フィルム
配給	20世紀フォックス
公開	全米：2010年6月25日
	日本：2010年10月9日
上映時間	110分（劇場公開版）
	118分（エキサイティング・バージョン）
製作費	117,000,000ドル
興行収入	世界:261,924,837ドル
	全米:76,376,042ドル
	日本:23億1000万円

ロイ・ミラー

CIA所属のスパイ。「ミッション:インポッシブル」で演じたイーサン・ハントと同じスパイ役だが、こちらはイーサンとは違い、どんな状況でも軽口を叩く陽気なキャラ。トムは、この役を演じるために、通常の半分のギャラで出演を決めた。ちなみに、「ナイト&デイ」の「ナイト」は「Knight」の綴り。「夜」という意味ではなく「騎士」を意味し、劇中に登場する老夫婦の姓を指している。

ワルキューレ

Valkyrie

作戦は「10分」　一線を越えたミッションに 世界が委ねられた。

ワーグナーの旋律〔ワルキューレ〕が
死者の中から"勇者"を選択する。
作戦コードは「ワルキューレ」。
偉大な作曲家ワーグナーの代表曲から名付けられた計画は、
世界の未来を左右する重要なカギを握っていた。
シュタウフェンベルク大佐(トム・クルーズ)は、ワーグナーの「ワルキューレ」を聴いた事から、
世界の独裁者アドルフ・ヒトラーを完全に転覆させる、ある作戦を思い付くが…
〔良心〕に従い世界を変えようと協力する者、
〔独裁者〕の権力に屈し作戦を阻止しようとする者、
〔両者〕の裏で陰謀を企む者、そして困難な計画の行く末を見守る家族。
様々な思惑が交錯し、果たして過去40回を超える暗殺計画を潜り抜けてきた
厳重な警戒に護られた男を倒すことができるのか?
そして〔独裁者〕と〔首謀者〕、戦死者を選ぶ女神〔ワルキューレ〕はどちらを選択するのか?
死と隣り合わせの極限状況の中、
世界の命運をかけた「10分間」のカウントダウンが始まる。
作戦は「10分」
一線を越えたミッションに
世界が委ねられた。
首謀者＝トム・クルーズ、危険な賭け
左目をアイパッチで覆った実在の将校、シュタウフェンベルク大佐を演じるのはトム・クルーズ。
爆撃で負傷した彼は祖国を愛する誇り高き軍人でありながら、ヒトラー独裁政権に疑問を持ち、
その崩壊を画策する反乱組織の首謀者。
これまでトム・クルーズが演じてきた正義のヒーローとは一線を画す。誰よりも祖国を愛するがために、自分の命だけでなく、家族の命をも危険にさらす可能性がある暗殺計画のリーダーであり、
崇高な信念を持った男である。
2009年、今まで誰も見たことのない、全く新しいトム・クルーズが誕生する。
監督:ブライアン・シンガー「ユージュアル・サスペクツ」「スーパーマン リターンズ」「X-MEN」
脚本:クリストファー・マッカリー「ユージュアル・サスペクツ」、ネイサン・アレクサンダー
出演:トム・クルーズ「ミッション:インポッシブル」シリーズ、ケネス・ブラナー「ハリー・ポッターと秘密の部屋」
ビル・ナイ「パイレーツ・オブ・カリビアン」シリーズ、テレンス・スタンプ「ウォンテッド」
トム・ウィルキンソン「フィクサー」「エミリー・ローズ」、カリス・ファン・ハウテン「ブラックブック」
VALKYRIE
ワルキューレ
valkyrie-movie.net
映画盗撮は犯罪! 発見したら
www.eigakan.org
0120-550098
3.20(金・祝)ロードショー
オリジナルコエダリアンフィギュア付 前売券発売中!

トム・クルーズ
ワルキューレ
それは、女神の名を冠した「作戦《ミッション》」
ブライアン・シンガー 監督作品
ワルキューレ VALKYRIE
3.20
valkyrie-movie.net
作戦は10分――。全編息をのむ、サスペンス・アクション超大作!

Story

1943年3月、ドイツの敗色が濃くなった第二次世界大戦末期。ドイツ将校クラウス・フォン・シュタウフェンベルク大佐（トム・クルーズ）は、絶対の忠誠を誓うべき軍人でありながらも、ヒトラー総統のあくまで最後の勝利を目指して戦争を続けようとする、その独裁政権ぶりに絶望していた。クラウスは、戦乱から部下の命だけは救おうと上官に撤退を進言。受け入れられるが、自分は連合軍の爆撃を浴びてしまう。そして、片目と片手を引き換えに一命を取りとめた。クラウスは、ドイツ再建のためにヒトラー暗殺計画を企てるレジスタンスの秘密会議に参加する。ある日、クラウスはワーグナーの「ワルキューレの騎行」を耳にし、危機管理オペレーション〈ワルキューレ作戦〉を巧みに利用してヒトラー暗殺後のベルリンを掌握し、一気にナチス政権を転覆させる計画を思いつく。それには、「ワルキューレ作戦」の文書を修正しながらヒトラーから署名をもらうこと、発動権を持つフリードリヒ・フロム国内予備軍司令官（トム・ウィルキンソン）を抱き込むことが必要だった。レジスタンスの主要メンバーであるヘニング・フォン・トレスコウ少将（ケネス・ブラナー）、フリードリヒ・オルブリヒト将軍（ビル・ナイ）、ルートヴィヒ・ベック陸軍参謀総長（テレンス・スタンプ）たちも賛同し、ヒトラー暗殺計画は着々と進行していく……。

クラウス・フォン・シュタウフェンベルク

実在したドイツ国防軍の将校。1944年に起きたドイツ国防軍将校によるヒトラー暗殺計画「7月20日事件」を描いている。「ワルキューレ」は、7月20日事件で発動された、ドイツ国防軍の部隊の一つである国内予備軍を用いた内乱鎮圧などを目的とした作戦計画のこと。撮影の多くは実際に事件の起こった現場・史跡で行われ、登場する建物や車輌も極力本物が使われている。

DATA

監督	ブライアン・シンガー
脚本	クリストファー・マッカリー ネイサン・アレクサンダー
製作	ブライアン・シンガー クリストファー・マッカリー ギルバート・アドラー
製作総指揮	クリス・リー ケン・カミンス ダニエル・M・シャイダー ドワイト・C・シェアー マーク・シャピロ
撮影監督	ニュートン・トーマス・サイジェル,A.S.C. プロダクション・デザイナー リリー・キルバート パトラック・ラム
編集	ジョン・オットマン
音楽	ジョン・オットマン
衣裳	ジョアンナ・ジョンストン
出演者	ヘニング・フォン・トレスコウ…ケネス・ブラナー フリードリヒ・オルブリヒト…ビル・ナイ フリードリヒ・フロム…トム・ウィルキンソン ニーナ・フォン・シュタウフェンベルク …カリス・ファン・ハウテン ルートヴィヒ・ベック…テレンス・スタンプ ヴェルナー・フォン・ヘフテン…ジェイミー・パーカー アルブレヒト・メルツ・フォン・クイルンハイム …クリスチャン・ベルケル
製作会社	ユナイテッド・アーティスツ バッド・ハット・ハリー・プロダクションズ クルーズ/ワグナー・プロダクションズ バーベルスベルク・スタジオ
配給	世界:20世紀フォックス 全米:MGM Distribution Co. 日本: 東宝東和
公開	全米:2008年12月25日 日本:2009年3月20日
上映時間	120分
製作費	75,000,000ドル
興行収入	世界:200,276,784ドル 全米:83,077,833ドル 日本:12億5000万円

BD&DVD INFORMATION

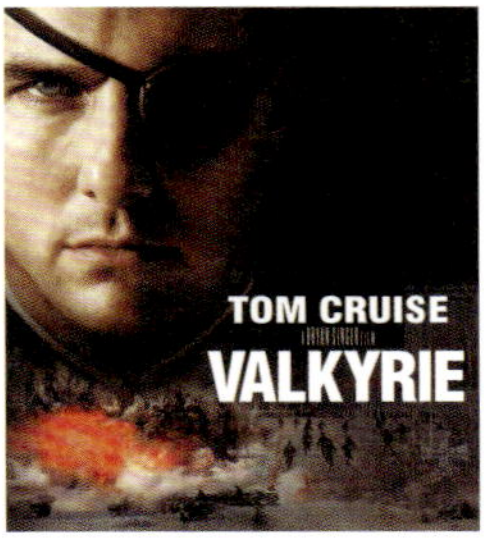

ワルキューレ
Blu-ray:2,750円
DVD:1,980円(全て税込)
発売元:東宝東和(株)
販売元:ポニーキャニオン

トロピック・サンダー／史上最低の作戦

Tropic Thunder

ハリウッド最高の映画の撮影中!? そこはなんと本物の戦場だった…

この秋、究極の"役者バカ"トリオがやって来る!
タグ・スピードマン
THE ACTION HERO
<フォーリーフ軍曹>
ジェフ・ポートノイ
THE COMEDY STAR
<ファッツ>
カーク・ラザラス
THE AWARD WINNER
<オサイラス軍曹>
TROPIC THUNDER
トロピック・サンダー
史上最低《サイテ～》の作戦
落ち目のアクション・スター、下ネタ主義のコメディアン、やり過ぎ演技派俳優
彼らがクランクインしたのは、なんと本物の戦場だった…
全米で8月13日に公開され、全米興行記録を次々と塗り替えた「ダークナイト」を破り見事No.1大ヒット。ハリウッド映画製作の裏側をブラックユーモア満載で描いたストーリーに全米のマスコミも大絶賛。本年度最高のコメディと称されている話題作がこの「トロピック・サンダー／史上最低の作戦」だ！
3者3様の個性を極めた超大物スターたち。そんな彼らが初競演し史上最大の戦争映画に出演することに。しかし相次ぐトラブルで予算オーバーとなり撮影中止の危機に陥る。だが諦められない監督は東南アジアのジャングルでロケを強行！何も知らない俳優達はなんと本物の危険地帯に連れて行かれる。敵陣の襲来にもリアルな撮影だと勘違いの彼らは、果たしてそこで撮影の小道具を手にいかに戦いサバイバルするというのだろうか…！？
ハリウッド最高の映画撮影中！
BIG3＆豪華ハリウッド・スターのカメオ出演で話題沸騰の爆笑サバイバル・コメディ！
www.shijosaitei.jp
PG-12
配給 パラマウント ピクチャーズ ジャパン
11.22 SAT ROADSHOW
丸の内ピカデリー1 渋谷ピカデリー 新宿ピカデリー 新宿バルト9 新宿ジョイシネマ 池袋シネマサンシャイン
品川プリンスシネマ MOVIX亀有 T・ジョイ大泉 ユナイテッド・シネマとしまえん ユナイテッド・シネマ豊洲 109シネマズ木場
平和島シネマサンシャイン 109シネマズMM横浜 MOVIX本牧 川崎チネチッタ 109シネマズ川崎 他、全国にて
エンブレムクリーナー付携帯ストラップ付
特別鑑賞券前売中
一般1,300円（税込）
5000名

［カンフー・パンダ］
ジャック ブラック
下ネタ主義のコメディアン
［ナイト ミュージアム］
ベン スティラー
落ち目のアクション・スター
［アイアンマン］
ロバート ダウニー・Jr.
やり過ぎ演技派俳優
そこまで演《や》るか!?
トロピック・サンダー
史上最低《サイテ～》の作戦
www.shijosaitei.jp
ロケ地が戦場!? 豪華ハリウッド・スター共演の爆笑サバイバル・コメディ!

Story

1969年、ベトナム戦争最前線で英雄的な活躍をした一人の男、ジョン・"フォーリーフ"・テイバック（ニック・ノルティ）。ジョンの書いた回顧録「トロピック・サンダー」が映画化される。その撮影現場には、返り咲きのチャンスを賭けた落ち目のアクション・スターのタグ・スピードマン（ベン・スティラー）、芸域を広げるためにやってきた下品な屁こき芸が人気のコメディアンのジェフ・ポートノイ（ジャック・ブラック）、黒人軍曹の役のために肌を黒くする手術まで受けた役作り過剰な演技派俳優のカーク・ラザラス（ロバート・ダウニー・Jr.）といったクセ者たちが集まる。しかし、我の強い3人はわがままを言いたい放題。撮影開始たった5日間で予算を使いきってしまう。原作者のジョンは、「役者たちを本物のジャングルに連れていってはどうか？」と提案。なんとかこの映画を完成させたい監督は、それを受け入れ役者たちを東南アジアのジャングルの奥地に連れて行き、撮影を再開。そして、ジャングルには爆薬と隠しカメラが設置されていた。そこは麻薬組織が蔓延る本物の戦場だったのである。役者バカの3人は爆薬で演者が死んでも演出と思い込み撮影を続ける。しかし、それが現実だと気付き、麻薬組織と戦うハメになる……。

レス・グロスマン

ハゲ・デブ・メガネの鬼畜映画プロデューサー。もともと熱狂的なトムのファンだった、本作では監督／製作／原案／脚本／主演と1人5役を担ったベン・スティラーが、トムをキャスティングした。そして、これまでのイメージを破壊するハゲ・デブ・メガネのこの上なく下品で、金に汚く、スラングを吐きまくる役を与えた。本作には他にも大スターたちが大挙、出演している。

DATA

監督	ベン・スティラー
脚本	ベン・スティラー ジャスティン・セロー イータン・コーエン
原案	ベン・スティラー ジャスティン・セロー
製作	ベン・スティラー スチュアート・コーンフェルド エリック・マクレオド
出演者	タグ・スピードマン…ベン・スティラー ジェフ・ポートノイ…ジャック・ブラック カーク・ラザラス…ロバート・ダウニー・Jr. ジョン・"フォーリーフ"・テイバック…ニック・ノルティ アルパ・チーノ…ブランドン・T・ジャクソン ケヴィン・サンダスキー…ジェイ・バルシェル コディ…ダニー・マクブライド デミアン・コックバーン…スティーヴ・クーガン ロブ・スロロム…ビル・ヘイダー トラン…ブランドン・スー・フー ビョング…レジー・リー リック・ペック…マシュー・マコノヒー
音楽	セオドア・シャピロ
撮影	ジョン・トール
編集	グレッグ・ヘイデン
製作会社	Red Hour production Goldcrest Pictures International Film Production Stella-Del-Sud Second
配給	全米：ドリームワークス 日本：パラマウント
公開	全米：2008年8月13日 日本：2008年11月22日
上映時間	107分
興行収入	世界:188,072,649ドル 全米:110,515,313ドル

BD&DVD INFORMATION

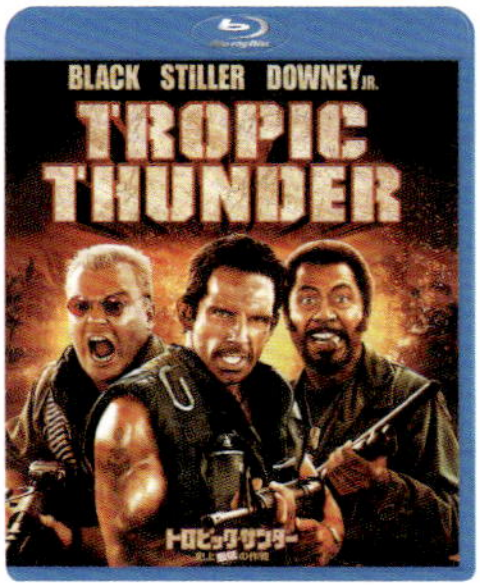

トロピック・サンダー／
史上最低の作戦
Blu-ray：2,619円／
DVD：1,572円（全て税込）
発売元: NBCユニバーサル・エンターテイメント

大いなる陰謀

Lions for Lambs

何のために戦い、何のために死ぬのか—？

その陰謀は、
若者達の夢と希望、
そして命までも
犠牲にするのか・・・
昨年全米でこの作品が公開されたと同時に、その感動と衝撃に賛否両論の嵐が吹き荒れた。テロのない平和な世界にしたいと、大学院を蹴って戦地アフガニスタンへ志願する名もなき若者。一方、ワシントンでは、テロ対策の勝利を武器に大統領選に望もうと画策する政治家が、無謀な新戦略を繰り出そうとしている。若い命が政治に翻弄されていく、胸を打つ結末。"テロとの戦い"の裏側に潜む陰謀という壮大なテーマを、誰の心にもしみる感動的なエンターテインメント作品に仕上げた、名匠ロバート・レッドフォードの力量が光る。
主演はトム・クルーズ。野心的な上院議員をエネルギッシュかつチャーミングに熱演。名女優メリル・ストリープとのスリリングな駆け引きは、息を呑むほど素晴らしい。
大いなる陰謀
LIONS FOR LAMBS
STORY
未来の大統領候補の呼び声が高いアーヴィング上院議員（クルーズ）は、大物女性ジャーナリスト（ストリープ）をオフィスに呼び、密談を行った。対テロ戦争における極秘作戦の情報をジャーナリストにリークする議員と、彼の行動の裏に巨大な陰謀をかぎつけるジャーナリスト。一方アフガニスタンの山中では、「国を変えるために、戦場へ行く」と希望を手にアメリカを旅立った青年2人（デレク・ルーク＆マイケル・ペーニャ）が、生き残りを賭けた壮絶な戦いを強いられていた。彼らの恩師である大学教授（レッドフォード）は、教え子たちの安否に思いをはせながら、教育者の立場から世界を変えるための闘いに乗り出していく……
4月18日(金)真実のロードショー
他では手に入らない！
2枚1セット 特製ポストカード付き
特別鑑賞券発売中！
有楽町マリオン・別館
日劇1
03-3574-1131
六本木ヒルズ・けやき坂コンプレックス内
TOHOシネマズ六本木ヒルズ
03-5775-6090
お台場シネマメディアージュ
03-5531-7878
渋谷道玄坂・109前
渋東シネタワー
03-5489-4210

ロバート・レッドフォード
メリル・ストリープ
トム・クルーズ
何のために戦い、何のために死ぬのか——？
大いなる陰謀
LIONS FOR LAMBS
ロバート・レッドフォード監督作品
www.ooinaruinbou.jp

Story

次期大統領候補とも言われている共和党の若きホープであるジャスパー・アーヴィング上院議員（トム・クルーズ）。ある日、自分のオフィスに旧知の仲であるジャーナリストのジャニーン・ロス（メリル・ストリープ）を呼び、極秘情報を告げる。対テロ戦争において、少数精鋭の特殊部隊をアフガニスタンに送り込むという最新作戦のことだった。同じ頃、カリフォルニア大学ではスティーヴン・マレー教授（ロバート・レッドフォード）が学生のトッド・ヘイズ（アンドリュー・ガーフィールド）と面談中。トッドは、優秀な生徒であるが授業への欠席が続いていた。スティーヴンは、かつての教え子だったアーネスト・ロドリゲス（マイケル・ペーニャ）とアーリアン・フィンチ（デレク・ルーク）について話す。2人は、スティーヴンが担当する研究発表の流れから、自分たちの可能性を試すためにアフガニスタンへの志願兵を志望したのだった。スティーヴンは社会情勢に無関心なトッドにその愚かさを説く。今、戦場にはアフガニスタンの最前線に、アーネストとアーリアンがいた。2人はジャスパーの仕掛けた作戦に従事しようとしていたのだった。そして、敵から容赦ない砲弾を受ける……。2人を乗せたヘリは、雪深い山中へと転落した……。

ジャスパー・アーヴィング

次期大統領候補とも言われている共和党の上院議員。アメリカの対テロ戦争における現在を描くポリティカルなヒューマン・ドラマ。監督には、アカデミー賞受賞の経験もあるロバート・レッドフォードが当たり、製作も兼任。トムも製作に入り、クルーズ/ワグナー・プロダクションズで共同製作した。トムとポーラ・ワグナーが経営に就いてから初めてのユナイテッド・アーティスツ作品となった。

DATA

監督	ロバート・レッドフォード
脚本	マシュー・マイケル・カーナハン
製作	ロバート・レッドフォード マシュー・マイケル・カーナハン アンドリュー・ハウプトマン トレイシー・ファルコ
製作総指揮	ダニエル・ルピ
出演者	スティーヴン・マレー教授 …ロバート・レッドフォード ジャニーン・ロス…メリル・ストリープ アーネスト・ロドリゲス…マイケル・ペーニャ アーリアン・フィンチ…デレク・ルーク トッド・ヘイズ…アンドリュー・ガーフィールド ファルコ中佐…ピーター・バーグ ANXの編集者…ケヴィン・ダン
音楽	マーク・アイシャム
撮影	フィリップ・ルースロ
編集	ジョー・ハッシング
製作会社	ユナイテッド・アーティスツ クルーズ/ワグナー・プロダクションズ ワイルドウッド・エンタープライゼス ブラット・ナ・ポント アンデル・エンターテインメント
配給	全米:MGM Distribution Co. 日本:20世紀フォックス
公開	全米:2007年11月9日 日本:2008年4月18日
上映時間	92分
製作費	35,000,000ドル
興行収入	世界:64,811,540ドル

BD&DVD INFORMATION

大いなる陰謀
Blu-ray:5,500円／
DVD:4,400円(全て税込)
発売・販売元:
KADOKAWA

M:i:III

M:i:III (Mission: Impossible III)

タイムリミットは48時間―― 最も不可能なミッションが始まる!

ローマ、ベルリン、LA、そして上海――

48時間で最も不可能なミッションに挑む
〈IMFチーム〉の闘いがついに始まる!

全世界で10億ドル（約1,200億円）を記録した大ヒット・シリーズ待望の第3弾『M:i:III』で、トム・クルーズは自身の象徴ともいうべきイーサン・ハントとして再び帰ってきた。

"M:i"シリーズは、不可能なミッションに挑むエージェント達の挑戦を、1作ごとに独立したストーリーとアプローチで描くスパイ・サスペンス・シリーズの超大作である。

これまで前2作はブライアン・デ・パルマ、ジョン・ウーという巨匠監督が手がけたが、最新作では一転し、『エイリアス』『LOST』の2大TVシリーズで絶賛を博し、今全米で最高のストーリー・テラーとして注目を集める大型新人のJ.J.エイブラムスを起用。彼はM:iシリーズにかつてないリアリティを盛り込み、その結果、緊張感の連続に包まれたドラマが注目され、早くもシリーズ最高傑作の声があがっている。トム・クルーズ扮するイーサン・ハントと、今年度のアカデミー賞"主演男優賞に輝いたフィリップ・シーモア・ホフマン扮する敵役との火花を散らす知能戦も見逃せない。『M:i:III』は、『ミッション:インポッシブル』のサスペンス+『M:i-2』のアクションを融合させた、シリーズの集大成であり、そして究極の"ミッション:インポッシブル"なのである。

イーサン・ハントの新たなミッションは、スパイを引退し教官になった彼が、自らの教え子の危機に立ち上がることから始まる。しかし、それがイーサンの本当の仕事を知らないフィアンセの命を危険にさらし、そしてイーサン自身が、謎めいた暗号名「ラビットフット」の正体を知るかつてない強敵に阻まれ、絶体絶命のピンチに陥っていくことに結びついていく・・・。果たして彼はタイムリミットが迫る中、IMFの仲間と共に世界を駆け巡り、不可能なミッションを遂行できるのだろうか?

主演は、20年以上に及びハリウッドのトップに君臨するトップ・スターであり名プロデューサーのトム・クルーズ。共演は、IMFのエージェント役としてクルーズを除いて唯一全作出演のヴィング・レイムス、IMFのボスに『マトリックス』シリーズのローレンス・フィッシュバーン、イーサンの愛するジュリアには『Mr.&Mrs.スミス』のミシェル・モナハン、そして悪役には名優フィリップ・シーモア・ホフマンが扮している。その他IMFのメンバーには、新人エージェント役として『アレキサンダー』のジョナサン・リス=マイヤーズ、武器のエキスパート役に『ラッシュ・アワー2』のマギーQ、その他、『ビッグ・フィッシュ』のビリー・クラダップ、『ワンス・アンド・フォーエバー』のケリー・ラッセルらが出演している。また、"U2""リンプ・ビスキット"に続いてサントラを手がける注目のヒップホップ・アーティスト"カニエ・ウエスト"による、あのテーマ曲のアレンジも話題となっている。

トム・クルーズは、予告編に登場する吹き飛ばされるシーンの他、ジャンプ、激突、落下などのスタントを自ら毎日繰り返し演じ、肋骨が左右3本づつ6本折れるアクシデントもあった。100日間の撮影は2月に終了し、5月には全米を始め、世界各国での一斉公開を迎える。

今、新しいミッションへの挑戦のドラマがスタートするまであと僅かだ!!

トム・クルーズ
M:i:III
あなたもIMFメンバーになれる!

今すぐ「Team of ミッション:インポッシブル」へアクセス!!

M:iシリーズのファンサイトがついに誕生!エージェント登録して、メールマガジンや会員限定の特典をゲットし様々なミッションに挑戦しよう!

http://team.mi-3.jp/

www.MI-3.jp
7.8sat. ロードショー!
特別鑑賞券 絶賛発売中 一般¥1300
日劇 TOHOシネマズ六本木 新宿プラザ劇場 新宿スカラ 渋東シネタワー
品川プリンスシネマ TOHOシネマズ錦糸町 楽天地シネマズ錦糸町 吉祥寺スカラ座 109シネマズ木場 T・JOY大泉 MOVIX亀有
MOVIX本牧 109シネマズ港北 109シネマズMM横浜 川崎チネチッタ TOHOシネマズ川崎 TOHOシネマズ南大沢 TOHOシネマズ府中

トム・クルーズ
M:i:III
タイムリミット48時間――
この夏、世界各国で
最も不可能なミッションが始まる!
www.MI-3.jp
7.8 Roadshow

Story

イーサン・ハント（トム・クルーズ）は、第一線を退いて、新人教育をする訓練教官を務めていた。そして婚約者のジュリア・ミード（ミシェル・モナハン）には、自分は交通局の職員だと偽り暮らしていた。ある日、イーサンの元に教え子である女性エージェントのリンジー・ファリス（ケリー・ラッセル）が、ブラックマーケットの商人であるオーウェン・デイヴィアン（フィリップ・シーモア・ホフマン）の監視任務中に拉致され、ベルリンの廃工場に捕らえられているとの情報が上司のジョン・マスグレイブ（ビリー・クラダップ）から伝えられる。イーサンは再び危険な現場に戻ることを余儀なくされる。ルーサー・スティッケル（ヴィング・レイムス）、ゼーン・リー（マギー・Q）、デクラン・ゴームリー（ジョナサン・リース＝マイヤーズ）たちとチームを組んでリンジー救出に成功。しかし、リンジーは頭の中に仕掛けられていた小型爆弾により死亡してしまう。事件の裏に闇商人オーウェンがいることを知ったイーサンは、オーウェンを捕獲すべく、バチカンへと向かった。オーウェン一味との攻防の末、オーウェンは、ジュリアを誘拐し、機密物質「ラビットフット」を48時間以内に探し出さないとジュリアを殺すと脅迫してきた。

DATA

監督	J・J・エイブラムス
脚本	アレックス・カーツマン ロベルト・オーチー J・J・エイブラムス
製作	トム・クルーズ ポーラ・ワグナー
製作総指揮	ストラットン・レオポルド
出演者	オーウェン・デイヴィアン…フィリップ・シーモア・ホフマン ルーサー・スティッケル…ヴィング・レイムス ジュリア・ミード…ミシェル・モナハン ゼーン・リー…マギー・Q デクラン・ゴームリー…ジョナサン・リース=マイヤーズ ジョン・マスグレイブ…ビリー・クラダップ リンジー・ファリス…ケリー・ラッセル ベンジー・ダン…サイモン・ペッグ セオドア・ブラッセル局長…ローレンス・フィッシュバーン
音楽	マイケル・ジアッキーノ
撮影	ダニエル・ミンデル
編集	メリアン・ブランドン メアリー・ジョー・マーキー
製作会社	パラマウント・ピクチャーズ クルーズ/ワグナー・プロダクションズ バッド・ロボット・プロダクションズ
配給	全米:パラマウント・ピクチャーズ 日本:UIP
公開	全米:2006年5月5日 日本:2006年7月8日
上映時間	126分
製作費	150,000,000ドル
興行収入	世界:398,479,497ドル 全米:134,029,801ドル 日本:51億5000万円

BD&DVD　INFORMATION

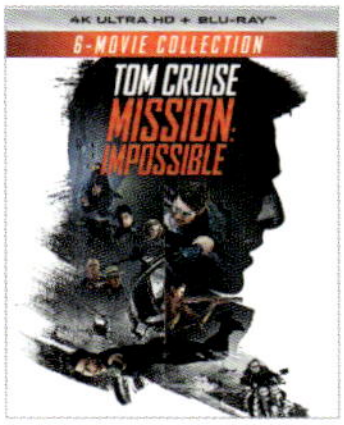

ミッション:インポッシブル
6 ムービー・コレクション
4K ULTRA HD+Blu-rayセット:
25,080円

M:i:Ⅲ
4K ULTRA HD+Blu-rayセット:
6,589円/ Blu-ray:2,075円/
DVD :1,572円(全て税込)
発売元:NBCユニバーサル・
エンターテイメント

イーサン・ハント

諜報組織IMFのメンバー。妻のために奮起するトムが見どころだ。監督はJ・J・エイブラムス。自分が製作した「エイリアス」のDVDBOX season1をトムに進呈して売り込み、トムはTVドラマの監督しか経験のないエイブラムスに監督の座を与えた。エイブラムスはその後、「スター・ウォーズ/フォースの覚醒」「スター・ウォーズ/スカイウォーカーの夜明け」と大作を手がける監督となった。

宇宙戦争

WAR OF THE WORLDS

地球最後の日―人類は試される、その愛と勇気を…。

100万年前に地球に送り込まれた侵略者たち――
彼らが目覚める時、人類は駆除される！
ダコタ・ファニング
ジャスティン・チャットウィン
ティム・ロビンス
ミランダ・オットー
スピルバーグ監督が放つ＜史上最大の恐怖＞に全世界が震撼！
『E.T.』『未知との遭遇』では描けなかった驚愕のスペクタクル超大作がついに完成!!
常に類を見ないアイデアで万人を熱狂させる作品を次々と世に送り出したスティーブン・スピルバーグ監督と、20年以上に渡りトップに君臨し続ける史上最高のマネーメイキングスター、トム・クルーズ。二人が始めて組んだ「マイノリティ・リポート」から3年、更なるスケールとハイクオリティのストーリーを追求した巨大プロジェクト"『宇宙戦争』"で彼らは再び最強のコンビを組む。映画史上最大級の製作費を投じたこの映画で、スピルバーグは初めて異星人を"侵略者"として設定。またクルーズも近年の役柄と異なり、二人の子供を持つ労働者というリアリティある役柄を演じる。愛する家族を守るために勇気を奮い挑む姿は、新たなトム・クルーズの時代の到来を予感させる。
この夏、そして今年最大の話題作『宇宙戦争』は映画史を塗り替える超大作であると共に、人類愛という世界共通のテーマで観る者すべての胸を打つ感動のエンターテインメントである。
地球最後の戦争は、人類が起こしたものではない!!
雲ひとつない晴天に包まれた、アメリカ東部のある町に異変は突然起こった。上空で発生した激しい稲光の一つは地上にまで達し、その下で巨大な何かが大地を震わせうごめき始めた。そこに居合わせたレイ（トム・クルーズ）は、この常識では考えられない現象に直面し、恐怖に怯える人々と共に状況を見守る。そして人類が体験したことのない異星人の襲撃が目前で始まった。侵略者が操る"トライポッド"が地底よりその巨大な姿を現し、地球侵略を開始したのだ。何とか家にたどり着いたレイは、テレビのニュースで世界16カ国が同時に襲われたことを知る。レイは息子のロビー（ジャスティン・チャットウィン）と娘レイチェル（ダコタ・ファニング）を連れ、安全と思われる土地へと逃げる準備をする。
侵略者を前に戦う術を持たない人間たちは、今、世界のいたるところで難民と化していく。そして極限の恐怖は瞬く間に全世界に広がり、地球のかつての支配者を追い詰めていった。
愛するものが消えてゆくとき、人類に残されたのは愛と勇気だけだった・・・。
■CAST■
レイ・フェリエ・・・・トム・クルーズ
レイチェル・・・・ダコタ・ファニング
オギルビー・・・・ティム・ロビンス
マリー・アン・・・・ミランダ・オットー
ロビー・・・・ジャスティン・チャットウィン
■STAFF■
監督・・・・スティーブン・スピルバーグ
製作・・・・キャスリーン・ケネディ
製作・・・・ポーラ・ワグナー
脚本・・・・デヴィッド・コープ
撮影・・・・ヤヌス・カミンスキー
音楽・・・・ジョン・ウィリアムス
視覚効果スーパーバイザー・・・・デニス・ミューレン
3Dポストカード付
特別鑑賞券1300円 発売中！
『宇宙戦争』携帯サイトへアクセス！
QRコードで『宇宙戦争』携帯サイトにアクセスできます。（i-mode/ez-web/Vodafone対応機種のみ）携帯サイトでは、テレビCMのダウンロードやスペシャルな写真や情報を掲載中です！ぜひチェックして下さい。
6月29日(水)全世界同時超拡大ロードショー
日比谷スカラ座
有楽町スバル座
シネマメディアージュ
渋東シネタワー
新宿文化シネマ
新宿アカデミー
新宿オデヲン座
池袋シネマサンシャイン
池袋HUMAXシネマ
錦糸町シネマ8楽天地
吉祥寺オデヲン座
109シネマズ木場
T・ジョイ大泉
TOHOシネマズ南大沢
TOHOシネマズ府中
相鉄ムービル
109シネマズ港北
MOVIX本牧
109シネマズMM横浜
TOHOシネマズ川崎
川崎チネチッタ
大宮ハタシネマ
TOHOシネマズ船橋ららぽーと
TOHOシネマズ市川コルトンプラザ
柏ステーションシアター

トム・クルーズ
地球最後の日――
人類は試される、
その愛と勇気を・・・。
スティーブン・スピルバーグ作品
宇宙戦争
WAR OF THE WORLDS
www.uchu-sensou.jp
6月29日(水)全世界同時超拡大ロードショー

Story

港湾のドックでコンテナのクレーンオペレーターをしているレイ・フェリア（トム・クルーズ）。現在、レイは離婚してベイヨンで一人暮らしをしている。元妻と再婚相手が遠方へ出かける間、子供たちであるレイチェル（ダコタ・ファニング）とロビー（ジャスティン・チャットウィン）を預かることになったが、あまりうまくいかない。そんなある日の朝、突然町に異変が起こる。レイは奇妙な稲妻が数十回も同じ場所に落ちる光景を目にする。そして、町中の電気が供給されなくなる。レイが落雷した場所を見にいくと、路面は熔けているのに氷のように冷たかった。すると大地は揺れ、地中から巨大な三脚歩行機械「トライポッド」が出現した。人類がかつて想像すらし得なかった〝侵略者〟たちが操る巨大なトライポッドが、人類の前にその姿を現したのだった。人間の肉体を灰と化す光線兵器で次々に人々を殺害し、町を破壊してゆく。レイたちはクルマで逃げるが、群集に奪われてしまう。ハドソン川を渡るフェリー船に乗ることができたが、船は水中から襲って来たトライポッドに転覆させられてしまう。岸に泳ぎ着いた3人は、トライポッドがいまや人間を殺すだけではなく、捕らえ始めた光景を目にする。愛するものが次々と消えていくとき、人類に残されたのは愛と勇気だけだった。

レイ・フェリア

クレーンのオペレーター。本作はH・G・ウェルズによる同名SF小説『宇宙戦争』を原作としたSF映画。1938年には、ラジオドラマ化され、1953年にも、一度映画化されている。本作の監督はスティーヴン・スピルバーグ。これまで人類と異星人との友好的な交流を描いてきたが、一転して宇宙侵略をテーマにした作品に挑んだ。トムは、急遽スケジュールが空いたこともあり参加となった。

DATA

監督	スティーヴン・スピルバーグ
脚本	ジョシュ・フリードマン デヴィッド・コープ
原作	H・G・ウェルズ
製作	キャスリーン・ケネディ コリン・ウィルソン
製作総指揮	ダミアン・コリアー ポーラ・ワグナー
ナレーター	モーガン・フリーマン
出演者	レイチェル・フェリア…ダコタ・ファニング ハーラン・オグルビー…ティム・ロビンス メリーアン・フェリア…ミランダ・オットー ロビー・フェリア…ジャスティン・チャットウィン マニー…レニー・ベニート プロデューサー…カミリア・サネス ヴィンセント…リック・ゴンザレス フリオ…ユル・バスケス サル…ピーター・ゲレッティ ティム…デヴィッド・アラン・バッシュ
音楽	ジョン・ウィリアムズ
撮影	ヤヌス・カミンスキー
編集	マイケル・カーン
製作会社	パラマウント・ピクチャーズ ドリームワークス アンブリン・エンターテインメント クルーズ/ワグナー・プロダクションズ
配給	全米:パラマウント・ピクチャーズ 日本:UIP
公開	全世界同時:2005年6月29日
上映時間	116分
製作費	132,000,000ドル
興行収入	世界:603,873,119ドル 全米:234,280,354ドル 日本:60億円

BD&DVD INFORMATION

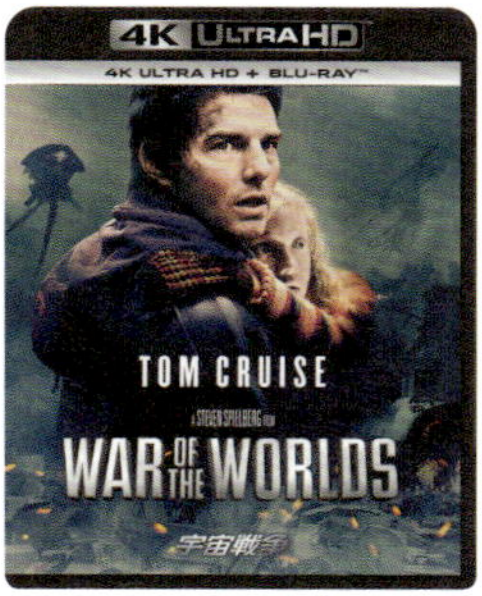

宇宙戦争
4K ULTRA HD＋Blu-ray
セット:6,589円／
Blu-ray:2,075円／
DVD:1,572円(全て税込)
発売元:NBCユニバーサル・エンターテイメント

宇宙戦争 チラシグラフィティ

2005.2月

WOW NEWS
速報!『宇宙戦争』ニュース
Vol.2
トム・クルーズ
宇宙戦争
WAR OF THE WORLDS
彼らは、すでに地球にいる
www.uchu-sensou.jp

2005.1月

WOW NEWS
速報!『宇宙戦争』ニュース
Vol.1
トム・クルーズ
宇宙戦争
彼らは、すでに地球にいる
2005

2005.4月

WOW NEWS
速報!『宇宙戦争』ニュース
Vol.4
スピルバーグ × トム・クルーズ
映画の歴史を塗り替える、衝撃と感動のスペクタクル超大作!
宇宙戦争
WAR OF THE WORLDS
地球最後の戦争は
人類が起こしたものではない。
いま試される、愛と勇気——
6月29日(水) 全世界同時超拡大ロードショー

2005.3月

WOW NEWS
速報!『宇宙戦争』ニュース
Vol.3
スピルバーグ × トム・クルーズ
映画の歴史を塗り替える、衝撃と感動のスペクタクル超大作!
宇宙戦争
WAR OF THE WORLDS
地球最後の戦争は
人類が起こしたものではない。
いま試される、愛と勇気——
6月29日(水) 全世界同時超拡大ロードショー

<6.29>地球最期の日、世界に何が起きるのか!?
空と地底からの襲撃。今かつてない地球侵略が始まる!!
[全長60mの未確認侵略兵器"トライポッド"]
100年を越える映画史において、かつて幾度となく描かれてきた地球侵略。だが「宇宙戦争」には、最も巨大で、強烈なインパクトを持った全く新しい<人類の敵>が登場する。世界の16ヶ国に同時に出現し、恐怖のデス・レイ(殺人光線)を放つ全長60mの未確認侵略兵器"トライポッド"である。これまで「ジョーズ」「未知との遭遇」「E.T.」「ジュラシック・パーク」等で人々の印象に残る名キャラクターを次々と生み出してきたスピルバーグ監督が、この"トライポッド"をどのように描くか、全世界の注目を集めている。
[最終版予告編ついに登場!そこに映っているものは?]
5月中旬より劇場で上映が始まった予告編は、「宇宙戦争」のファイナル・トレーラー。よりエキサイティングに、よりエモーショナルに見せ場がふんだんに盛り込まれているが、そこには何とこれまで徹底的に隠されてきた"トライポッド"がついに登場。数カットに分かれて、その姿の一部を披露している。まだ未見の人は劇場でしっかりと目を凝らして見て!
[世界78カ国同時公開へのカウントダウンが始まった]
全世界の公開と同日の6月29日から日本でも公開となる「宇宙戦争」。その待望の公開日がいよいよ迫ってきたが、公開2週前より、ラジオと全国5大都市の主要ターミナル駅で展開するポスターにてカウントダウンが始まる。乞うご期待!
[全世界が日本に注目! 6月13日=宇宙戦争DAY]
6月13日にスピルバーグ監督、主演のトム・クルーズ、ダコタ・ファニングが揃って来日し記者会見などのキャンペーンを行うが、六本木ヒルズのアリーナで行なわれるイベント会場にも全員が参加する予定。詳細はオフィシャルサイトまで。
[特番放送予定のお知らせ]
6月18日(土)、東京地区・日本テレビ(他全国順次放送予定)にて、「宇宙戦争」の特番が放送される。内容は、スピルバーグ監督、トム・クルーズの独占インタビューを始め、数々のメイキング映像、ILM取材やユニバーサルスタジオ・ハリウッドのセットビジットなど、盛り沢山になっているのでお見逃しなく!!
オリジナルグッズ 629名様にプレゼント
「宇宙戦争」のWOW NEWS最後のニュースは、プレゼントのお知らせ。6月29日の公開を記念して、629名様に下記のグッズをプレゼント。
"宇宙戦争"エレクトロニクスパートナーの HITACHI からの提供 特製タオル40名様
WAR OF THE WORLDS & HITACHI
Tシャツ 100名様
ベースボールキャップ 100名様
ポスター 200名様
プレスシート 189名様
〒104-8123 UIP映画 宇宙戦争 WOW NEWSプレゼント係(詳細は、オフィシャルサイト参照。)
WOW 3Dポストカード付「宇宙戦争」特別鑑賞券1300円発売中!
※数量に限りがありますので、お早めにお買い求め下さい。
詳しくはサイトにアクセス! www.uchu-sensou.jp
「宇宙戦争」携帯サイトへアクセス!
QRコードで「宇宙戦争」携帯サイトにアクセスできます。(i-mode/ez-web/Vodafone対応機種のみ)携帯サイトでは、テレビCMのダウンロードやスペシャルな写真や情報を掲載中です!ぜひチェックして下さい。

2005.5月
WOW NEWS
速報!『宇宙戦争』ニュース
Vol.5
トム・クルーズ
地球最後の日――
人類は試される、
その愛と勇気を・・・。
スティーブン・スピルバーグ作品
宇宙戦争
WAR OF THE WORLDS
www.uchu-sensou.jp
6月29日(水)全世界同時・超拡大ロードショー

6種類のチラシが時期に応じて作成された。

企画から公開まで1年という急ピッチで撮影され、全世界同時公開となった本作は公開までなかなか情報が出ず、上映劇場には速報を伝えるチラシが置かれていた。しかし、それが却って大作感を煽った。公開まで本チラシを入れて実に6種類。ひとつの映画でこれだけの種類があるものは少なく、当然トム・クルーズ映画の中でも最多枚数である。

コラテラル

Collateral

その夜は、いつものように始まった…

『ラスト サムライ』のオープニング記録を抜いて全米No.1大ヒット!
公開3日間$24,700,000
あなたの知っているトム・クルーズは、死んだ。
「ラスト サムライ」から一転、現代のLAに降り立つトム・クルーズ。それも、冷徹なプロの殺し屋として。誰もが見たトム・クルーズは、もう、そこにはいない。危険な男の魅力を全開にした新境地を披露するトム・クルーズ最高傑作「コラテラル」。クールな振るまいの内側に、激しいエモーションを燃えたぎらせる冷徹な殺し屋ヴィンセントを演じるトムの演技は、「悪役」という枠を超えたミステリアスな人物像を創り上げ、全米批評家から大絶賛で迎えられた。監督は、『ヒート』『インサイダー』『アリ』と、安易な特撮技術に頼ることなく、生身の人間同士が織りなすドラマに焦点を当て、独特のスタイリッシュな映像美学を追求し続ける巨匠マイケル・マン。
"世界最強のスーパースター"トム・クルーズと、"現代最高の映画作家"マイケル・マンによる待望のコラボレーション——完璧なプロ同士だけが成しうる究極のハードボイルド・サスペンスの傑作が遂に誕生した!
壮絶なラストが、夜の果てに浮かび上がる。
狙った標的は絶対に逃さないプロの殺し屋と、あるタクシー・ドライバーが偶然出会った時、運命の神ですら予想しえなかった壮絶な物語が、夜のロサンゼルスの街に浮かび上がる——。
ある麻薬組織は、重要な証人たちを殺害するため、一流のプロの殺し屋ヴィンセント（トム・クルーズ）を雇った。L.A.の空港に降り立った彼は、今夜、この街で、わずか一夜のうちに5人を殺す指令を受けていた。ヴィンセントが拾ったタクシーを運転していたのは、12年間、平凡な日々を送ってきた男、マックス（ジェイミー・フォックス）。ヴィンセントは、彼を人質にとりながら、冷徹に殺害計画を実行していく。しかしマックスが、もうひとりの自分自身を取り戻しかけた時、ヴィンセントの綿密な行動に、わずかな狂いが生じていく。警察やFBIがマックスのタクシーを追跡する中、生き残るためにお互いを必要とする関係となったふたりの男が、次第に夜明けが近づくL.A.の街で、それぞれの人生を永遠に変えてしまう壮絶なクライマックスへと向かい、ノンストップで疾走していく……。
キャスト
ヴィンセント：トム・クルーズ
マックス：ジェイミー・フォックス
アニー：ジェイダ・ピンケット＝スミス
ファニング：マーク・ラファロ
リチャード・ウィダー：ピーター・バーグ
スタッフ
監督&製作：マイケル・マン
製作総指揮：フランク・ダラボン
脚本：スチュアート・ビーティー
撮影：ディオン・ビーブ、ポール・キャメロン
音楽：ジェームズ・ニュートン・ハワード
トム・クルーズの迫真の演技は、オスカー確実! ABC NEWS
極度の緊張感 VARIETY
エッジの利いた恐怖 NEW YORK TIMES
こんな危険なトム・クルーズを見たことはない! TORONTO STAR
究極の映画 WASHINGTON POST
本年度最高傑作 USA TODAY
闇を切り取る詩人マイケル・マンの最高傑作 ROLLING STONE
新たな映画の公式だ TIME MAGAZINE
トム・クルーズ
コラテラル
2004年度作品／パラマウント映画andドリームワークス映画／UIP配給
上映時間：2時間00分／サントラ盤：ユニバーサル ミュージック
COLLATERAL《コラテラル》——間違ったときに間違った場所に偶然居合わせてしまうこと＝巻き添え
今秋ロードショー!!
特別鑑賞券絶賛発売中（¥1300）※一部劇場を除く
日劇1
シネマメディアージュ
ヴァージンシネマズ六本木ヒルズ
渋東シネタワー
新宿プラザ
新宿スカラ
池袋HUMAXシネマ
錦糸町シネマ8楽天地
109シネマズ木場
吉祥寺スカラ座
T・ジョイ大泉
ユナイテッド・シネマとしまえん
品川プリンスシネマ
相鉄ムービル
109シネマズ港北
MOVIX本牧
TOHOシネマズ川崎
川崎チネチッタ

マイケル・マン監督作品
トム・クルーズ
コラテラル
PARAMOUNT PICTURES AND DREAMWORKS PICTURES PRESENT A PARKES/MACDONALD PRODUCTION
A DARABONT/FRIED/RUSSELL PRODUCTION A MICHAEL MANN FILM TOM CRUISE JAMIE FOXX "COLLATERAL"
JADA PINKETT SMITH MARK RUFFALO PETER BERG BRUCE MCGILL FRANCINE MAISLER, CSA
JAMES NEWTON HOWARD JEFFREY KURLAND JIM MILLER PAUL RUBELL A.C.E. DAVID WASCO
DION BEEBE PAUL CAMERON FRANK DARABONT ROB FRIED CHUCK RUSSELL PETER GIULIANO
MICHAEL MANN JULIE RICHARDSON STUART BEATTIE MICHAEL MANN
www.collateral.jp
その夜は、いつものように始まった・・・

Story

マックス・ドローチャー（ジェイミー・フォックス）は、ロサンジェルスの平凡で真面目なタクシー運転手。ある夜、最初の客にアニー・ファレル（ジェイダ・ピンケット=スミス）という女性検事を乗せる。そして、目的地に着くまでの時間の賭けをする。マックスが勝ち、検事局に勤めるアニーから「何か困ったときに」と連絡先を受け取る。次にマックスが乗せたのは、ヴィンセント（トム・クルーズ）という男。またも目的地までの時間の賭けをし、見事に当てる。マックスの腕と生真面目さを買ったヴィンセントは「一晩で5箇所巡ってほしい」と貸し切りを持ちかける。マックスは「貸し切りは規定違反になる」と断るが、ヴィンセントの強引さと報酬600ドルの誘惑に負け、引き受けてしまう。ヴィンセントの正体は殺し屋だった。麻薬取引に関わる組織からの依頼で、5人の証人を殺害する任務に向かっていたのだった。はじめはそれに気付かなかったマックスだったが、ヴィンセントが殺した標的の死体がマックスのタクシーの上に落下するアクシデントが起きる。クルマに戻ったヴィンセントはマックスに殺し屋であることを告白。マックスは脅迫され、おびえながら運転を続けることとなる。マックスの人生最悪の時が始まってしまった。

ヴィンセント

殺し屋。トムが本格的な悪役を演じたことが話題となった。「コラテラル」とは、「不運な巻き添え」という意味。トムは、役作りで3カ月の実弾射撃訓練を受けている。また、ヴィンセントが誰にも気づかれず、記憶もされずにどこにでも出入りできる男という設定のため、ロサンゼルスの人混みの中で誰にも気づかれずにフェデックスの配送をしてみせた。

DATA

監督	マイケル・マン
脚本	スチュアート・ビーティー
製作	マイケル・マン ジュリー・リチャードソン
製作総指揮	フランク・ダラボン ロブ・フリード ピーター・ジュリアーノ チャック・ラッセル
出演者	マックス・ドローチャー…ジェイミー・フォックス アニー・ファレル…ジェイダ・ピンケット=スミス レイ・ファニング…マーク・ラファロ リチャード・ワイドナー…ピーター・バーグ フランク・ペドロサ…ブルース・マッギル アイダ・ドローチャー…イルマ・P・ホール ダニエル・ベイカー …バリー・シャバカ・ヘンリー フェリックス・レイエス・トレレナ …ハビエル・バルデム 空港の男…ジェイソン・ステイサム
音楽	ジェームズ・ニュートン・ハワード
撮影	ディオン・ビーブ ポール・キャメロン
編集	ジム・ミラー ポール・ルベル
配給	全米:パラマウント・ピクチャーズ 日本:UIP
公開	全米:2004年8月6日 日本:2004年10月30日
上映時間	120分
製作費	65,000,000ドル
興行収入	世界:220,239,925ドル 全米:101,005,703ドル 日本:22億円

BD&DVD INFORMATION

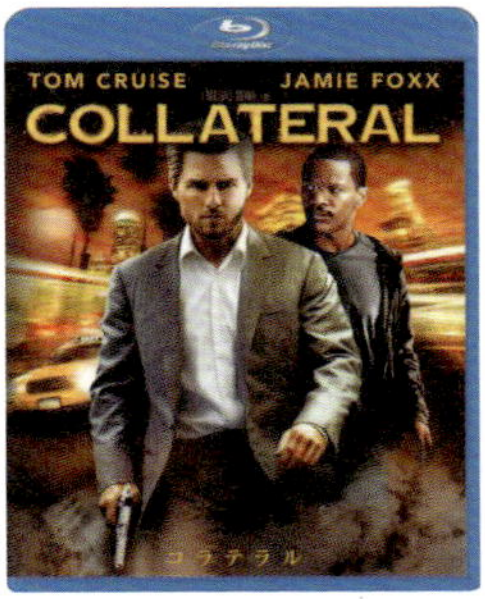

コラテラル
Blu-ray:2,075円/
DVD:1,572円(全て税込)
発売元:NBCユニバーサル・エンターテイメント

ラスト サムライ

The Last Samurai

「サムライ」であることに殉じた“ほんものの男たち”…

12月6日(土)よりロードショー!!

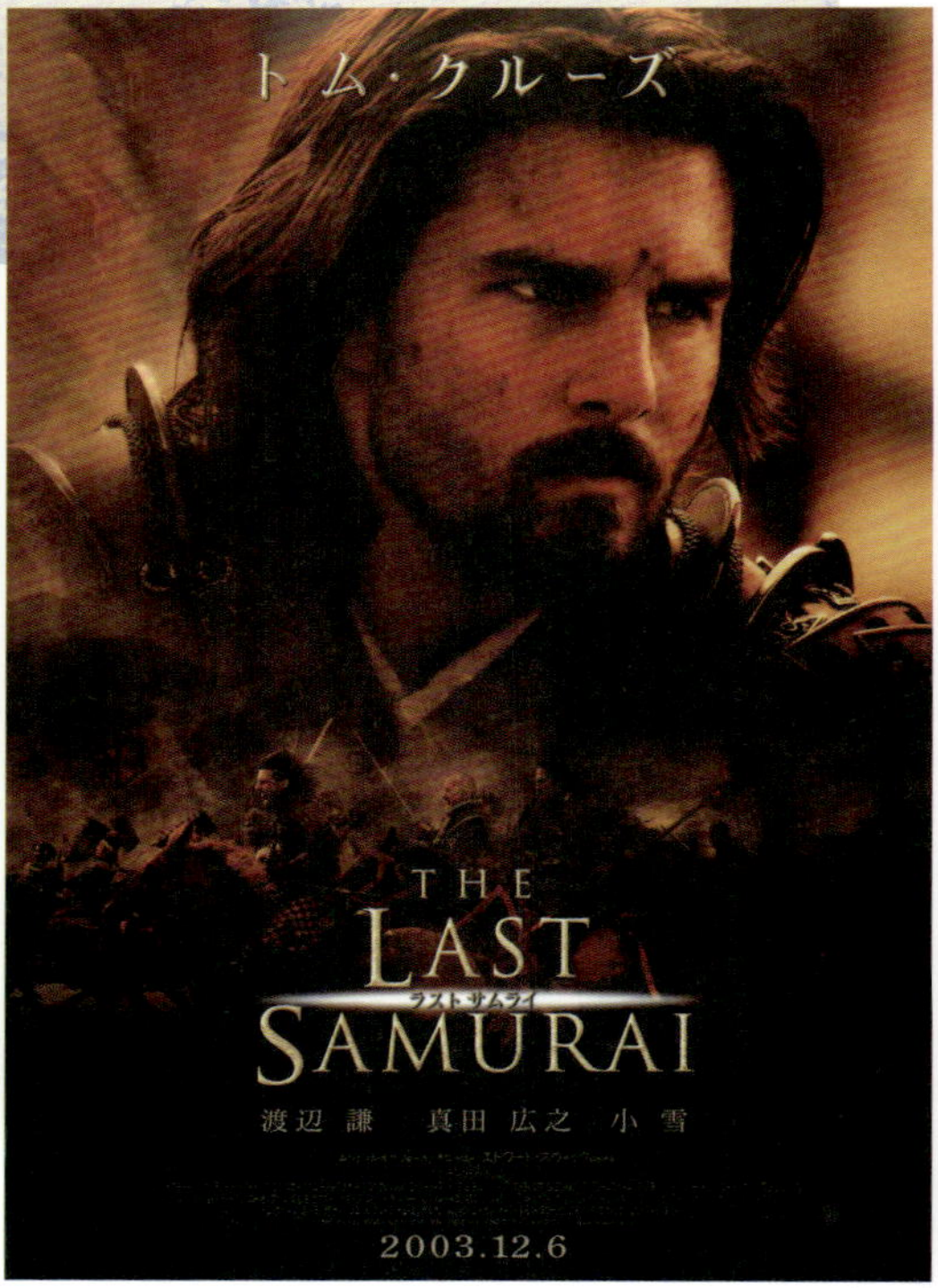

Story

南北戦争時代のアメリカ。北軍の士官として参軍したネイサン・オールグレン大尉（トム・クルーズ）は、南軍やインディアンと戦っている。

しかし、戦争とは残酷だ。ネイサンは、無抵抗なインディアンの部族に攻撃を仕掛け、女・子供も容赦なく無差別に殺し回った。良心の呵責に苛まれたネイサンは除隊する。そんな折、日本の実業家で大臣の大村松江（原田眞人）が、ベンジャミン・バグリー大佐（トニー・ゴールドウィン）を介して、戦場の英雄を軍隊の教授職として雇いに来た。その頃、日本は明治維新で、近代国家建設のため軍備の増強が必要だったからだ。そして、南北戦争の英雄ネイサンが、僚友ゼブロン・ガント軍曹（ビリー・コノリー）と来日。軍隊の訓練の指揮を取ることになった。まもなくして、不平士族の領袖である勝元盛次（渡辺謙）が鉄道を襲ったという知らせが入る。ネイサンは、まだ十分な訓練をしていない軍隊で戦うことをためらうが戦いに赴く。しかし、結果は目に見えていた。ネイサンは、勝元たちに捕らえられる。しかし勝元はネイサンを殺さず、妹のたか（小雪）に手当てをさせる。ネイサンは、共に武家で生活することになった。外国文化を嫌う武士の氏尾（真田広之）たちと対立しつつも、武士道に惹かれ、やがて「サムライ」たちとの絆を深めていく。

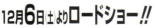

DATA

監督	エドワード・ズウィック
脚本	ジョン・ローガン
	エドワード・ズウィック
	マーシャル・ハースコビッツ
原案	ジョン・ローガン
製作	トム・クルーズ
	トム・エンゲルマン
	スコット・クルーフ
	ポーラ・ワグナー
	エドワード・ズウィック
	マーシャル・ハースコビッツ
製作総指揮	テッド・フィールド
	チャールズ・マルヴェヒル
	リチャード・ソロモン
	ヴィンセント・ウォード
出演者	勝元盛次…渡辺謙
	氏尾…真田広之
	たか…小雪
	信忠…小山田真
	サイモン・グレアム…ティモシー・スポール
	ゼブロン・ガント軍曹…ビリー・コノリー
	大村松江…原田眞人
	飛源…池松壮亮
	明治天皇…中村七之助
	ベンジャミン・バグリー…トニー・ゴールドウィン
	寡黙なサムライ…福本清三
	中尾…菅田俊
音楽	ハンス・ジマー
撮影	ジョン・トール
編集	スティーヴン・ローゼンブラム
	ヴィクトール・ドュ・ヴォイス
製作会社	ワーナー・ブラザース・ピクチャーズ
	クルーズ/ワグナー・プロダクションズ
	ベッドフォード・フォールズ・カンパニー
配給	ワーナー・ブラザース・ピクチャーズ
公開	日米同時：2003年12月6日
上映時間	154分
製作費	140,000,000ドル
興行収入	世界:456,758,981ドル
	全米:111,127,263ドル
	日本：137億円

BD&DVD INFORMATION

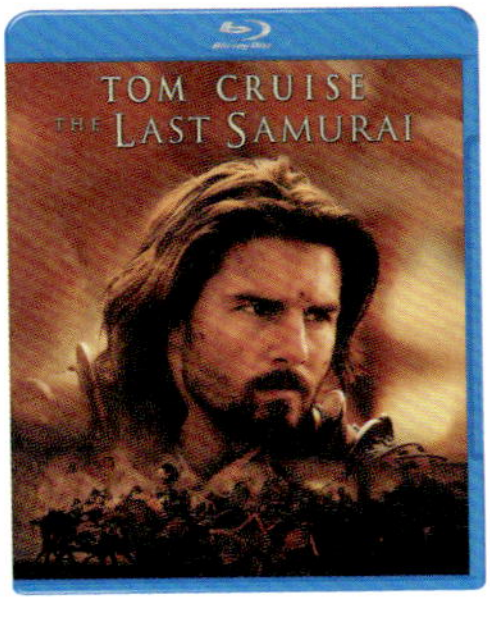

ラスト サムライ
Blu-ray：2,619円／
DVD：1,572円（全て税込）
発売元：ワーナー・ブラザース ホームエンターテイメント
販売元：NBC ユニバーサル・エンターテイメント

ネイサン・オールグレン

第7騎兵連隊の大尉。モデルは、江戸幕府のフランス軍事顧問団として来日し、榎本武揚率いる旧幕府軍に参加、大砲の取り扱いを侍に教えていた「ラスト サムライ」ことジュール・ブリュネ。主なロケ地は、姫路市にある古刹、書寫山圓教寺。村のシーンや戦闘シーンなどはニュージーランド、街中のシーンはハリウッドのスタジオで撮影されている。2004年度の日本国内興収1位となっている。

マイノリティ・リポート

Minority Report

犯罪が予知できる近未来　殺人は回避され、犯行前に犯人は捕らえられる。

スティーブン・スピルバーグ×トム・クルーズ
二つの才能がこの映画で出会う!
スピルバーグの作品の中で、
「レイダース/失われたアーク《聖櫃》」以来、
最も激烈で、タフで、
スピーディなエンタテインメント。
今シーズンのアクション巨編の中で最高の一本。
(タイム誌 リチャード・コーリス)
素晴らしい映画だ。
こんな映画を撮れる監督がいるなんて、
映画評論家冥利につきる。大・大・大満足!
傑作だ。
(TV「エバート&ローパー」 ロジャー・エバート)
スティーブン・スピルバーグ監督作品
マイノリティ・リポート
2002年度作品/パナビジョン/ドルビーSR・SRD.DTS.SDDS
上映時間 2時間25分/日本語字幕:戸田奈津子
犯罪が予知できる近未来
殺人は回避され、犯行前に犯人は捕らえられる
そのシステムは完璧のはずだった
2054年 ワシントンD.C.
全ての殺人は3人のプリコグ(予知能力者)によって予知され"犯人"は犯罪予防局によって捕らえられる。
犯罪予防局のチーフであるジョン・アンダートン(トム・クルーズ)にとって、それは完璧なシステムであり、完璧に調和のとれた世界だった。
彼自身が36時間以内に会ったこともない男を殺すことを予知されるまでは——。
スティーブン・スピルバーグ監督とトム・クルーズというこれ以上望めない顔合わせで製作された近未来アクション・スリラー「マイノリティ・リポート」。
「ブレードランナー」「トータル・リコール」など数々の映画の原作者であるSF界の巨匠フィリップ・K・ディックの短編小説を、最高のスタッフ&最高のキャストで映像化。
全く知らない男を殺すことを予知され、自らが率いていた犯罪予防局に執拗に追われることになる主人公アンダートンに、今まさに俳優として絶好調のトム・クルーズ。共演者は「タイガーランド」「ジャスティス」の新鋭コリン・ファレル、「ギター弾きの恋」でアカデミー助演女優賞にノミネートされたサマンサ・モートン、イングマール・ベルイマン映画の常連マックス・フォン・シドーなど。
益々精力的に映画を撮り続けるスピルバーグ監督の他、製作は「スピード」のヤン・デ・ボン、脚本は「アウト・オブ・サイト」のスコット・フランク、撮影は「A.I.」「プライベート・ライアン」のヤヌス・カミンスキー。全く独創的な近未来の世界を作り上げたのはILMのスタッフ達である。
12月7日(土)より〈正月〉ロードショー
マイノリティ・リポート オリジナル
特製ピンバッチ付き前売券絶賛発売中!
一般券1300円
ペア券2400円
109シネマズ木場
03(5683)0109
109シネマズ港北
045(948)5151
FOXベストSF
スーパー・プライス
全10タイトル 各¥2,500
初回生産限定
11月16日発売
DVD VIDEO
対象作品
左記の対象DVD作品を買うと
"メイキング・オブ・「マイノリティ・リポート」DVD"
がもれなく付いてくる!!

トム・クルーズ
スティーブン・スピルバーグ監督作品
マイノリティ
リポート
MINORITY REPORT
www.foxjapan.com
12/7 誰でも逃げる

Story

　ワシントンD.C.で、プリコグと呼ばれる3人の予知能力者たちで構成された殺人予知システムが実用化された。予防的治安維持機能を遂行する犯罪予防局によって、このシステムが導入されてから6年。西暦2054年のワシントンD.C.では殺人発生率は0%となった。犯罪予防局の犯罪取締チームの主任であるジョン・アンダートン（トム・クルーズ）は6年前、休暇中に息子のショーンを誘拐された上に殺されたことがきっかけで予防局に入局。妻のララ・クラーク（キャスリン・モリス）とも別れ、犯罪予防活動にのめり込むようになっていた。しかし、苦痛を紛らわすために違法薬物にも手を出す始末。ある日、司法省調査官のダニー・ウィットワー（コリン・ファレル）が予防局の査察に訪れる。ダニーの指揮下でシステムの完全性の調査が開始された。そして、プリコグたちのいる「聖域」にも査察の手がおよぶ。すると、プリコグのひとりアガサ（サマンサ・モートン）が突如ジョンにしがみついてきた。アガサのただならぬ様子に何かが引っ掛かったジョンは、調査を開始する。そして、驚くべき事実を知る。それは、息子のショーン殺害の真相だった。犯人を知り、悲しみと怒りに震えるジョン。殺人発生率0%となった今、ジョンの銃口が犯人に向けられていた……。

DATA

監督	スティーヴン・スピルバーグ
脚本	ジョン・コーエン スコット・フランク
原作	フィリップ・K・ディック 「マイノリティ・リポート（旧題:「少数報告」）」
製作	ボニー・カーティス ジェラルド・R・モーレン ヤン・デ・ボン ウォルター・F・パークス
製作総指揮	ゲイリー・ゴールドマン ロナルド・シャセット
出演者	ダニー・ウィットワー…コリン・ファレル アガサ…サマンサ・モートン ラマー・バージェス局長 …マックス・フォン・シドー アイリス・ハイネマン博士…ロイス・スミス エディ・ソロモン医師…ピーター・ストーメア ギデオン…ティム・ブレイク・ネルソン ジャッド…スティーヴ・ハリス ララ・クラーク…キャスリン・モリス
音楽	ジョン・ウィリアムズ
撮影	ヤヌス・カミンスキー
編集	マイケル・カーン
製作会社	ドリームワークス 20世紀フォックス映画 クルーズ/ワグナー・プロダクションズ
配給	20世紀フォックス
公開	全米:2002年6月17日 日本:2002年12月7日
上映時間	145分
製作費	102,000,000ドル
興行収入	世界:358,372,926ドル 全米:132,072,926ドル 日本:52億4000万円

BD INFORMATION

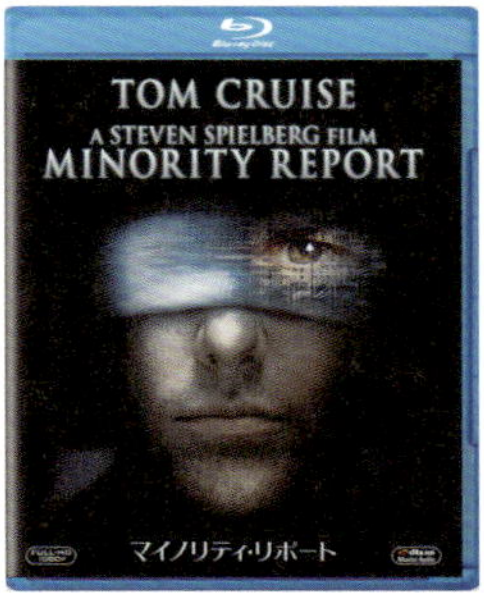

マイノリティ・リポート
Blu-ray 発売中
発売元：ウォルト・ディズニー・ジャパン
発売・販売元：ハピネット・メディアマーケティング

ジョン・アンダートン

犯罪予防局の犯罪取締チームの主任。フィリップ・K・ディックの1956年の短編小説「マイノリティ・リポート（旧題：「少数報告」）」を原作としてスティーヴン・スピルバーグ監督が映画化した。初タッグ作品となった。2人の初対面は、「E.T.」での試写会場。1982年頃ということだ。その時すでにスピルバーグは、トムに「君と仕事がしたい」と言っている。20年越しに実現したというわけだ。

オースティン・パワーズ ゴールドメンバー

Austin Powers in Goldmember

おバカもいいかげんにしなサイケデリック!!

トム・?ルーズが! S・?ピルバーグが!! ブリトニー・?ピアーズが!?
史上空前 超一流スターが続々、さらにアカデミー賞スターが続々出演の
まさに"ゴールドメンバー"なシリーズ最新作!!
★INTRODUCTION★
♂ゴールドメンバーなゲスト出演 ハリウッド・スーパースターはみんなこの映画に出たいらしい!!♀
前作では「スター・ウォーズ エピソード1/ファントム・メナス」を全米1位の座から追い落とし、全世界にオースティン・ブームを巻き起こしたマイク・マイヤーズ。1作目では1人2役、2作目では3役、そして今回は何役やれば気が済むの?注目のオースティン・ギャルはグラミー受賞でギネスブックにも載ってるスーパーユニット、デスティニーズ・チャイルドのビヨンセ。セクシーでパワフルなフォクシーを演じてますデス。
毎回話題のゲスト出演者も最高レベルで、最多。今のハリウッドで考えられる最強の布陣。こんな映画もう2度とお目にかかれないかもしれない。音楽もすさまじい。ビヨンセ、ブリトニー、スマッシュ・マウス、そしてストーンズのナンバーをDr.ドレーが、とどめにダイアナ・キング!
この夏、みんなでサイコーにクールにキメてお・バ・カになってレッツ・GOルドメンバー!!
死ぬ前にやっておく事リスト
日本人の双子と3Pする
Austin Powers
★STORY★
♂やっぱり夏はコイツでしょ。猛暑を笑い飛ばせ!オ〜ビへいぶ!!♀
聳え立つ山脈。一人の男が飛行機から飛び降りた…。地上で待ち受けるのは無人で疾走するジャグワー。疾駆するジャグワーに見事に飛び乗る謎の男。そして迫りくる戦闘ヘリ"コブラ"を一撃のもとに倒した…。地上に降り立つ男の名は…オースティン・パワーズ。彼はイギリス情報部MI6のエージェント…。あれ??これってオースティン・パワーズの新作だよ!?おかしくない??ヤバくない??シリアスドラマになっちゃったの?実はこれ…いや、これ以上は言えません。真実はその目で確かめて!
今回のDr.イーブルの世界征服計画は「プレパレーション H」。隕石を誘導して地球に当てちゃうという恐ろしい計画だ。(!?)それを阻むために立ち上がったのは我らがオースティン。しかもいきなり捕まえちゃった。THE END!
なわけないか。Dr.イーブルは捕まったがオースティンのパパ、ナイジェル・パワーズ(マイケル・ケイン)が誘拐された!しかも1975年のディスコ「スタジオ69」に幽閉された。経営者は謎の億万長者ゴールドメンバー。パパを追って1975年にタイム・スリップしたオースティン。そこでセクシーエージェント、フォクシー・クレオパトラ(ビヨンセ)と出会う。イエ〜イ BABY。やっといつもの展開だ、と思ったら2002年の現代で捕まっていたDr.イーブルが脱獄!どうするオースティン。パパもゴールドメンバーもDr.イーブルに連れられて2002年のTOKYOジャパンへ!再び「プレパレーション H」が始動。果たして世界はどうなるのか?頑張れオースティン!ファイトだオースティン!!
今更ですが 登場人物 相関関係図
ナイジェル・パワーズ (超モテモテスパイで オースティンのパパ)
ミニ・ミー (チビ)
ゴールドメンバー (「スタジオ69」も経営)
ロボト社社長 (謎の日本人)
フォクシー・クレオパトラ (セクシースパイ)
オースティン・パワーズ (MI6のモテモテおバカスパイ)
ドクター・イーブル (おバカ界の帝王)
スコット・イーブル (遅咲きの悪デビュー息子)
バジル・エクスポジション (手驚い)
ファット・バスタード (デブ)
ナンバー2 (あきんど)
ナンバー3 (ホクロ)
フラウ・ファルビッシナ (けっこうセクシー)
●キャスト●
マイク・マイヤーズ
ビヨンセ(デスティニーズ・チャイルド)
マイケル・ケイン (オスカー俳優)
& 目を疑う豪華すぎる出演者陣はヒントで
●『M:I-2』でかっこよすぎるスパイ
●『A.I.』を撮ったアカデミー賞受賞のスーパー監督
●『ソード・フィッシュ』のナルシスト・テロリスト
●『恋におちたシェイクスピア』で アカデミー賞主演女優賞を受賞した美人女優
●『アメリカン・ビューティー』で アカデミー賞主演男優賞受賞の演技派俳優
●先日来日コンサートで「ブリちゃんです」という サムいギャグをやってくれた歌手
●『バットマン・リターンズ』のペンギン男
●その昔「愛のコリーダ」を歌ってた伝説的ミュージシャン オースティンのテーマ曲も
他 多数!
超豪華なサウンド
●サントラCD:「オースティン・パワーズ ゴールドメンバー」
8.7 release ワーナーミュージック・ジャパン
WPCR-11234 ¥2400 (plus tax)
GAGA
ON LINE NEWS
登録してお得な情報をゲット!!
http://www.gaga.ne.jp/ へアクセス
MAIL NEWS をクリック
必要事項を記入し登録!
急げ!ゴールドメンバー募集中!! www.austinpowers-gold.jp
8月ロードショー!
品川プリンスホテル内
品川プリンスシネマ
03(5421)1113

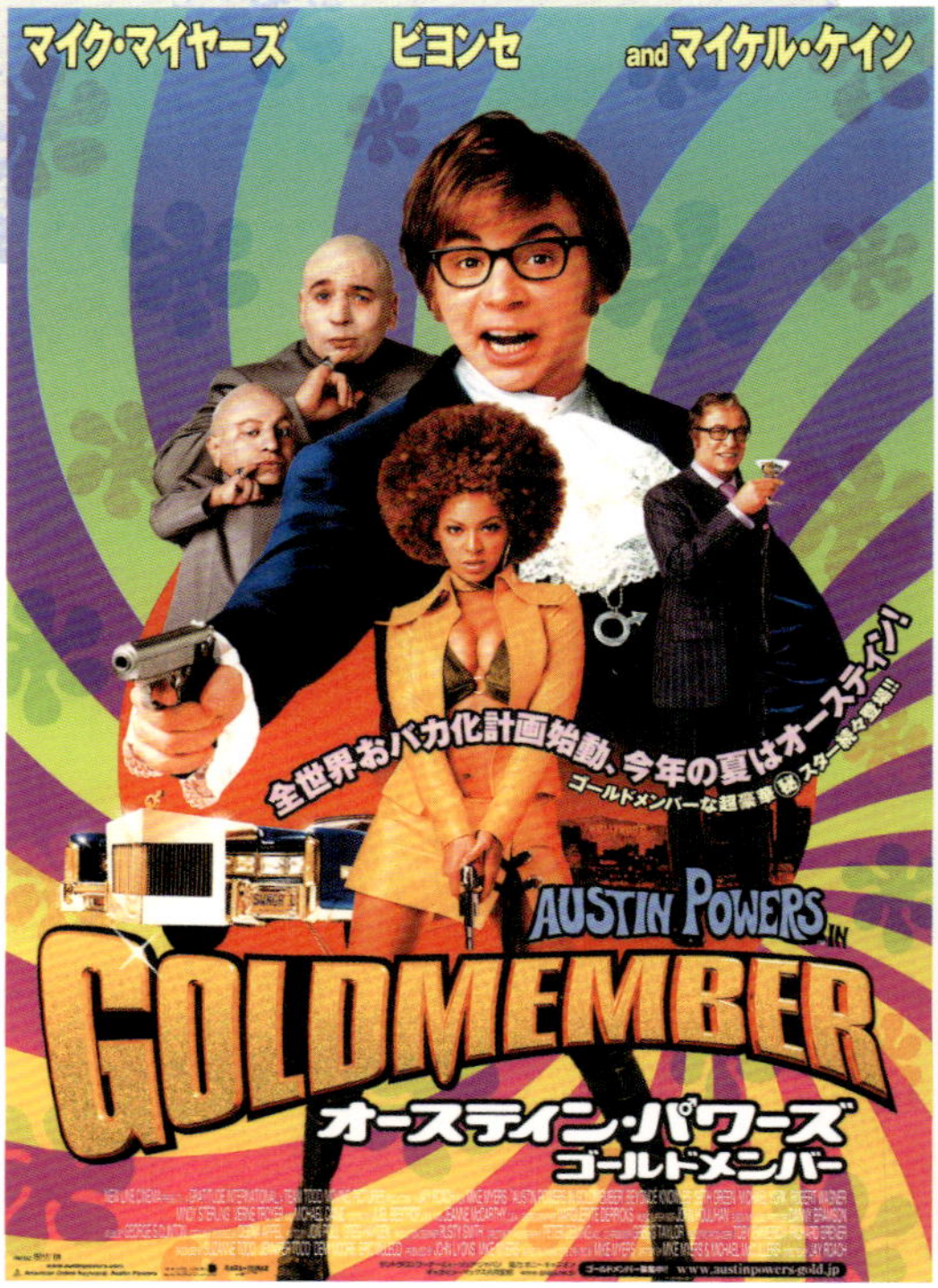

マイク・マイヤーズ
ビヨンセ
and マイケル・ケイン
全世界おバカ化計画始動、今年の夏はオースティン!
ゴールドメンバーな超豪華㊙スター続々登場!!
AUSTIN POWERS IN
GOLDMEMBER
オースティン・パワーズ
ゴールドメンバー
ゴールドメンバー募集中! www.austinpowers-gold.jp

Story

舞台は２００２年。宇宙から帰還したドクター・イーブルは悪党ゴールドメンバーが発明したビームで地球に巨大隕石を激突させる計画を立案。しかし、宿敵の英国諜報員オースティン・パワーズ（マイク・マイヤーズ）に阻止される。これにより女王陛下から表彰されたオースティンだったが、その直後、尊敬するスーパースパイの父、ナイジェル・パワーズ（マイケル・ケイン）が、ドクター・イーヴル（マイク・マイヤーズ）の差し金により誘拐されてしまったことを知る。父を救うべくオースティンは１９７５年へタイムスリップ。オースティンは、75年当時のナイジェルの公私にわたるパートナー、フォクシー・クレオパトラ（ビヨンセ）と共に、イーヴルの協力者である悪党ゴールドメンバー（マイク・マイヤーズ）の経営するディスコに乗り込む。そして、イーヴルの陰謀の理由が日本の企業、ロボット社にあることを知る。さっそく東京へ向かったオースティンとフォクシー・クレオパトラ。ナイジェルを誘拐していたのはイーヴルで、ロボット社の社長（ノブ・マツヒサ）はそれに協力していたのだった。だが、オースティンは思いもよらない過去をナイジェルから聞かされる。実はオースティンとイーヴルは兄弟だったのだ。そして２人は愛を確かめうのだった……!?

オースティン・パワーズ

トムは、冒頭で映画「オースティン・パワーズ」の主演であるオースティン・パワーズ役を演じている。その映画の監督としてスティーヴン・スピルバーグも出演。ドクター・イーブルをケヴィン・スペイシー、ミニー・ミーをダニー・デビートと豪華すぎるキャスティングだ。ちなみにタイトルの「ゴールドメンバー」は「007 ゴールドフィンガー」のもじりだが、「メンバー」は「陰茎」を意味するスラングである。

DVD INFORMATION

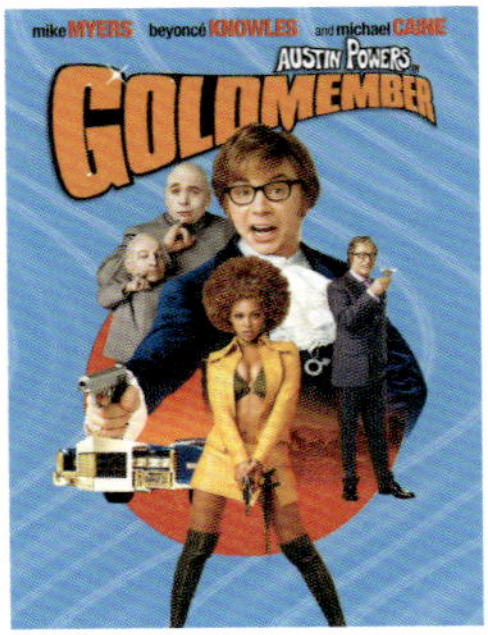

オースティン・パワーズ
ゴールドメンバー
DVD:1,572円(税込)
発売元:ワーナー・ブラザース ホームエンターテイメント
販売元:NBC ユニバーサル・エンターテイメント

DATA

監督	ジェイ・ローチ
脚本	マイク・マイヤーズ
	マイケル・マッカラーズ
原作	マイク・マイヤーズ(キャラクター創造)
製作	ジャン・ブレンキン
	ジョン・ライオンズ
	エリック・マクレオド
	デミ・ムーア
	スザンヌ・トッド
	ジェニファー・トッド
	マイク・マイヤーズ
出演者	オースティン・パワーズ…マイク・マイヤーズ
	Dr.イーブル…マイク・マイヤーズ
	フォクシー・クレオパトラ…ビヨンセ
	ナイジェル・パワーズ…マイケル・ケイン
	ナンバー・スリー…フレッド・サベージ
	ミスター・ロボット…松久信幸
	カメオ出演
	…スティーヴン・スピルバーグ
	…グウィネス・パルトロー
	…ブリトニー・スピアーズ
	…ジョン・トラボルタ
	…ケヴィン・スペイシー
	…ダニー・デヴィート
	…クインシー・ジョーンズ
	…オジー・オズボーン
音楽	ジョージ・S・クリントン
撮影	ピーター・デミング
編集	グレッグ・ヘイデン
	ジョン・ポール
製作会社	グラッティテュード・インターナショナル
	チーム・トッド
	ムーヴィング・ピクチャーズ
配給	全米:ニュー・ライン・シネマ
	日本:ギャガ=ヒューマックス
公開	全米:2002年7月26日
	日本:2002年8月24日
上映時間	98分
製作費	63,000,000ドル
興行収入	全米:296,700,000ドル
	日本:11億円

バニラ・スカイ

Vanilla Sky

あなたが想うあなた自身は幻に過ぎない…

あなたが想うあなた自身は
幻影に過ぎなかったと
気づく瞬間《とき》が、いつかやってくる――

監督：キャメロン・クロウ

トム・クルーズ
バニラ・スカイ

「危険な情事＋シックス・センス」を超える衝撃作

マンハッタンの豪邸に住み、フェラーリを乗り回すニューヨーク出版界の若き実力者、デヴィッド・エイムス。そんな彼を翻弄する二人の女性に出逢ったことで、彼の運命はやがて、思わぬ方向へと転がり始める。ロマンス、セックス、疑惑、そして見果てぬ夢。予期せぬ人生のジェットコースターに突然投げ込まれたデヴィッドは、愛の本質を求めながら旅を続けていく。そして、旅の終わりに彼が見たものは……。

刺激的で複雑、ミステリアスかつサスペンスに満ちた圧倒的なドラマに仕上がった本作品は、ロマンティックなラブ・ストーリーでありながら、そのジャンルを遥かに超えてセンセーションを巻き起こすこと必至である。

3人のスター達がこれまでの映画の概念を変える

主人公デヴィッドを演じるトム・クルーズに加え、運命的な出逢いをするソフィアに「コレリ大尉のマンドリン」「オール・アバウト・マイ・マザー」のスペイン出身の演技派ペネロペ・クルス、そして、愛するゆえに破滅していくジュリーに「メリーに首ったけ」「チャーリーズ・エンジェル」のキャメロン・ディアスという、それぞれの個性的なキャラクターがぶつかり合うパワフルな異色作が誕生した。

俳優として、またプロデューサーとして頂点に立つトム・クルーズだけが成し得る豪華キャストにより、観客は体験したことのない映像の世界に魅入られるだろう。

ベスト・コラボレーションの実現

始まりはスペイン映画「オープン・ユア・アイズ」を見てほれ込んだクルーズが、「ミッション・インポッシブル」シリーズでコンビを組んだポーラ・ワグナーと共に、ハリウッドでの映画化権を取得。二人は原作となるこの映画に敬意を払いながらも、全く新しいヴィジョンと広がりを持たせるという挑戦に乗り出した。監督として白羽の矢を立てられたのが、「ザ・エージェント」で素晴らしいコラボレーションを生み出し、「あの頃ペニー・レインと」ではアカデミー賞に輝いたキャメロン・クロウ。彼は、サウンドトラックについても鋭い感性とこだわりを見せている。今回は、ポール・マッカートニーや、R.E.Mが新曲を書き下ろしたのを筆頭に、ボブ・ディラン、ピーター・ガブリエル、ケミカル・ブラザーズといった最強のメンバーが結集したことでも話題を呼んでいる。

「映像的にもストーリー的にも観客が探りたいと望めば望むほどその深さに応えられるように製作した」とクロウは自信たっぷりに語る。この作品は観る者の読みを次々と裏切り、不思議な"バニラ・スカイ"「幻想の世界」へと誘ってくれる。

〈STAFF〉
製作・監督・脚本：キャメロン・クロウ／製作：トム・クルーズ、ポーラ・ワグナー
音楽：ナンシー・ウィルソン／主題歌：ポール・マッカートニー"バニラ・スカイ"
〈CAST〉
デヴィッド…トム・クルーズ／ソフィア…ペネロペ・クルス
ブライアン…ジェイソン・リー／ジュリー…キャメロン・ディアス
マッケイブ…カート・ラッセル
2001年度作品◆パラマウント映画◆UIP映画

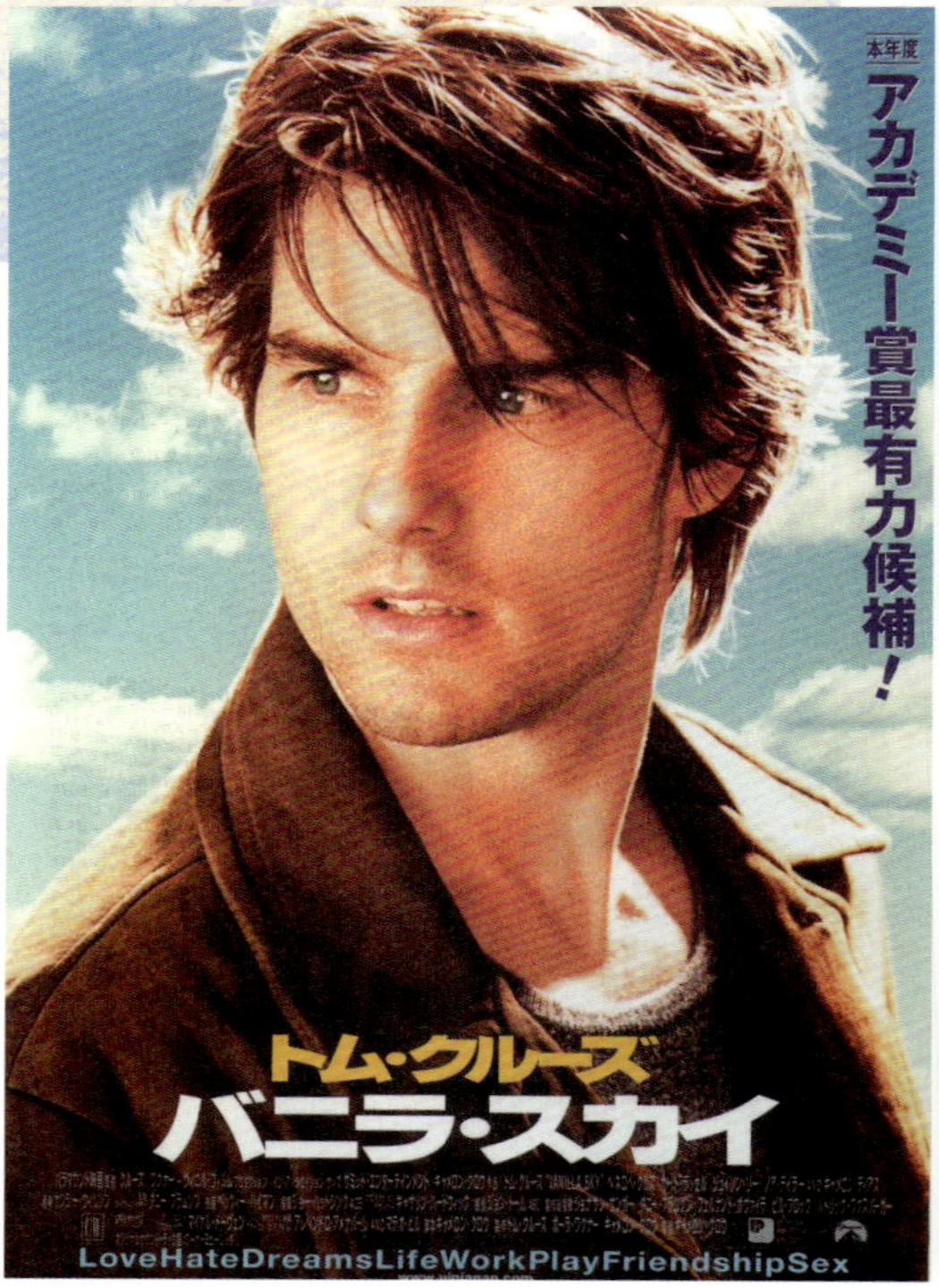

Story

デヴィッド・エイムス（トム・クルーズ）は、出版界の王様と讃えられていた父の会社を引き継ぎ、若くして巨万の富を手に入れ、ガールフレンドのジュリー（キャメロン・ディアス）と優雅な暮らしをしていた。しかし、デヴィッドは自分の誕生日パーティーにやってきた親友・ブライアン・シェルビー（ジェイソン・リー）の恋人であるソフィア・セラノ（ペネロペ・クルス）に一目惚れ。次第に惹かれ合うふたりの様子を見たジュリーは嫉妬を募らせ、デヴィッドをクルマに乗せ無理心中を図ってしまう。運転していたジュリーは死亡し、助手席に乗っていたデヴィッドは重体。3週間の昏睡状態となった。目覚めると、デヴィッドの顔は、事故の影響で見るも無惨なものになっていた。デヴィッドの部下である重役たちは、これを契機に会社を乗っ取ろうと策略をめぐらす。一方、デヴィッドは醜くなった顔のせいで自暴自棄となり、ブライアンやソフィアとも喧嘩別れしてしまう。しかし翌朝、路上に倒れ込んでいたデヴィッドを心配したソフィアと再び接近。ふたりは恋人同士となった。これを機にデヴィッドは立ち直り、顔の傷も最新技術で元通りになり、重役たちとも良い関係を修復。事故を完全に乗り越えたように見えたデヴィッドだったが、次第に奇妙な悪夢に悩まされるようになっていく……。

デヴィッド・エイムス

ハンサムな富豪。まさにトム・クルーズのためのような役。1997年のスペイン映画「オープン・ユア・アイズ」のリメイクで、自らリメイク権を獲得。「ミッション：インポッシブル」「M:I-2」に続いて製作も手がけた。オリジナルでヒロインを演じたペネロペ・クルスが本作でも同じ役で出演し、恋人役を演じた。本作をきっかけに2人はそのまま実生活でもロマンスに発展。3年近く交際した。

BD&DVD INFORMATION

バニラ・スカイ
4K ULTRA HD＋Blu-ray
セット：6,589円／
Blu-ray：2,075円／
DVD：1,572円（全て税込）
発売元：NBCユニバーサル・エンターテイメント

DATA

監督	キャメロン・クロウ
脚本	キャメロン・クロウ
原案	アレハンドロ・アメナーバル マテオ・ヒル
製作	トム・クルーズ ポーラ・ワグナー キャメロン・クロウ
製作総指揮	ジョナサン・サンガー ダニー・ブラムソン
出演者	ソフィア・セラノ…ペネロペ・クルス ジュリー…キャメロン・ディアス ブライアン・シェルビー…ジェイソン・リー マッケイブ…カート・ラッセル レベッカ…ティルダ・スウィントン アーロン…マイケル・シャノン パーティーの客（カメオ出演） …スティーヴン・スピルバーグ
音楽	ナンシー・ウィルソン
主題歌	ポール・マッカートニー 「Vanilla sky」
撮影	ジョン・トール
編集	ジョー・ハッシング マーク・リヴォルシー
製作会社	クルーズ/ワグナー・プロダクションズ
配給	全米：パラマウント・ピクチャーズ 日本：UIP
公開	全米：2001年11月10日 日本：2001年12月22日
上映時間	136分
製作費	68,000,000ドル
興行収入	世界：203,388,341ドル 全米：100,618,344ドル 日本：33億2000万円

M：I-2

M:I-2 (Mission: Impossible 2)

トム・クルーズ×ジョン・ウー　今度はなにをしでかすか！

HOT & COOL
7/8
不可能を可能にする！
トム・クルーズ
「ハント君、休暇中にすまない…」
謎の最高機密組織《I.M.F.》から新たなミッションが下された。エキサイティングなあのテーマ曲と共に、繊細かつ大胆な男、イーサン・ハント＝トム・クルーズが帰って来た！
全世界で4億5000万ドルもの興行収入を上げ大ヒットした「ミッション：インポッシブル」から4年──。第2のミッションは一体何なのか？
トム・クルーズと一部の関係者だけしか知らないストーリーは依然謎のままだ。しかし、今まで見たことのないスタイリッシュなアクション、シャープな映像美に貫かれた予告編から容易に凄い映画を予測できる。
監督は独自の映像美学でハリウッドの大ヒットメーカーに一躍躍り出たジョン・ウー。今度はどんな手法を見せてくれるか…。さあ、逸る気持ちをグッと押さえて、公開までのカウント・ダウンをしよう！
トム・クルーズ
M:I-2
2000
www.uipjapan.com/mi2
7/8 ROADSHOW
特別鑑賞券（一般¥1600／ペア券¥3000）発売中
TOHO Theatre Link http://toho.co.jp/
日本劇場 03(3574)1131
渋東シネタワー 03(5489)4210
新宿プラザ 03(3200)9141
上野宝塚 03(3831)3431

ジョン・ウー作品
トム・クルーズ
M:I-2
2000
www.uipjapan.com/mi2

Story

イーサン・ハント（トム・クルーズ）の元に、司令官スワンベック（アンソニー・ホプキンス）から指令が入る。バイオサイト製薬の研究所で開発された30時間で人間を殺す驚異の殺人ウィルス〝キメラ〟（Chimera）と解毒剤〝ベレロフォン〟をシドニーからアトランタへ飛行機で移動させるというミッション。しかし、イーサンが休暇中だったため、IMFはイーサンの替え玉の経験のあるショーン・アンブローズ（ダグレイ・スコット）を研究所の科学者ネコルヴィッチ博士（ラデ・シェルベッジア）に同行させた。しかし、途中で飛行機はショーンと手下たちによって事故に見せかけ墜落させられてしまう。イーサンは、ショーンに強奪されたキメラを奪取するミッションを受ける。しかし、それはショーンの元恋人で盗みのプロであるナイア・ノードフ＝ホール（タンディ・ニュートン）をショーンの元に潜入させ、キメラを奪った動機を探らせるというものだった。イーサンはナイアに危険がおよぶのではとためらうが、ナイアに協力を依頼する。そして、イーサンは美しきナイアといつしか恋に落ちてしまう。イーサンの信頼するメンバー、ルーサー・スティッケル（ヴィング・レイムス）とヘリ操縦士のビリー・ベアード（ジョン・ポルソン）の協力を得てナイアをショーンの元へ送り込むことに成功したイーサンだが、任務遂行と恋心の間で思い悩む……。

イーサン・ハント

諜報組織IMFのメンバー。1作目出演後、「ザ・エージェント」「マグノリア」「アイズワイドシャット」などのドラマに出演。高評価を受け、アカデミー賞候補となりながら逃してしまうと、自身のプロデュースに力を入れ、アクション映画に戻った。そして見事、全世界で5億4600万ドル以上の興行収入を記録し、2000年の最高興行収入作品となった。

DATA

監督	ジョン・ウー
脚本	ロバート・タウン
原案	ロナルド・D・ムーア
	ブラノン・ブラーガ
原作	ブルース・ゲラー
製作	トム・クルーズ
	ポーラ・ワグナー
製作総指揮	テレンス・チャン
	ポール・ヒッチコック
出演者	ショーン・アンブローズ…ダグレイ・スコット
	ナイア・ノードフ=ホール…タンディ・ニュートン
	ルーサー・スティッケル…ヴィング・レイムス
	ヒュー・スタンプ…リチャード・ロクスバーグ
	ビリー・ベアード…ジョン・ポルソン
	マックロイ…ブレンダン・グリーソン
	ネコルヴィッチ…ラデ・シェルベッジア
	スワンベック…アンソニー・ホプキンス
音楽	BT
	ハンス・ジマー
撮影	ジェフリー・L・キンボール
編集	スティーヴン・ケンパー
	クリスチャン・ワグナー
製作会社	パラマウント・ピクチャーズ
	クルーズ/ワグナー・プロダクションズ
配給	全米:パラマウント・ピクチャーズ
	日本:UIP
公開	全米:2000年5月24日
	日本:2000年7月8日
上映時間	123分
製作費	125,000,000ドル
興行収入	世界:546,388,108ドル
	全米:215,409,889ドル
	日本:97億円

BD&DVD INFORMATION

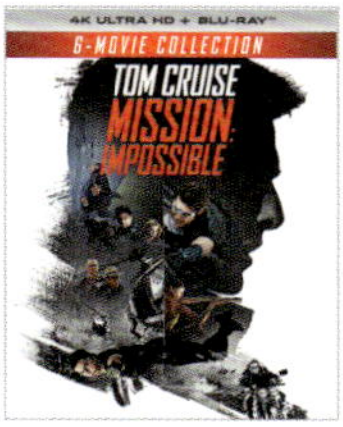

ミッション:インポッシブル
6ムービー・コレクション
4K ULTRA HD+Blu-rayセット
25,080円

M:i-2
4K ULTRA HD+Blu-ray セット:6,589円/ Blu-ray:2,075円/ DVD:1,572円(全て税込)
発売元:NBC ユニバーサル・エンターテイメント

マグノリア

Magnolia

12人の過去と未来、愛と希望をかけた24時間

トム・クルーズ 本年度ゴールデン・グローブ賞〈助演男優賞〉受賞!
《アカデミー賞最有力作品》
マグノリア
magnolia
LA、マグノリア・ストリート周辺に住む12人。
それぞれの過去と未来、愛と希望をかけた24時間が、今、始まろうとしている。
~時々雨、湿度99%、南東の風19メートルのその夜~
見たことのない何かに、すべての人々が遭遇する…。
そこに希望は…。
トム・クルーズが本作への出演を熱望!!
主演を演じ続けてきた彼の最初で最後の助演男優賞受賞!!
そして、オスカー初受賞なるか?
P.T.アンダーソン監督の才能に
トップ・ジャーナリストたちは賞賛を贈り、
弱冠30歳ならではの等身大の感性に若者達は共感した。
www.magnoliamovie.com/japan
2月26日(土)より〈待望〉のロードショー!!
(前売鑑賞券絶賛発売中!)
一般券¥1,600
丸の内ルーブル
渋谷パンテオン
新宿ミラノ座
新宿東映パラス
池袋東急
上野東急
109シネマズ港北

20世紀の最後を生き抜く
愛と希望のものがたり。
ジェレミー・ブラックマン　トム・クルーズ　メリンダ・ディロン　フィリップ・ベイカー・ホール　フィリップ・シーモア・ホフマン　リッキー・ジェイ
ウィリアム・H・メイシー　アルフレッド・モリーナ　ジュリアン・ムーア　ジョン・C・ライリー　ジェイソン・ロバーズ & メローラ・ウォルターズ
P.T.アンダーソン監督最新作
マグノリア
magnolia
LA郊外、サン・フェルナンド・バレーに住む12人に訪れた強烈な1日。

Story

ロサンジェルス郊外のサンフェルナンド・ヴァレー。人気長寿クイズ番組では、お互いに知らないままつながりを持つ男女の人生模様が映し出されていた。番組の制作者で死の床にあるアール・パートリッジ（ジェイソン・ロバーズ）。アールの若い後妻リンダ（ジュリアン・ムーア）。リンダはアールの看護人であるフィル・パルマ（フィリップ・シーモア・ホフマン）に、アールが若い頃に別れた女性に生ませた息子を探してほしいと頼む。アールの息子は、フランク・T・J・マッキー（トム・クルーズ）。フランクは、「女を誘惑してねじ伏せろ」とモテない男に女の口説き方を伝授するカリスマ伝道師となっていた。フランクは主催するセミナーの合間に、記者からインタビューを受けるが、その記者がアールとの関係や自分の出生の秘密を知っており、その真偽を追求される。リンダは、弁護士にアールの遺言状を書き換えるよう頼んでいた。リンダはアールの財産目当てで結婚したが、今ではアールを本当に愛していて遺産相続の放棄を望んでいたのだった。フィルは、フランクのマネージャーにようやく連絡を取り付け、アールの危篤を知らせるが、フランクはアールの元を訪れると、かつて自分と母を捨てた父親を罵った。そのとき空から……。

DATA

監督	ポール・トーマス・アンダーソン
脚本	ポール・トーマス・アンダーソン
製作	ポール・トーマス・アンダーソン ジョアンナ・セラー
製作総指揮	マイケル・デ・ルカ リン・ハリス
出演者	ジミー・ゲイター…フィリップ・ベイカー・ホール （若い頃…トーマス・ジェーン） クローディア・ウィルソン・ゲイター …メローラ・ウォルターズ スタンリー・スペクター …ジェレミー・ブラックマン ドニー・スミス…ウィリアム・H・メイシー アール・パートリッジ…ジェイソン・ロバーズ リンダ・パートリッジ…ジュリアン・ムーア フィル・パルマ…フィリップ・シーモア・ホフマン ジム・カーリング…ジョン・C・ライリー アラン・クリグマン…マイケル・マーフィー バート・ラムゼイ/ナレーター…リッキー・ジェイ リック・スペクター…マイケル・ボーウェン グエノヴィア…エイプリル・グレイス ルイス…ルイス・ガスマン サーストン・ハウエル…ヘンリー・ギブソン ディック・ジェニングス…ダニー・ウェルズ
音楽	ジョン・ブライオン
撮影	ロバート・エルスウィット
編集	ディラン・ティチェナー
配給	全米：ニュー・ライン・シネマ 日本：日本ヘラルド映画
公開	全米：1999年12月17日 日本：2000年2月26日
上映時間	188分
製作費	37,000,000ドル
興行収入	世界：48,451,803ドル 全米：22,455,976ドル

DVD INFORMATION

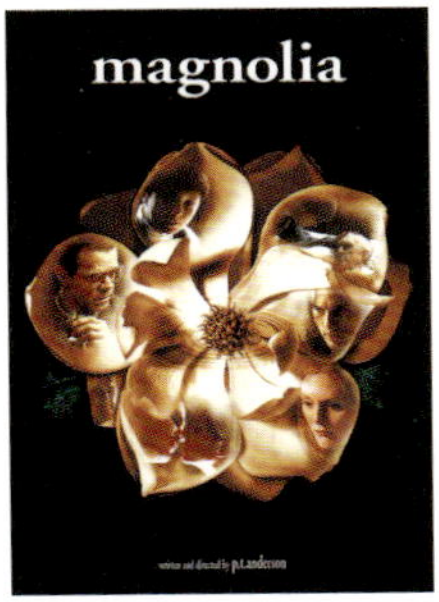

マグノリア
DVD：1,572円（税込）
発売元：ワーナー・ブラザース ホームエンターテイメント
販売元：NBC ユニバーサル・エンターテイメント

フランク・T・J・マッキー

セックスのカリスマ伝道師。本作の監督ポール・トーマス・アンダーソンの「ブギーナイツ」を観たトムが「次回作にぜひ僕を使ってほしい」と電話をかけて直談判。監督もいつかはトムと一緒に映画を作りたいと思っており、脚本にフランク役を書き入れた。珍しく主演ではなく他の共演者と横並びで出演した。そして見事、第57回ゴールデングローブ賞の助演男優賞に輝いた。

アイズ ワイド シャット

Eyes Wide Shut

見てはいけない愛… 眠っている欲望をつきつける

■スティーブン・スピルバーグ監督
「彼はだれのまねもしなかったが、われわれはみな彼を模倣しようとした」
■ロードショー 6月号
世界中が偉大な監督を惜しんでいるもののグレートマスターの作品の最後の1本の映画はまだ見られずに残っており、世界中が楽しむために用意されているのだ。
見てはいけない愛。
EYES WIDE SHUT
そこにあるのは、見てはいけない愛。天才監督キューブリックが眠っている欲望をつきつける――
「この作品が自分の最高傑作だ」――スタンリー・キューブリックが自らそう語った「アイズ ワイド シャット」が、ついに公開される。撮影に18か月、編集に約1年をかけたこの作品は、「フルメタル・ジャケット」以来12年ぶりの新作。完成直後の99年3月7日、キューブリックはイギリスで死去した。
「2001年宇宙の旅」「時計じかけのオレンジ」「シャイニング」「フルメタル・ジャケット」…時代を予見していたのか、それとも彼が時代を創ったのか。キューブリックが提示したテーマは、つねに模倣され、追従され、無数のバリエーションを生み出してきた。そのキューブリックが、最後の作品で選んだテーマは愛。トム・クルーズとニコール・キッドマンという、もっともハリウッド的なカップルを夫婦役で主演に据え、濃厚なセックスシーンを演じさせたことでも話題を呼んだ。
撮影・編集は異常なまでの秘密主義で進められ、99年3月2日、キューブリック死去のわずか5日前にニューヨークで行われた初試写を見たのは、クルーズとキッドマン、そしてワーナー・ブラザースの2人の会長テリー・セメルとロバート・デイリーの4人のみ。映写技師もフィルムをセッティングした後は映写室を出されるという極秘試写だったという。
クルーズとキッドマンが加担したキューブリック最後の悪だくみ――
「アイズ ワイド シャット」は、キューブリックがこの世に残した最後の罠。クルーズとキッドマンという、キューブリック作品でなければ決して共演が実現することはなかったであろう二人が、18か月の歳月を費やして加担した、世にも贅沢で危険な悪だくみだ。「あの二人が、何か悪いことをしようとしている。とてつもなく妖しい出来事が起きようとしている…」。世界一有名なカップルの煽情的なラブ・シーンを見に来たつもりの観客は、みずからの奥底に眠る欲望と妄想を見せつけられ、セックスの深淵を覗かされることになる。
クルーズとキッドマンが演じるのは、ニューヨークに住む医者とその妻。お互いが、相手に言えない性的な欲求あるいは妄想を持っているという。大まかなストーリーラインしか、関係者にも明かされていない。「幸福なカップルに存在するセックスについての矛盾した精神状態を探り、性的な妄想や実現しなかった夢を現実と同じくらい重要なものとして扱おうとした」というのがこの映画に関するキューブリックの公式コメントで、嫉妬や妄想が重要なテーマになっているという。
もっと深く、もっと奥へ――セックスは、入り口にすぎない――
クルーズとキッドマンが鏡の前で抱き合い、激しくキスをかわす様子が延々と映し出されるだけの、ナレーションも台詞も一切ない劇場用の予告編はセンセーションを巻き起こし、過激なセックス描写が公開前から世界中で話題の的となった。しかし、セックスそのものは単なる入り口にすぎない。映画を見ることによって、自分の奥に眠っている何かが暴かれ、犯される――「アイズ ワイド シャット」の観客が否応なしにさらされるのは、そんな体験だ。
映画館に入る前と出た後で、同じ自分でいることを観客に許さない…そんな映画を作ってこれたのはキューブリックだけであり、だからこそ彼の映画は時代を超えて人々を魅きつけ、さまざまな分野に影響を与え続けてきた。
死因も遺言もいっさい明かされていない巨匠の死。しかし、キューブリックは世界中の観客に遺してくれた。彼が最後に仕掛けたショッキングで妖しい罠に堕ちるという、もう二度と味わうことのできない悦びを…。
CRUISE
KIDMAN
KUBRICK
つねに時代を先取りし続けてきた巨匠キューブリックが最後に選んだテーマは"愛"
7月31日(土)よりロードショー！
特別鑑賞券絶賛発売中（一般￥1600／ペア￥3000）
丸の内ルーブル
渋谷パンテオン
新宿ミラノ座
池袋東急
上野東急
吉祥寺バウスシアター
109シネマズ港北
まちだ東急ル・シネマ
厚木シネマミロード
川越シアターホームラン
シネマックス千葉

クルーズ
キッドマン
キューブリック
アイズ ワイド シャット
ワーナー・ブラザース映画提供 トム・クルーズ ニコール・キッドマン スタンリー・キューブリック作品 "EYES WIDE SHUT" シドニー・ポラック マリー・リチャードソン 脚本スタンリー・キューブリック フレデリック・ラファエル 原典アーサー・シュニッツラーによる "Traumnovelle" 製作総指揮ジャン・ハーラン ライティング・カメラマン ラリー・スミス 美術レス・トムキンズ ロイ・ウォーカー 編集ナイジェル・ゴルト 製作・監督スタンリー・キューブリック
オリジナル・サントラ盤/ワーナーミュージック・ジャパン 原作/スクリーンプレイブック/角川文庫刊 www.eyeswideshut.com

Story

クリスマス前後のニューヨーク。医者であるウィリアム・ハートフォード（トム・クルーズ）と妻のアリス（ニコール・キッドマン）は結婚して9年目。7歳になる娘ヘレナと3人で高級なアパートに暮らしている。ある晩、夫婦で知人であるヴィクター・ジーグラー（シドニー・ポラック）のパーティーに出かけると、ウィリアムは2人のモデルから誘惑される。そして、ヴィクターからマンディ（ジュリエンヌ・ディヴィス）というヘロイン中毒になった娼婦の治療を頼まれる。一方、アリスはハンガリー人だという中年紳士の誘惑を受けながらダンスを踊っていた。帰宅するとウィリアムはアリスから思いがけない告白を聞かされる。家族で出かけた休暇中のホテルで視線が合った海軍士官に浮気心を抱いたという。この告白を聞いてから、アリスが他の男に抱かれている妄想が頭から離れなくなるウィリアム。そんなとき、ヴィクターのパーティーで再会した大学の同級生のニック・ナイチンゲール（トッド・フィールド）から秘密の乱交パーティーがあることを知らされる。黒装束に仮面をつけ、仮装して乗り込んだウィリアム。すると、ひとりの女性がすぐに立ち去るようにと忠告する。しかし、ウィリアムは男に連れて行かれ仮面を外して裸になれと強制される。その場はなんとかしのげたが……。

DATA

監督	スタンリー・キューブリック
脚本	スタンリー・キューブリック
	フレデリック・ラファエル
原作	アルトゥル・シュニッツラー
製作	スタンリー・キューブリック
製作総指揮	ヤン・ハーラン
出演者	アリス・ハートフォード…ニコール・キッドマン
	ヴィクター・ジーグラー…シドニー・ポラック
	マリオン…マリー・リチャードソン
	ニック・ナイチンゲール…トッド・フィールド
	ヘレナ…マディソン・エジントン
	ドミノ…ヴィネッサ・ショウ
	ホテルの受付…アラン・カミング
	ミリチ…ラデ・シェルベッジア
	ミリチの娘…リーリー・ソビエスキー
	サリー…フェイ・マスターソン
	サヴォス…スキ・デュモン
	赤い外套の男…レオン・ヴィタリ
	日本人…伊川東吾
音楽	ジョスリン・プーク
撮影	ラリー・スミス
編集	ナイジェル・ゴルト
配給	ワーナー・ブラザース
公開	全米：1999年7月16日
	日本：1999年7月31日
上映時間	159分
製作費	65,000,000ドル
興行収入	全米：55,691,208ドル
	世界：162,091,208ドル
配給収入	日本：17億5000万円

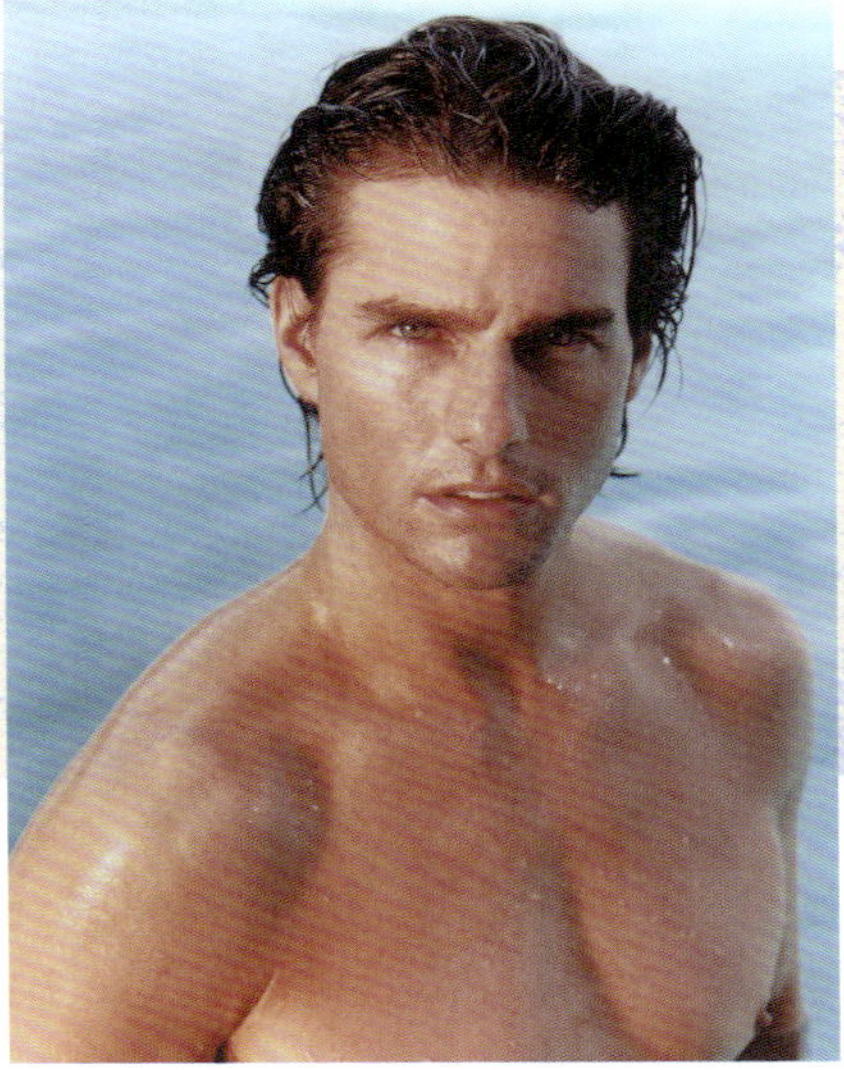

ウィリアム・ハートフォード（通称ビル）

ニューヨークに住む医者。巨匠スタンリー・キューブリック監督の遺作となった本作は、トム・クルーズとニコール・キッドマンの夫婦共演も話題となった。飛行機嫌いのキューブリックは撮影を全てイギリスで行い、トムは撮影期間400日という間（この長さはギネスブックにも認定）、長期滞在を余儀なくされた。これが夫婦間の亀裂を生み、本作公開から1年半後、2人は離婚した。

BD&DVD INFORMATION

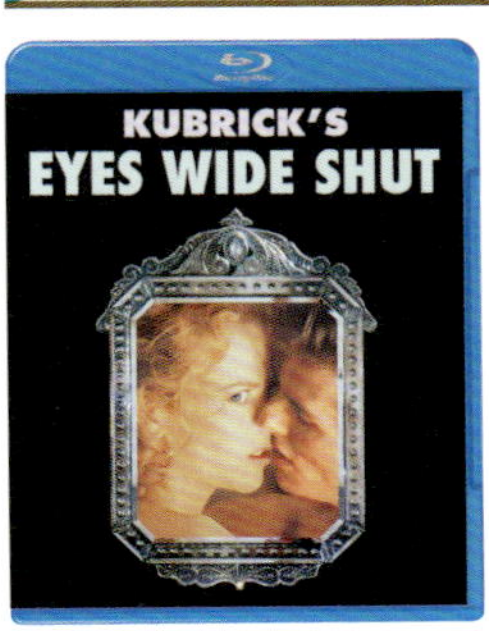

アイズ ワイド シャット
Blu-ray：2,619円／
DVD：1,572円（全て税込）
発売元：ワーナー・ブラザース
ホームエンターテイメント
販売元：NBC ユニバーサル・
エンターテイメント

ザ・エージェント

Jerry Maguire

スーパースターを作る、それが彼の職業。

全米NO.1大ヒット
本年度ゴールデン・グローブ賞
〈トム・クルーズ〉
最優秀主演男優賞受賞！
全米クリスマスシーズンに公開されると同時に、1700万ドルの好成績で１位を飾った本作は、
評論家たちの大絶賛を受け、すでに数多くの賞を受賞。
この超話題作がいよいよ日本で公開されようとしている。
これが、トム・クルーズの最高傑作。
ラリー・キング
USA TODAY紙
トム・クルーズはまるでこの役のために生まれてきたようだ。レニー・ゼルウィガーには誰もが恋してしまうはず。
－ジェフ・クレイグ
SIXTY SECOND PREVIEW－
トム・クルーズが「センセーションを巻き起こすこと必至。キューバ・グッディングJr.が数多くの賞を受けることは確実。そして「ザ・エージェント」はレニー・ゼルウィガーをスターの座に押し上げた！
－ビル・ズウィッカー　NBC TV－
スーパースターが"スーパースター"を作る。
「トップガン」で大ブレイクし、「ミッション：インポッシブル」で人気・実力ともNO.1に登りつめたトム・クルーズ。まさに"スーパースター"という名にふさわしい俳優である――。しかし今回、彼が挑戦したのはスーパースターを作り出す側のプロデューサー的存在である。果して、彼はどのようにしてスターを育てていくのか――。
全米NO.1エージェントが挫折した――。
全米NO.1スポーツ・エージェントとして業界のトップに君臨していた男、ジェリー・マグガイア。その卓越した交渉力とプロフェッショナルな手腕で数多くのクライアントを抱え、公私ともに充実した生活を送っていた。しかしその勢いがたたって、エージェント・ライセンスはおろか、地位も恋人も失ってしまう。挫折し、意気消沈する彼の目の前に現れたのは、今まで意識もしていなかった同僚の女性と、二流のフットボール選手だった……。
トム・クルーズ
ザ・エージェント
"今世紀最高のサクセス&ラブ・ストーリー"をつくるため最高のスタッフが結集された。
今世紀最高傑作を作るため、「愛と追憶の日々」などでオスカーを受賞している名プロデューサー、ジェームズ・L・ブルックスは毎日何百本と出演申し込みのあるトム・クルーズにオファーし、みごと彼を獲得した。しかし問題は女優である。当然、トップ女優たちが名乗りを上げたが、トム・クルーズが指名したのは以外にも「リアリティ・バイツ」に出演していたレニー・ゼルウィガー。"トムに選ばれた女優"として今後、注目されるのは必至である。また「アウトブレイク」で好演のキューバ・グッディングJr.、「ツインズ」のケリー・プリストンが脇を固めている。音楽は全米NO.1R&Bの大御所、ブルース・スプリングスティーンが最高にロマンティックな曲を提供。これら"最高の素材"をどうするか悩んだブルックスが選んだのは「シングルス」で"新しい感性と爽やかな映像"と絶賛されたキャメロン・クロウを起用。これが功を奏し、トム・クルーズの新しい魅力を引出し、生き生きとした共演陣が最高に爽やかで、感動的なサクセス＆ラブ・ストーリーを作り上げた。
what is agent?
人生を賭けるに値する職業ーエージェント。
アメリカでは、すでに広く認知されている職業"エージェント"。辞書的な意味は"総代理人"である。エージェントは依頼人の希望をかなえるためー数多くの人々と交渉を通してチャンスを見つけ出す。同時に"人生"を預かってしまうハードな仕事である。だからこそ、大きな魅力があるのかもしれない。"依頼人"のために全力で立ち向かっていく仕事を通して、いつしかその努力が自分の力となってくる。そこにはさまざまなドラマが生まれ、いつしか人間的に成長していく――。
近日ロードショー！
★トム・クルーズのオリジナルポスター付き（限定）
●一般券￥1,600/一般ペア券（劇場窓口のみお2人で）￥3,000
日本劇場
03(3574)1131
渋東シネタワー
03(5489)4210
新宿プラザ
03(3200)9141

トム・クルーズ
スーパー・スターを作る、
それが彼の職業。
本年度ゴールデン・グローブ賞
最優秀主演男優賞受賞！
〈トム・クルーズ〉
本年度アカデミー賞
最優秀助演男優賞受賞！
〈キューバ・グッディングJr〉
ザ・エージェント
JERRY MAGUIRE
トライスター映画提供　グレイシー・フィルムプロダクション　キャメロン・クロウ監督作品
"JERRY MAGUIRE"　キューバ・グッディング,JR.　レニー・ゼルウィガー　ケリー・プレストン
ジェリー・オコネル　ジェイ・モア　ボニー・ハント　音楽総指揮ダニー・ブラムソン
衣装ベッツィ・ハイマン　編集ジョー・ハッシング,A.C.E.　プロダクション・デザイナースティーブン・ラインウィバー
撮影ヤヌス・カミンスキー,ASC　共同製作ブルースS.バスティン　ジョンD.スコフィールド
製作ジェームスL.ブルックス　リチャード・サカイ　ローレンス・マーク　キャメロン・クロウ
原作・監督キャメロン・クロウ　オリジナル・サウンド・トラック盤：EPIC・ソニーレコード
Sony Pictures Entertainment (Japan) Inc.

Story

ジェリー・マグワイア（トム・クルーズ）は全米一のスポーツ・エージェント会社SMIの有能なエージェント。ジェリーは高額の年棒だけを追求し、選手の家族やファンの気持ちを犠牲にしてきた自分と会社のやり方に疑問を感じていた。そして初心に戻り、自分の理想の提案書を一晩で書き上げる。それを会社に提出したが、あえなくクビに。おまけにクライアントも同僚ボブ・シュガー（ジェイ・モーア）に持っていかれる始末。残ったのは落ち目のアメリカン・フットボール選手ロッド・ティドウェル（キューバ・グッディングJr.）だけ。そして、自分に付いてきてくれたのは、5歳の息子を抱えたシングル・マザーの会計係ドロシー・ボイド（レネー・ゼルウィガー）だけだった。しかも、ドロシーは姉のローレル（ボニー・ハント）の家に厄介になっているという境遇。しかし、恋人のNLF広報担当エヴリー・ビショップ（ケリー・プレストン）に励まされ、大学フットボールの花形選手フランク・クッシュマン（ジェリー・オコネル）をクライアントに獲得すべく奮起。そんなジェリーの賢明な姿を見て、フランクの父親であるマット（ボー・ブリッジス）はフランクの将来をジェリーに託すことを決めてくれた。しかし、マットはボブと契約してしまう……。

ジェリー・マグワイア

会社をクビになり、独立するスポーツエージェント。アクション超大作「ミッション:インポッシブル」の次の主演作にトムが選んだのは、ロマンティックなヒューマンエンターテインメント。アクションに頼らず、ガッツリとした芝居でトムの魅力を存分に見せてくれた。そして見事、第54回ゴールデン・グローブ賞主演男優賞（ミュージカル／コメディ部門）を受賞した。

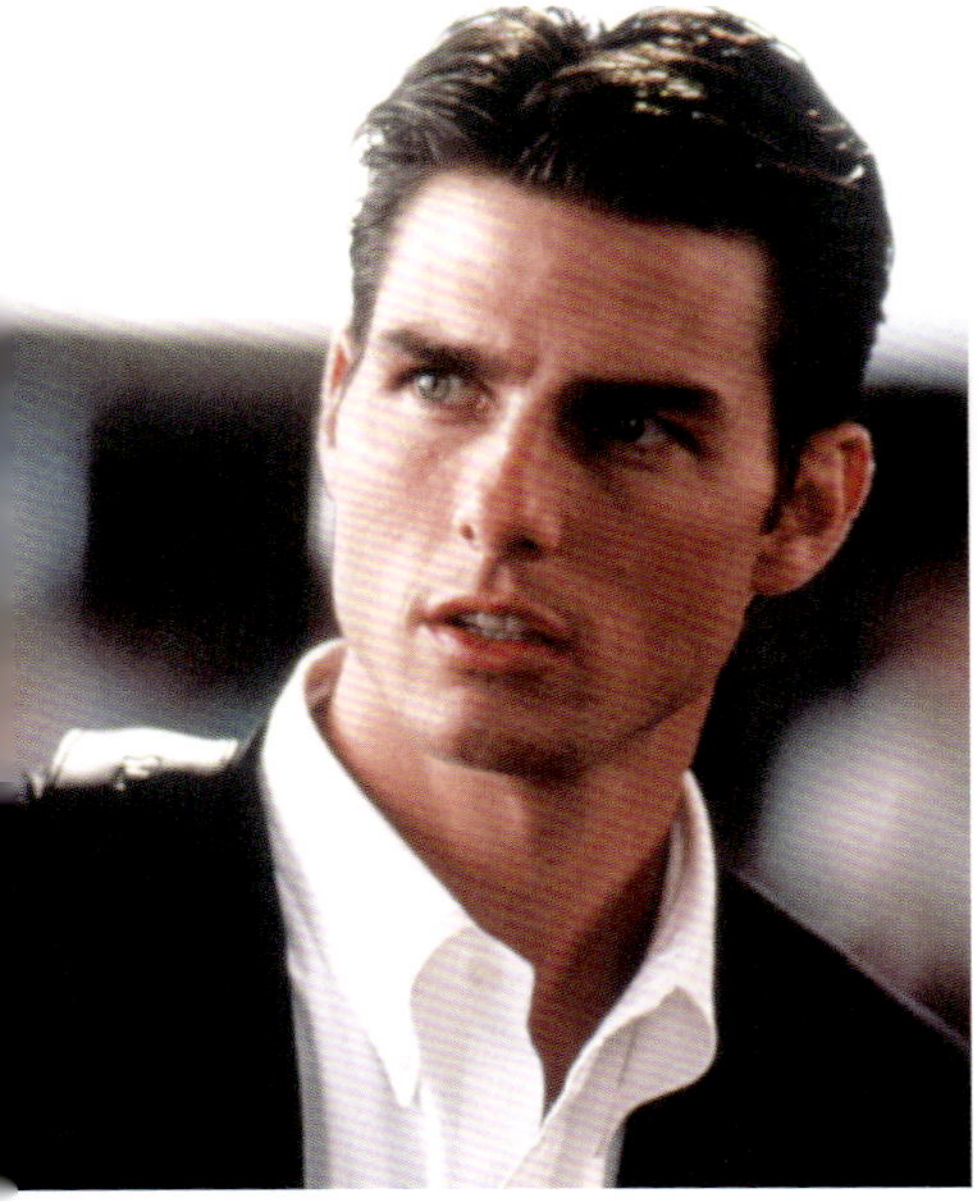

DATA

監督	キャメロン・クロウ
脚本	キャメロン・クロウ
製作	ジェームズ・L・ブルックス リチャード・サカイ ローレンス・マーク キャメロン・クロウ
出演者	ロッド・ティドウェル…キューバ・グッディング・Jr. ドロシー・ボイド…レネー・ゼルウィガー エヴリー・ビショップ… ケリー・プレストン フランク・クッシュマン…ジェリー・オコネル ボブ・シュガー…ジェイ・モーア ローレル・ボイド…ボニー・ハント マーシー・ティドウェル…レジーナ・キング レイ・ボイド…ジョナサン・リプニッキ チャド…トッド・ルイーゾ
音楽	ダニー・ブロムソン
撮影	ヤヌス・カミンスキー
編集	ジョー・ハッシング
製作会社	Gracie Films トライスター ピクチャーズ
配給	全米:ソニー・ピクチャーズ リリーシング 日本:コロンビア・トライスター映画
公開	全米:1996年12月6日 日本:1997年5月17日
上映時間	139分
製作費	50,000,000ドル
興行収入	世界:153,952,627ドル

BD INFORMATION

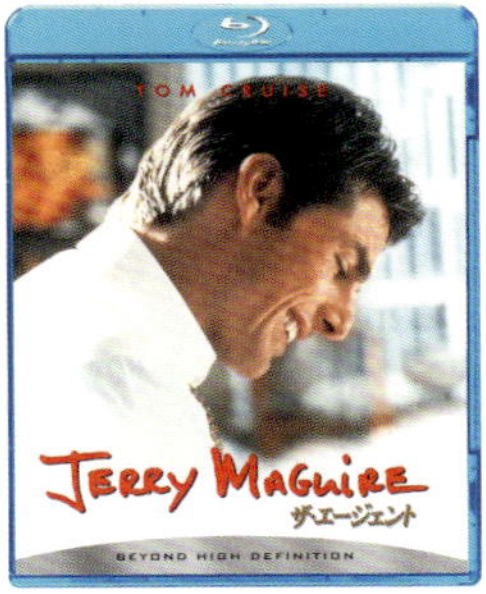

ザ・エージェント
デジタル配信中
Blu-ray好評発売中
2,619円（税込）
権利元:ソニー・ピクチャーズ エンタテインメント
発売・販売元:ハピネット・メディアマーケティング

ミッション：インポッシブル

Mission: Impossible

彼らは、不可能を可能にする!!

今、映画史に新たな記録誕生!!

全世界が注目の中、5月22日水メモリアル・ホリデーに全米3,012館で公開された「ミッション・インポッシブル」は、封切り6日間（22日～27日）で、74,906,420ドル（約80億円）を記録し、史上No.1の映画となった!!

これは、「ジュラシック・パーク」が1993年に打ち立てた74,139,360ドルを破り、映画史に残る大記録達成となった。

更にメモリアル・ホリデー・ウィークエンド（24日～27日）においても56,811,602ドルの新記録を樹立した。

他にも、水曜初日としての記録、公開前夜のプレビューでも動員記録。そして、本作品の3,012館はアメリカ映画史上最多の初日公開劇場数である。

「ミッション・インポッシブル」は、今後もあらゆる興行記録に挑戦し続けてゆく!!

トム・クルーズとデ・パルマが挑んだ
映画史上最大のプロジェクト!!
★今世紀最高の話題に包まれた超大作が遂に全貌を明らかにした
★絶対不可能な任務を遂行する最高機密組織I.M.F.
そのメンバーは、変装・侵入・コンピュータ操作・爆破・読唇など、あらゆる分野の究極のエキスパート達により結成された闇の組織。正体・目的・所属機関・行動エリア等は全く不明――。
だが、たった一つだけ確認されたデータが存在した。それは…
彼らは、不可能を可能にする!!
トム・クルーズ
ミッション:インポッシブル
厳禁!! 途中入場
7月13日(土)ロードショー！
特別鑑賞券（一般￥1500/学生￥1300/ペア￥2800）発売中
日比谷スカラ座 03(3591)5355
ニュー東宝シネマ 03(3571)1946
渋東シネタワー 03(5489)4210

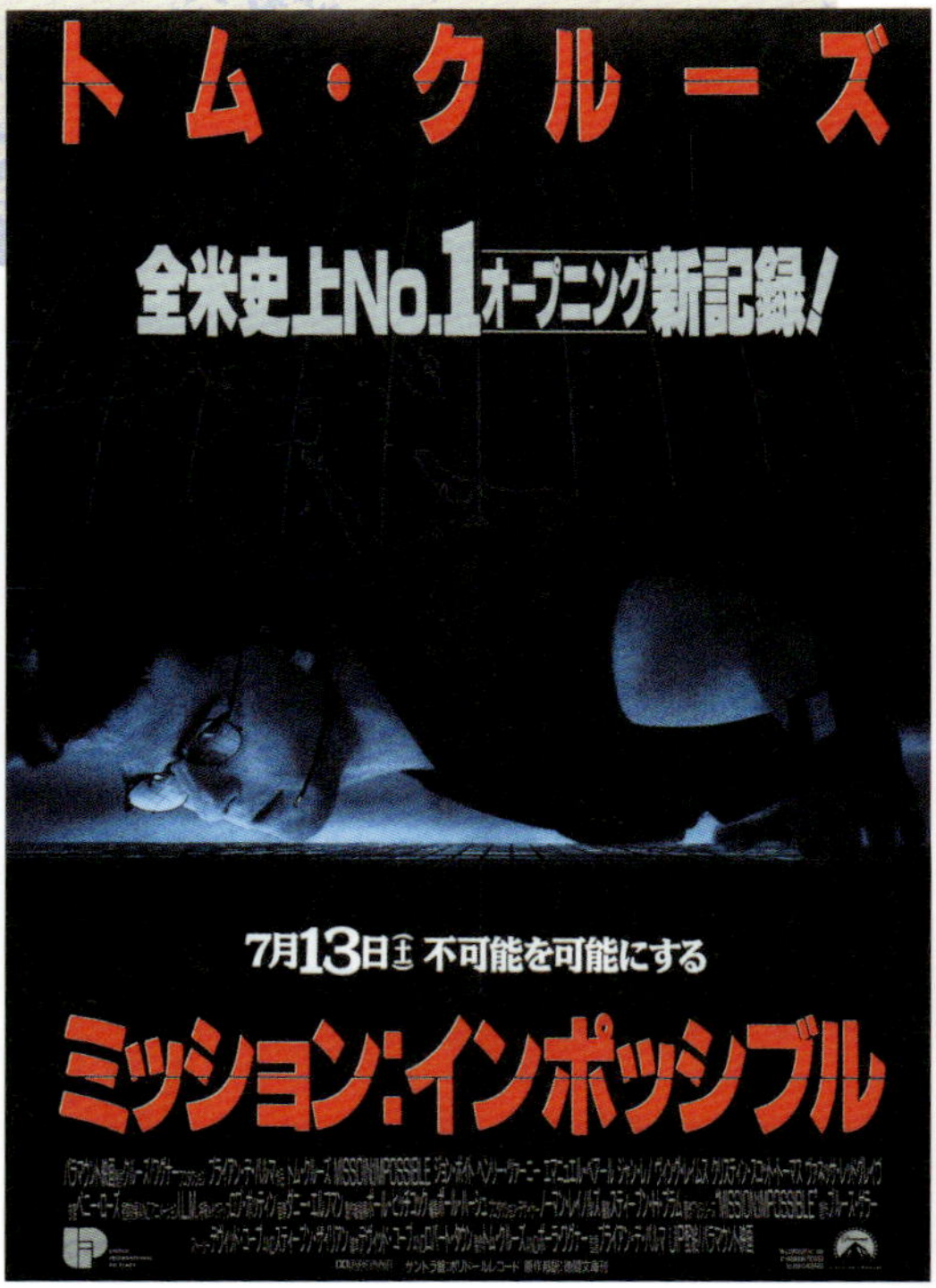

トム・クルーズ
全米史上No.1オープニング新記録！
7月13日(土) 不可能を可能にする
ミッション:インポッシブル

Story

CIAの極秘諜報部隊IMF（ImpossibleMissions Force、不可能作戦部隊）に所属するベテラン工作員のジム・フェルプス（ジョン・ヴォイト）の元に当局から指令が入った。任務は、プラハのアメリカ大使館から東欧に潜入しているCIAの非公式工作員の名簿「ノックリスト（NOC）」を盗んだアレクサンドル・ゴリツィン（マーセル・ユーレス）を捕らえること。しかし、盗まれたのは暗号名の情報だけ。リストを手に入れるためアレクサンドルが大使館のパーティーに現れることを知ると、ジムは作戦を立案。チームであるイーサン・ハント（トム・クルーズ）を含むIMFのメンバーを大使館に向かわせた。しかし、作戦は敵に知られており、ハッカーのジャック・ハーモン（エミリオ・エステベス）、工作員のサラ・デイヴィス（クリスティン・スコット・トーマス）、監視役のハンナ（インゲボルガ・ダクネイト）、さらにはアレクサンドルまでもが殺され、ジムも撃たれ、イーサンだけが生き残る。イーサンは、今回の任務の監督役であるCIAのユージーン・キトリッジ（ヘンリー・ツェニー）に会い援助を求めるが、IMFに内通者がいると聞かされる。今回の任務はそれを暴くために仕組まれたのだった。アンクサンドルも囮だったということだ。唯一生き残ったイーサンこそが内通者だと断定し逮捕しようとするが……。

イーサン・ハント

諜報機関「IMF」に所属する若手スパイ。トムは初めて製作も兼ね、映画化権の交渉から3年をかけて、自身のプロダクション「クルーズ／ワグナー・プロプロダクションズ」を1993年に設立し、その第1回作品として完成させた。オールスター作品となったが、「アウトサイダー」からの親友エミリオ・エステベスがノー・クレジットで友情出演しているのが泣ける。

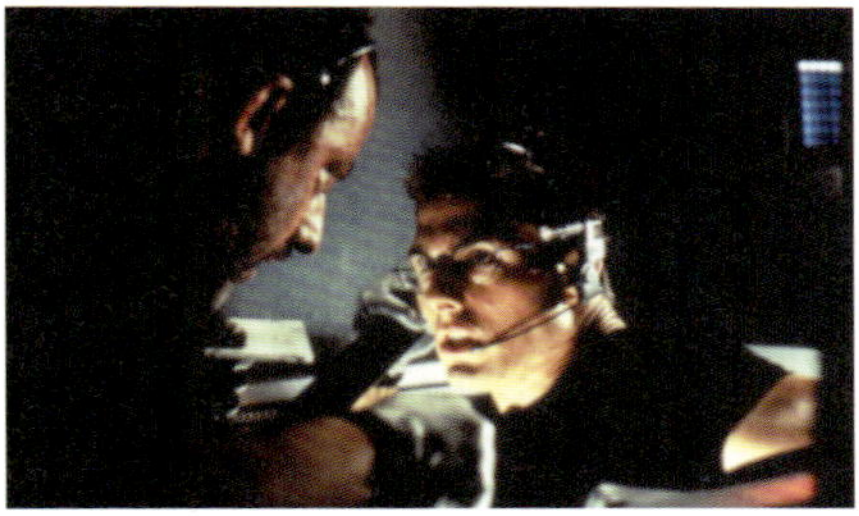

DATA

監督	ブライアン・デ・パルマ
脚本	デヴィッド・コープ ロバート・タウン
製作	トム・クルーズ ポーラ・ワグナー
製作総指揮	ポール・ヒッチコック
出演者	ジム・フェルプス…ジョン・ヴォイト クレア…エマニュエル・ベアール ユージン・キトリッジ／指令の声 …ヘンリー・ツェニー クリーガー…ジャン・レノ ルーサー・スティッケル…ヴィング・レイムス サラ・デイヴィス …クリスティン・スコット・トーマス マックス…ヴァネッサ・レッドグレイヴ ハンナ…インゲボルガ・ダクネイト ジャック・ハーモン…エミリオ・エステベス アレクサンドル・ゴリツィン…マーセル・ユーレス テレビのインタビュアー…ジョン・マクラフラン
音楽	ダニー・エルフマン
撮影	スティーヴン・H・ブラム
編集	ポール・ハーシュ
製作会社	パラマウント・ピクチャーズ クルーズ/ワグナー・プロダクションズ
配給	全米：パラマウント・ピクチャーズ 日本：パラマウント/UIP
公開	全米：1996年5月22日 日本：1996年7月13日
上映時間	110分
製作費	80,000,000ドル
興行収入	世界：457,696,391ドル 全米：180,981,856ドル 日本：65億円
配給収入	日本：36億円

BD&DVD INFORMATION

ミッション：インポッシブル
6 ムービー・コレクション
4K ULTRA HD＋Blu-rayセット：
25,080円

ミッション:インポッシブル
4K ULTRA HD＋Blu-rayセット：
6, 589円／ Blu-ray: 2,075 円／
DVD：1,572 円（全て税込）
発売元: NBCユニバーサル・
エンターテイメント

インタビュー・ウィズ・ヴァンパイア

Interview with the Vampire

勇気があるなら、聞かせてあげよう 僕たちの愛のすべてを—。

最も愛するものに
永遠の命を与えることのできる種族・ヴァンパイア。
選んだのは男。 選ばれたのも男。
トム・クルーズ、ブラッド・ピット、クリスチャン・スレーター
現代を鏡のように映し出すビッグ・スターの、不可能といわれていた共演がここに実現した。
あまりにも背徳的な
レスタト役は
トム・クルーズの大きな賭け
大胆にして冷酷、気まぐれでシニカル。氷のような美しさを持ち、愛を、死を、そして永遠の命さえも手玉に取るヴァンパイア——この映画の主役レスタトをトム・クルーズが演じると発表された時は、アメリカ映画界が騒然となった。アメリカを代表する正統派スターの彼が、男同士のエロティシズムに彩られたこの作品で、これまでとは180度違う背徳的なキャラクターを演じることはイメージダウンにもつながりかねない。トム・クルーズにとってこの役は、大きな賭けだったのだ。
それだけに、彼のこの映画への熱意はスタッフもたじろぐほどのすさまじさ。体重を落とし、髪も金髪に染めて、今までのイメージを覆す危険な美しさで、クールで現代的なヴァンパイアを演じている。アメリカで絶大な人気を誇るベストセラー作家である原作者アン・ライスは「彼はレスタトのイメージに合わない」と当初この配役に反対したが、完成した映画を観た後は態度を一変させ「私が愛するヒーロー、レスタトの魅力のすべてがトム・クルーズの想像もつかなかった新鮮な演技の中で息づいている」と大絶賛している。
相手役はブラッド・ピット
監督は『クライング・ゲーム』の
ニール・ジョーダン
トム・クルーズが演じるレスタトが、ともに永遠の命を生きる相手として選んだ男、ルイを演じるのは『リバー・ランズ・スルー・イット』のブラッド・ピット。レスタトへの愛と憎しみに引き裂かれる想いを、ニール・ジョーダン監督が「ブラッドは感情をまるでにじみ出るように表現してくれた」と絶賛した繊細さで演じている。ルイから話を引き出すインタビュアー役は、『トゥルー・ロマンス』に主演したクリスチャン・スレーター。現代社会を象徴するような現実的で野心家の若者を演じ、圧倒的な存在感を見せている。
監督のニール・ジョーダンは、『クライング・ゲーム』でアカデミー賞オリジナル脚本賞に輝いた、今最も注目される監督。スタッフにはアカデミー賞受賞経験者がズラリと顔を揃え、世界中が息を飲んでその完成を待った大作となった。
時を超え、暗闇を抜け、語り継がれて、伝説は生まれた。
もっとも愛するものに
永遠の命を与えることのできる種族・ヴァンパイア。
選んだ男トム・クルーズ。 選ばれた男 ブラッド・ピット。
すべての欲望は解き放たれ、愛の罪を裁く者はいない。
世紀末の夜を旅する、時の果てまで孤独な男たち。
彼らの中でもっとも美しい一人の男が、
200年の時をこえて、現代にたどり着いた。
そして、都会の片隅の一室で、
インタビュアーの質問に答え、
よく響く声で語り始める。
「勇気があるなら聞かせてあげよう。
僕たちの愛のすべてを…」
『クライング・ゲーム』のニール・ジョーダン監督作品
インタビュー ウィズ ヴァンパイア
INTERVIEW WITH THE VAMPIRE
12月より正月第1弾ロードショー！ 特別ご鑑賞券（一般¥1500/学生¥1300/ペア¥2800）発売中
有楽町マリオン新館7F 丸の内ルーブル 03(3214)7761
渋谷東急文化会館1F 渋谷パンテオン 03(3407)7219
新宿歌舞伎町 新宿ミラノ座 03(3202)1189
池袋東口・三越前・池袋とうきゅうビル7F 池袋東急 03(3971)2727
京成上野駅・池ノ端口前 上野東急 03(3831)6620

トム・クルーズ
『クライング・ゲーム』のニール・ジョーダン監督作品
インタビュー ウィズ ヴァンパイア
INTERVIEW WITH THE VAMPIRE
ブラッド・ピット
アントニオ・バンデラス
スティーヴン・レイ
クリスチャン・スレーター
勇気があるなら、聞かせてあげよう
僕たちの愛のすべてを——。

Story

時は現代、サンフランシスコ。とある部屋で野心的な若者であるライターのダニエル・マロイ（クリスチャン・スレーター）が、黒髪の青年ルイ・ド・ポワント・デュ・ラック（ブラッド・ピット）へインタビューを始めた。ルイは、２００年というその驚くべき半生を語り始める。18世紀末のアメリカ、ニューオリンズ。フランス移民で農場主のルイは当時25歳。最愛の妻と娘を亡くして絶望で自暴自棄になったルイにレスタト・デ・リオンコート（トム・クルーズ）と名乗る男が近づく。その男の正体は、生き血を糧に永遠の時を生きるヴァンパイアであった。レスタトは、人間的で弱く繊細な魂を持つルイに魅力を感じ、永遠を共に生きる伴侶としてルイを選ぶ。首筋に牙を立てられ「このまま死ぬか。共に生きるか。」という選択を与えられたルイは、ヴァンパイアとして生きる道を選んだ。しかし、ルイは欲望のまま人を襲い続けるレスタトと違い、人の命を奪って生きることができない。ルイはある日、美しい少女クローディア（キルスティン・ダンスト）に出会う。ペストの蔓延により両親を失い傷心のクローディアを、ルイは抱きしめるが、喉の渇きに耐え切れずクローディアの首に噛み付いてしまう。それを陰で見ていたレスタトは大喜びし、クローディアをヴァンパイアとして蘇生させる。

DATA

監督	ニール・ジョーダン
脚本	アン・ライス
原作	アン・ライス 『夜明けのヴァンパイア』
製作	スティーヴン・ウーリー デヴィッド・ゲフィン
出演者	ルイ・ド・ポワント・デュ・ラック…ブラッド・ピット クローディア…キルスティン・ダンスト ダニエル・マロイ…クリスチャン・スレーター サンティアゴ…スティーヴン・レイ アーマンド…アントニオ・バンデラス イヴェット…タンディ・ニュートン
音楽	エリオット・ゴールデンサール
主題歌	ガンズ・アンド・ローゼズ 「悪魔を憐れむ歌」
撮影	フィリップ・ルースロ
編集	ミック・オーズリー
製作会社	ゲフィン・ピクチャーズ
配給	ワーナー・ブラザース
公開	全米：1994年11月11日 日本：1994年12月10日
上映時間	123分
製作費	60,000,000ドル

BD&DVD　INFORMATION

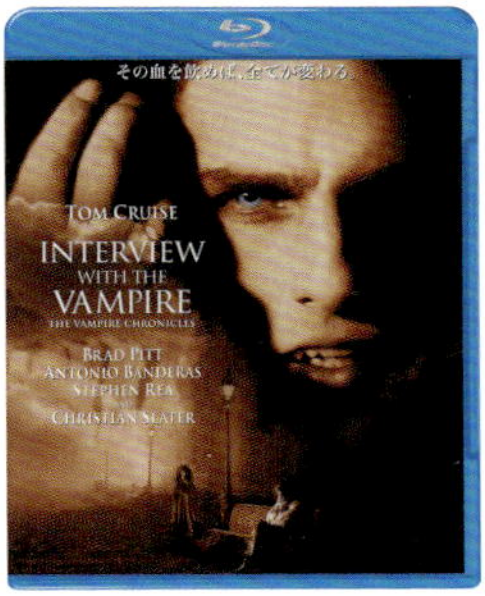

インタビュー・ウィズ・ヴァンパイア
Blu-ray：2,619円／
DVD：1,572円（全て税込）
発売元：ワーナー・ブラザース ホームエンターテイメント
販売元：NBC ユニバーサル・エンターテイメント

レスタト・デ・リオンコート

人の生き血を糧に永遠の時を生きる吸血鬼。トムは、出演が決まると著者のアン・ライスの全著作を読破、ピアノのレッスンを始め、ヨーロッパ文化の歴史を勉強、体重を5キロ落とし、髪をブロンドに染めて役作りを行った。ところが、ミスキャストだと著者のライスから批判を浴びてしまう。しかし、トムの並々ならぬ努力の上に仕上がった映画を観て、ライスは一転して絶賛した。

ザ・ファーム 法律事務所

THE FIRM

彼の夢が野望に変った時、巨大な黒い力が動き始めた…

THE FIRM
ザ・ファーム
法律事務所
LAW JOURNAL
★人気、実力 No.1スター、トム・クルーズ最新作！
第一級のサスペンス小説が、超一流のスタッフとキャストの集結によって映像化された本年度最高のエンターテイメント・ミステリー「ザ・ファーム／法律事務所」。
ジョン・グリシャムの原作「法律事務所」は、全米で発売されて以来800万部以上を売り尽くし、連続50週に渡りベストセラー・リストにとどまるという脅威を成し遂げた。すでに活字になる前の段階で映画化権が買い取られ、その後、各国の無数の出版社で争奪戦が繰り広げられるという、前代未聞の熱狂ぶりであった。
スピーディな物語展開、息もつかせぬサスペンス──かつてない緊迫感溢れる圧倒的な画面の連続で、映画「ザ・ファーム／法律事務所」は、原作を超えたとの呼び声が高い！
ミッチェル・Y・マクディーア。ハーバード大学をトップの成績で卒業した彼は、全米で最高ランクの法律事務所3社から内定通知を受け取っていた。だが、彼が選んだのは〈ベンディニ・ランバート&ロック法律事務所〉。この少数精鋭の事務所は、全米の優秀な法学部の学生をふるいにかけ、ミッチェルただ一人に白羽の矢を立てた。「我社が今年採用する弁護士は君だけだ。給料は希望額の20％増し、昇給は10％、税務専門だからクライアントは金持ちだけ。お陰でうちの弁護士は45歳で百万長者。破格のボーナス、新居購入の低利ローン。車は君の好きな色のベンツを提供する。一生この会社で働いてくれるね、ミッチ？　今まで入社後、辞めた者は一人もいない……一人もね」
一番望んでいた成功を手にしたかに思えたミッチェルの前に、驚くべき事実が発覚！
──この法律事務所の中に不審な死を遂げた5人の弁護士がいる──
死の謎を探るうち、事務所を陰で操る巨大な悪の組織が浮上する。しかし、それを知った時、ミッチェルは彼らと対決する運命の中に、すでに身を投げていた。命をかけた絶望の戦いの中に……。
自らのハングリー精神を投影したかのような若きエリート弁護士ミッチェル・Y・マクディーアに生命を吹き込んだのは、トム・クルーズ。「トップガン」から「遥かなる大地へ」、そして「ア・フュー・グッドメン」まで、常に代表作といえる作品を残してきた彼にとって、本作は正に宿命の作品といえる。彼をサポートするのは名優ジーン・ハックマン。「フレンチ・コネクション」でアカデミー主演賞を受賞、「許されざる者」の助演で再びオスカーを獲得した彼は、ミッチェルの上司エイヴァリー・トラーを演じ、濃厚なサスペンスにより一層の深みを与えている。そして、製作者として「推定無罪」「愛と死の間で」、また監督として「追憶」「愛と哀しみの果て」など数々の名作を贈り続けるシドニー・ポラック。今回も、名匠ならではの絶妙な演出を披露している。
日本中のミステリー・ファンのみならず、全映画ファン必見の傑作「ザ・ファーム／法律事務所」は、尽きることのない期待に包まれながら、今、確実に公開へと向かっている！
7月24日(土)より夏休みロードショー！ 特別ご鑑賞券（一般¥1400/学生¥1200/ペア券¥2600）発売中
丸の内ピカデリー1 03(3201)2881
新宿ピカデリー1 03(3352)1771
横浜ピカデリー 045(261)2886
川崎チネグランデ 044(211)6125
ららぽーとセントラル 0474(31)0088

トム・クルーズ
彼の夢が野望に変った時
巨大な黒い力が動き始めた…
シドニー・ポラック監督作品
ザ・ファーム
法律事務所

Story

貧しい生まれのミッチ・マクディーア（トム・クルーズ）は、ハーバード大学の法律大学院を優秀な成績で卒業し、破格ともいえる最高の労働条件を提示したテネシー州メンフィスにある少数精鋭の税務専門のベンディニ・ランバート&ロック法律事務所に就職した。ミッチは、幼稚園の教員で妻のアビー（ジーン・トリプルホーン）と共にメンフィスで新しい暮らしを始める。そこには一軒家や高級外車があり、一変したセレブ生活に戸惑う。ミッチの指導係となった弁護士エイヴァリー・トラー（ジーン・ハックマン）は、女遊びが派手な人物で、アビーに目をつける。そんな上司・エイヴァリーの下で猛烈に働き始めたミッチだったが、事務所の若手弁護士が2人、ケイマン諸島でのダイビング中に謎の事故死を遂げたと聞く。そして、FBI捜査官のウェイン・タランス（エド・ハリス）が、過去にも事務所の若手弁護士が死んでいる事実と、それが事故死ではないことをミッチに告げる。そんな折、ミッチは依頼人と会うためケイマン島に向かう。そして、島の事務所が所有するコテージで偶然、書類の隠し部屋を見つけてしまう。それは死んだ若手弁護士たちの情報や、マフィアの隠し資産を記した秘密書類だった。島から戻ったミッチは、兄の紹介で私立探偵のエディ・ロマックス（ゲイリー・ビジー）に調査を依頼するが……。

DATA

監督	シドニー・ポラック
脚本	ロバート・タウン デヴィッド・レイフィール デヴィッド・レーブ
原作	ジョン・グリシャム 『法律事務所』
製作	シドニー・ポラック スコット・ルーディン ジョン・デイヴィス
製作総指揮	マイケル・ハウスマン リンゼイ・ドーラン
出演者	アビー・マクディーア…ジーン・トリプルホーン エイヴァリー・トラー…ジーン・ハックマン ウェイン・タランス…エド・ハリス タミー・ヘンフィル…ホリー・ハンター オリヴァー・ランバート…ハル・ホルブルック レイ・マクディーア…デヴィッド・ストラザーン ウィリアム・デヴァシャー…ウィルフォード・ブリムリー エディ・ロマックス…ゲイリー・ビジー ノルディックマン…トビン・ベル ロイス・マクナイト…ジェリー・ハーディン ラマー・クイン…テリー・キニー F・デントン・ヴォイルズ…スティーヴン・ヒル
音楽	デイヴ・グルーシン
撮影	ジョン・シール
編集	フレドリック・スタインカンプ ウィリアム・スタインカンプ
配給	全米:パラマウント・ピクチャーズ 日本:パラマウント / UIP
公開	全米:1993年6月30日 日本:1993年7月24日
上映時間	155分
製作費	42,000,000ドル
興行収入	世界:270,248,367ドル 全米:158,348,367ドル
配給収入	日本:11億円

BD&DVD INFORMATION

ザ・ファーム 法律事務所
4K ULTRA HD＋Blu-ray
セット：6,589円／
Blu-ray：2,619円／
DVD：1,572円（全て税込）
発売元: NBCユニバーサル・エンターテイメント

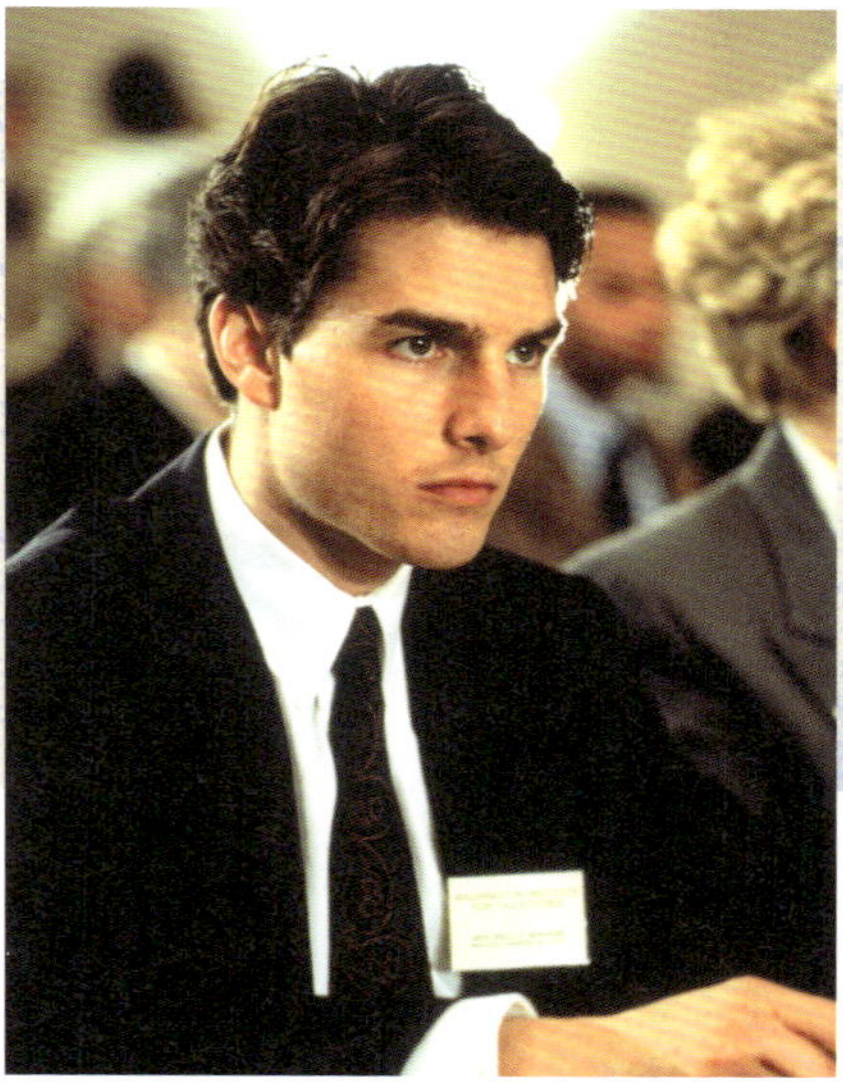

ミッチ・マクディーア

ハーバード大学卒のエリート弁護士。売り上げ800万部以上のジョン・グリシャム著の小説『法律事務所』の映画化。オールスター出演も相まって本作は大ヒットを記録。トムは、これを機に自らの製作プロダクション「クルーズ／ワグナー・プロダクションズ」を設立。そして、この頃から映画化権の交渉を続けて1996年に完成させたのが「ミッション：インポッシブル」である。

ア・フュー・グッドメン

A Few Good Men

巨大な権力に挑む弁護士たちの活躍を描く法廷サスペンス

93年度アカデミー賞最有力候補作品
全米で早くも湧き上がる絶賛の声
クリスマス・シーズン最高の作品。
人気、演技力ともに実力十分のトム・クルーズが完璧なはまり役として、
がむしゃらで傷つきやすい青年海軍弁護士を熱演。
ジャック・ニコルソンは超一流。
デミ・ムーアはかつての出演作で最高の演技を披露。
3人ともがオスカー・ノミネーションは絶対、間違いなし。
もちろん、監督ロブ・ライナー、脚本家アーロン・ソーキン（脚色賞）の
オスカー・ノミネーションは確実だ。
（マーティン・グローブ氏・評／ハリウッド・レポーター（ショウビズTODAY解説者））
TOM CRUISE
JACK NICHOLSON
DEMI MOORE
A FEW GOOD MEN
「ア・フュー・グッドメン（優れた者たち）」は
“優れた”オスカーのノミネートを得るに値する作品だ。
キャッスルロック・エンタテインメントは、
興行成績、各映画賞、評論家というすべての最前線で
恐るべき最強の攻撃者となるだろう。
（ハリウッド・レポーター紙・評）
「ア・フュー・グッドメン」はハリウッドのメジャー作品の
ベスト・オブ・ベストだ。
全面的な賛辞を浴びるにふさわしい魅力をすべて持ちあわせている。
映画界のトップスターたちの競演、ブロードウェイで磨かれた脚本の良さ、
ダビデとゴリアテの戦いを思わせる大迫力の法廷シーン。
大変シリアスな内容を扱いながらも、
正義をふりかざす過剰さは微塵もない。
観る者の心に残る本物の感動、そして最高のクォリティをもっている。
（デイリー・バラエティ紙・評）
ア・フュー・グッドメン
新春第2弾ロードショー！
●特別ご鑑賞券発売中〈一般1,400円／学生1,200円／ペア券（お二人で・劇場窓口のみ）2,500円〉
日劇プラザ
渋東シネタワー
新宿プラザ
上野宝塚
横浜東宝会館
川崎チネチッタ

トム クルーズ
ジャック ニコルソン
デミ ムーア
93年ゴールデン・グローブ賞
最多5部門にノミネート
最優秀作品賞／ドラマ部門
最優秀主演男優賞／ドラマ部門－トム・クルーズ
最優秀助演男優賞／ジャック・ニコルソン
最優秀監督賞／ロブ・ライナー
最優秀脚本賞／アーロン・ソーキン
ア・フュー・グッドメン
A FEW GOOD MEN

Story

キューバのグァンタナモ米軍基地で海兵隊員ウィリアム・T・サンティアゴ一等兵（マイケル・デロレンツォ）が殺害された。犯人は同じ部隊のハロルド・W・ドーソン上等兵（ウォルフガング・ボディソン）とローデン・ダウニー一等兵（ジェームズ・マーシャル）。検察官ジャック・ロス大尉（ケヴィン・ベーコン）は、2人を殺人罪で起訴する。内部調査部のジョアン・ギャロウェイ少佐（デミ・ムーア）が、被告の弁護を申し出るが、法廷経験のないダニエル・キャフィ中尉（トム・クルーズ）が任命される。ダニエルは裁判を簡単にすませようとしたが、ジョアンが司法長官だったダニエルの父のことを持ち出し叱咤。サム・ワインバーグ中尉（ケヴィン・ポラック）と3人で裁判に臨む。調査を始めると被告たちは上官ジョナサン・ケンドリック中尉（キーファー・サザーランド）から、軍隊内の落ちこぼれに対する通称「コードR」（CODE RED：規律を乱す者への暴力的制裁）の命令を受けていた。ウィリアムは訓練に耐えかねて、ハロルドによる不法発砲事件の情報提供と引き換えに、基地からの転籍を申し出ていたのだった。それを知った最高指揮官ネイサン・R・ジェセップ大佐（ジャック・ニコルソン）は激怒。マシュー・アンドリュー・マーキンソン中佐（J・T・ウォルシュ）の反対を押し切りコードRの実行を示唆する。

DATA

監督	ロブ・ライナー
脚本	アーロン・ソーキン
原作	アーロン・ソーキン
製作	デヴィッド・ブラウン ロブ・ライナー アンドリュー・シェインマン
製作総指揮	ウィリアム・S・ギルモア レイチェル・ファイファー
出演者	ネイサン・R・ジェセップ大佐…ジャック・ニコルソン ジョアン・ギャロウェイ少佐…デミ・ムーア ジャック・ロス大尉…ケヴィン・ベーコン ジョナサン・ケンドリック中尉 …キーファー・サザーランド サム・ワインバーグ中尉…ケヴィン・ポラック マシュー・アンドリュー・マーキンソン中佐 …J・T・ウォルシュ ローデン・ダウニー一等兵…ジェームズ・マーシャル ハロルド・W・ドーソン上等兵 …ウォルフガング・ボディソン ウィリアム・T・サンティアゴー等兵 …マイケル・デロレンツォ ストーン軍医中佐…クリストファー・ゲスト ジュリアス・アレクサンダー・ランドルフ大佐 …J・A・プレストン デイブ・スプラドリング中尉…マット・クレイヴン カール・ハマカー伍長 …キューバ・グッディング・ジュニア ジェフリー・バーンズ伍長… ノア・ワイリー ウィテカー大佐…ザンダー・バークレー
音楽	マーク・シャイマン
撮影	ロバート・リチャードソン
編集	ロバート・レイトン
製作会社	キャッスル・ロック・エンターテインメント
配給	コロンビア ピクチャーズ
公開	全米:1992年12月11日 日本:1993年2月20日
上映時間	137分
製作費	40,000,000ドル
興行収入	世界:243,240,178ドル

BD INFORMATION

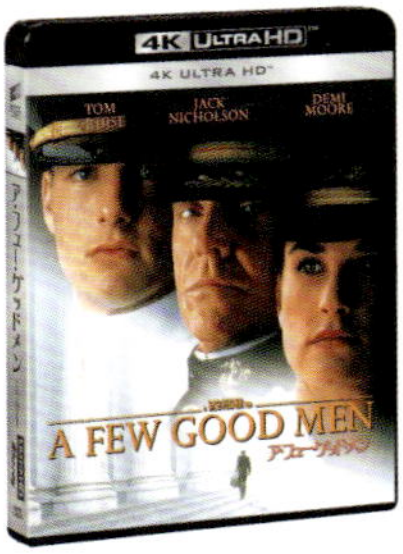

ア・フュー・グッドメン
デジタル配信中
4K ULTRA HD 好評発売中
5,217円（税込）
権利元：ソニー・ピクチャーズ エンタテインメント
発売・販売元：ハピネット・メディアマーケティング

ダニエル・キャフィ

ハーバード大学出身の海軍法務部（JAG）所属法務官。アーロン・ソーキンの脚本による同名の舞台劇の映画化。ジャック・ニコルソン演じるネイサン・R・ジェセップ大佐が言う「You can't handle the truth!（お前は真実を受け入れられない!）」は、アメリカ映画の名セリフベスト100において29位にランクインされている。トムが劇中、大佐のモノマネをするのはアドリブである。

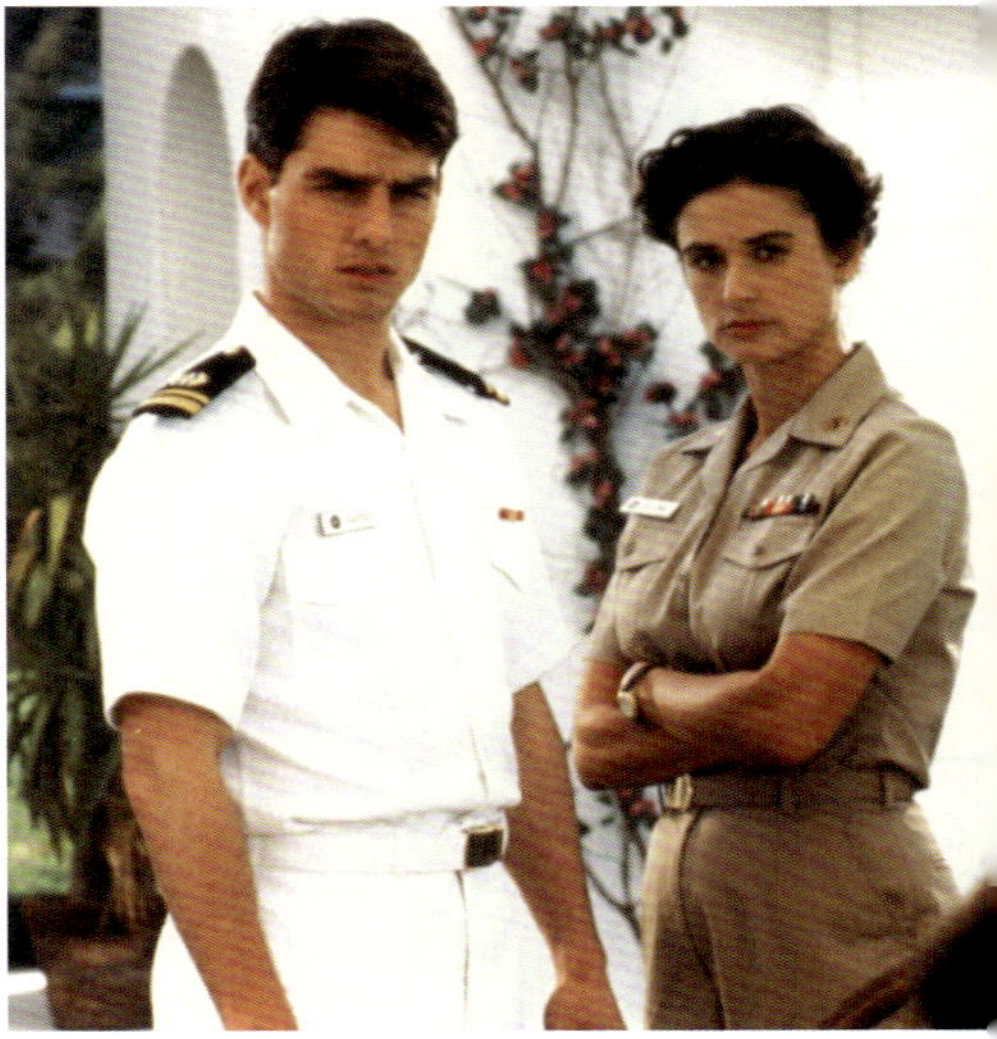

遥かなる大地へ

Far and Away

夢を実現するため、新天地に旅立った男と女のロマン！

夢を追い求めて、若い二人は旅立った。明日の希望を信じ、新しい国アメリカへ。だが、彼等の行く手には苦難の道が長く続いていた…。
すべての人に夢と希望を与える国として生まれたアメリカに、自分達の人生を賭けて渡った一組の若い男と女。彼等と同じように若いエネルギーに満ちてはいるが、また確たる姿を見せないアメリカで、二人は壮大な人生のドラマを綴っていく。この「遥かなる大地へ」は、大国誕生へ向けてエネルギッシュに時代を歩み始めたアメリカを背景にして、激しく燃えるかのように生きた若い男と女の姿を描ききったアドベンチャー・ロマン超大作。
この雄大な一大ドラマを完璧な迫力で表現するため、この作品は世界で初のパナビジョン・スーパー70ミリ撮影方式を導入。今まで目にすることのなかった迫力と、繊細な描写を見事にスクリーンに再現してみせる。
主演は、「トップガン」で世界的スターとなり、その後も若手俳優の代表としてめざましい活躍を続けているトム・クルーズ。相手役のヒロインには、「デイズ・オブ・サンダー」でクルーズと共演、プライベートの面でも彼の良き伴侶となったニコール・キッドマンが扮している。
監督は、スピルバーグ、ルーカス、コッポラ時代の後を継ぐエンターテイメント映画のホープで、「バックドラフト」を演出したロン・ハワードが担当している。
物語は、アイルランドから始まる。貧しい農民の子ジョセフは父を失ない家を焼かれた復讐のために地主の土地に忍び込み、偶然、地主の娘シャノンと知り合った。互いに反感を抱きながらも二人は自由と希望を求め、一緒にアメリカに渡る。予想に反してスラム化していたボストンの街で二人は兄妹と偽り、肉体労働を続けた。だが、しばらくして二人は下宿を追い出されてしまう。冬の街で、無人の邸宅に忍び込んだ二人だったが、戻って来た住人に見つかり、
映画史上初ーー！
パナビジョン・スーパー70ミリ方式作品!!
CAST
STAFF
製作ブライアン・グレイザー/ロン・ハワード
脚本ボブ・ドルマン
ストーリー…ボブ・ドルマン/ロン・ハワード
製作総指揮…トッド・ハロウェル
撮影…ミカエル・サロモン
音楽…ジョン・ウイリアムス
PANAVISION
SUPER 70
ロン・ハワード監督作品
遥かなる大地へ
FAR AND AWAY

トム・クルーズ
それぞれの夢を追い求めて
二人は旅立った…
ニコール・キッドマン
ロン・ハワード監督作品
遥かなる大地へ
イマジン・フィルムズ・エンタテイメント/ブライアン・グレイザー/トム・クルーズ/ニコール・キッドマン"FAR AND AWAY"
サントラ盤:MCAビクター
UIP配給
◆映画史上初！パナビジョン・スーパー70ミリ作品◆

Story

1892年。西アイルランドの海辺の村。ジョセフ・ドネリー（トム・クルーズ）は父と2人の兄と共に貧しい生活を続けていた。地主に地代を払って農業を営む小作農民たちは、裕福な地主の横暴に怒り、抗議運動を始めていた。ある日、農民たちに詰め寄られた地主の一人が銃を発砲。ジョセフの父親に当たってしまう。重傷を負った父親は、ジョセフに、「土地を持て」と言い残して亡くなった。葬儀の日、地主の手下に家を焼かれたジョセフは、地主のダニエル・クリスティ（ロバート・プロスキー）を殺害することを決意し、銃を片手に旅立った。ダニエルの家に忍び込んだジョセフはダニエルの娘シャノン（ニコール・キッドマン）に出会い、シャノンのフィアンセであるスティーブン・チェイス（トーマス・ギブソン）と決闘することに。しかし決闘の日、突然馬車に乗って現れたシャノン。シャノンは上流社会に嫌気がさし、自分の土地を手に入れられるアメリカに向かうために家出を計画していたのだった。ジョセフは、はじめは自分を召使い扱いする高飛車なシャノンに反発して断るが、2人でアメリカ行きの船に乗った。しかし、たどりついたボストンの港で船を降りると、すぐさま港の群衆に身ぐるみを剥がされる。果たして2人はアメリカで夢をつかむことができるのか！

DATA

監督	ロン・ハワード
脚本	ボブ・ドルマン
原案	ロン・ハワード
	ボブ・ドルマン
製作	ブライアン・グレイザー
	ロン・ハワード
製作総指揮	トッド・ハロウェル
出演者	シャノン・クリスティ…ニコール・キッドマン
	スティーブン・チェイス…トーマス・ギブソン
	ダニエル・クリスティ…ロバート・プロスキー
	ノーラ・クリスティ…バーバラ・バブコック
	ケリー…コルム・ミーニイ
	グレイス…ミシェル・ジョンソン
	バーク…ウェイン・グレイス
	パディ…ジャレッド・ハリス
	コルム…スティーヴ・オドンネル
	社会的なクラブの警官…ブレンダン・グリーソン
音楽	ジョン・ウィリアムズ
主題歌	エンヤ
	「BOOK OF DAYS」
撮影	ミカエル・サロモン
編集	マイク・ヒル
	ダニエル・P・ハンリー
製作会社	イマジン・エンターテインメント
配給	全米:ユニバーサル・ピクチャーズ
	日本:UIP
公開	全米:1992年5月22日
	日本:1992年7月18日
上映時間	140分
製作費	60,000,000ドル
興行収入	世界:137,783,840ドル
	全米:58,883,840ドル

BD&DVD INFORMATION

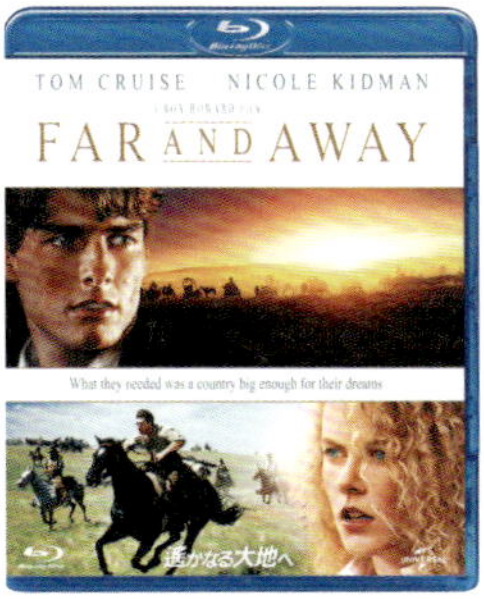

遥かなる大地へ
Blu-ray : 2,075円／
DVD : 1,572円（全て税込）
発売元 : NBCユニバーサル・エンターテイメント

ジョセフ・ドネリー

夢を実現するためアイルランドよりアメリカへと渡った青年。トムとニコール・キッドマンが夫婦となってから初めての共演となった。物語は19世紀のアメリカ・オクラホマ州で実際に起こったランドラッシュをベースにしている。この壮大なるアドベンチャーロマンを映像化するため、映画史上初となる“パナビジョン・スーパー70mm方式”の撮影が行われた。

デイズ・オブ・サンダー

Days of Thunder

デイトナを“稲妻”が駆け抜ける!!

全米公開6・27
日本公開6・29
世界が稲妻を待っている!
今、もっともホットな映画がこれだ!!
CRUISE
トム・クルーズ
若さとハンサムなマスクを武器にスクリーンに登場するやいなや人気爆発。その勢いで次々に話題作に出演したトム・クルーズは、一本の映画にめぐり会い演技開眼した。その「レインマン」でアカデミー賞の作品賞やダスティン・ホフマンに主演男優賞をもたらすなど数々の栄光を与える。そして、続く「7月4日に生まれて」では存分に演技力を発揮し、自らもアカデミー賞主演男優賞のノミネートに名を連ねた。若くして、人気だけではなく実力をも兼ね備える大スターとなった彼は、ナンバー・ワンの地位についた時、再びスターの原点を知ろうとした。役者として、人間として、燃える若さと、人生をスクリーンに賭けたいと。
アメリカを代表するトップ・スターとなったトム・クルーズが、役者としての原点にかえり、命を賭けた青春を鮮烈に演じきったダイナミックな超話題作だ。
《トップガン》のベスト・メンバーが再び…
「フラッシュダンス」で踊ることに青春を燃焼させる少女の姿を、「トップガン」でアメリカ海軍のエリート・パイロットの愛と青春を描いた、ドン・シンプソン、ジェリー・ブラッカイマー。アメリカ映画最高のヒットメーカーとして君臨している黄金のコンビが、トム・クルーズとチームを組んで放つ待望の作品である。
時速300キロを越すスピードで争われるストックカー・レース。80年代に驚異的な発展を遂げ、何百万人ものファンと何億ドルにも及ぶスポンサー資金を集めた人気急上昇のモータースポーツ。ファンを熱狂させる猛スピードのレースは、それだけに多大な危険をともなっている。
ストックカー・レースに生きる若者の姿をとおして、夢や友情、挫折、希望、そして、愛といった青春の日々を、斬新で鮮烈なダイナミックなレース・シーンと、ビートはじけるエキサイティングな音楽とともに描く。日米同時公開の大作である。
Thunder
ドン・シンプソン ジェリー・ブラッカイマー・プロダクション
デイズ・オブ・サンダー
6月29日(金)よりロードショー
特別ご鑑賞券(一般¥1300/学生¥1100/ペア券¥2300)発売中
丸の内ルーブル
渋谷パンテオン
新宿ミラノ座
新宿東映パラス
池袋東急
上野東急
千葉劇場

トム・クルーズ
この夏、稲妻《サンダー》のように——
クルーズ最新作!!
《トップガン》のベスト・メンバー再び…
デイズ・オブ・サンダー

Story

才能あふれる野心家であるドライバーのコール・トリクル（トム・クルーズ）。かつて自動車クラブ選手権で数々の勝利を収めながらフォーミュラカーのレーサーとしては挫折した経験をもつ。コールは、ノース・カロライナ州にあるシボレーディーラーの大物でNASCARチームオーナーでもあるティム・ダランド（ランディ・クエイド）により、ストックカードライバーとしての才能を見出される。ティムは、レースカーのビルダーとして名を博したハリー（ロバート・デュヴァル）に、レースの話を持ちかけ、ハリーにコールを紹介する。コールはローディ・バーンズ（マイケル・ルーカー）の車に乗り込むとコース内を爆走。ローディのトライアル・タイムを一気に追い抜いてしまう。ティムは大喜びし、ハリーもコールをドライバーに迎えることにし、車改造を承諾した。そしてコールとティムとハリーはデイトナ・レースでの優勝を誓い合った。ハリーはコールに自分のやり方を教えこんだ。するとコールは瞬く間に上達し、トップドライバーへと成長する。しかし、前途洋々と思われたある日、コールはレース中に大事故に巻き込まれ重傷を負う。ヘリコプターで病院に運ばれたコールは、そこで美人女医のクレア・ルイッキー（ニコール・キッドマン）と出会う。

コール・トリクル

若手NASCARドライバー。コールと恋に落ちる女医クレアにニコール・キッドマンを抜擢したのはトム。ニコールの主演作「デッド・カーム／戦慄の航海」を観て惚れ込み、オーストラリアの無名女優だったニコールをハリウッドに呼んだ。そして、1989年8月に初対面。本作の共演をきっかけに交際を始め、1990年12月24日に結婚した。

BD&DVD INFORMATION

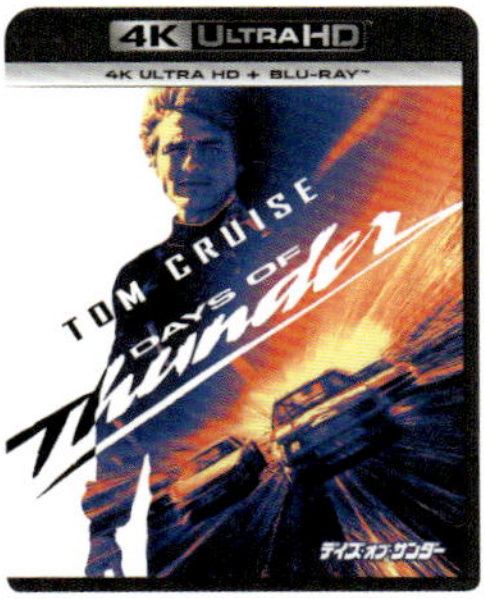

デイズ・オブ・サンダー
4K ULTRA HD＋Blu-ray
セット：6,589円／
Blu-ray：2,619円／
DVD：1,572円（全て税込）
発売元：NBCユニバーサル・エンターテイメント

DATA

監督	トニー・スコット
脚本	ロバート・タウン
原案	ロバート・タウン トム・クルーズ
製作	ドン・シンプソン ジェリー・ブラッカイマー
製作総指揮	ジェラルド・R・モーレン
出演者	ハリー・ホッグ…ロバート・デュヴァル クレア・ルイッキー…ニコール・キッドマン ティム・ダランド…ランディ・クエイド ラス・ウィ-ラー…ケイリー・エルウィズ ローディ・バーンズ…マイケル・ルーカー ビック・ジョン…フレッド・ダルトン・トンプソン バック・ブレザトン…ジョン・C・ライリー ワデル…J.C.クイン ジェニー・バーンズ…キャロライン・ウィリアムズ ダーリーン…ドナ・ウィルソン レン・ドートート…ジョン・グリースマー
音楽	ハンス・ジマー
撮影	ウォード・ラッセル
編集	ビリー・ウェバー マイケル・トロニック クリス・レベンゾン
配給	全米：パラマウント・ピクチャーズ 日本：UIP
公開	全米：1990年6月27日 日本：1990年6月29日
上映時間	107分
製作費	60,000,000ドル
興行収入	世界：157,920,733ドル

7月4日に生まれて

Born on the Fourth of July

戦争とは…平和とは…　実話に基づく社会派ドラマ

スタッフ

監督	オリバー・ストーン
製作	A・キットマン・ホー
〃	オリバー・ストーン
脚色	オリバー・ストーン
〃	ロン・コービック
原作	ロン・コービック
撮影	ロバート・リチャードソン
プロダクション・デザイナー	ブルーノ・ルベオ
編集	デビッド・ブレナー
音楽	ジョン・ウィリアムス
衣装	ジュディ・ラスキン

キャスト

ロン・コービック	トム・クルーズ
〃（少年時代）	ブライアン・ラーキン
チャーリー	ウィレム・デフォー
父	レイモンド・J・バリー
母	キャロライン・カバ
トミー・コービック	ジョシュ・エバンス
ジミー・コービック	ジェミー・タリスマン
スザンヌ・コービック	アン・ボビー
パティ・コービック	サマンサ・ラーキン
ドナ	キーラ・セドウィック
〃（少女時代）	ジェシカ・プラネル
ティミー	フランク・ホエーリー
スティーブ	ジェイソン・クライン
ジョーイ	ジェリー・レバイン
特務曹長	トム・ベレンジャー
少佐	ジョン・ゲッツ
ウィルソン	マイケル・コンポターロ

BORN ON THE FOURTH OF JULY

7月4日に生まれて

1989年度/A・キットマン・ホー&イクストラン・プロ作品/ユニヴァーサル映画 UIP配給 2時間25分

「レインマン」で一躍アイドル・スターから演技派アクターへと完全に脱皮したトム・クルーズと、「プラトーン」で'86アカデミー賞最優秀監督賞に輝いたオリバー・ストーン監督が組んだ最新作「7月4日に生まれて」は、原作者であり、脚本も担当したロン・コービックの実話を基に製作された。

これは単なるベトナム回顧にとどまらず、広い意味で反戦を謳い上げ、人を、国を愛するという人間の尊厳が圧倒的な映像迫力で描き上げられ、観る者を涙と感動に引きづりこまずにはおかない。

ロン・コービックがベトナムへ戦いに行った時、人々は旗を振って見送った。そして胸から下が麻痺という身体で帰って来た時、人々は旗を焼いていた——。生まれた国を信じる事しか知らなかった少年が、その後戦争から傷ついて戻り、裏切られ現実に放り出され、愛する家族との葛藤と、友人との暖かい交流を経て様々な障害を乗り越えて、"心"を成長させて行く姿を描いた本作品は、ゴールデン・グローブ賞最優秀作品賞、監督賞、主演男優賞、脚色賞、オリジナル作曲賞の5部門にノミネートされ、更に本年度アカデミー賞でも最有力候補作品の評価を早くも勝ち得ている。

また主演のトム・クルーズはこの作品に賭ける意気込みとして、今回のギャラは興行的な成功を見るまでは要らないとオファー、かつ一年間も実際に車椅子での生活を体験するなど、ロバート・デ・ニーロにも匹敵する役作りの為の準備を入念に行なっている。

出演は他に、「プラトーン」でアカデミー賞助演男優賞にノミネートされ、マーチン・スコセッシの「最後の誘惑」ではキリスト役を、アラン・パーカー監督作品の「ミシシッピー・バーニング」に出演と、その確かな演技力を巨匠監督達から高く評価されているウィレム・デフォー。幼馴染みでガールフレンド役のキーラ・セドウィックは舞台やTV出演を持つが、メジャーの大作では初の本格的出演である。

スタッフはオリバー・ストーン監督の他、音楽を「スター・ウォーズ」「E・T」等のジョン・ウイリアムスが担当している。

ロン・コービック　トム・クルーズ

監督　オリバー・ストーン

アカデミー賞最有力作品!!

■ペア券¥2,300■一般¥1,300■学生¥1,100

2月17日(土)よりロードショー

グランドシネマ

◆特別優待割引券◆

■一般200円　■高校以下100円

Story

ロン（ロニー）・コーヴィックの誕生日は7月4日、アメリカ独立記念日である。ニューヨーク・ヤンキース好きのロンは、少年時代をロングアイランド州マサピークアで送っていた。7歳の時、テレビでジョン・F・ケネディ大統領の就任式を観てロンは、自由の存続と繁栄についての演説に強い印象を受け、愛国心を芽生えさせていた。青年へと成長したロン（トム・クルーズ）は、幼馴染とともに地元高校に進学。レスリングに没頭するが、厳しいトレーニングや減量をして努力するも実らず、試合で敗北。そんな折、高校で行われた海兵隊の説明会での特務曹長（トム・ベレンジャー）の言葉に感銘を受け、子供の頃からの夢であった海兵隊に1967年に入隊した。13週間の訓練を経て、ロンはベトナム戦争に従軍。ウィルソン伍長（マイクル・コンポターロ）をはじめとする複数の部下を持つ軍曹となった。激しい銃撃戦の中、部下を率いて偵察に出かけ、誤って乳児を含む民間人を殺めてしまいショックを受けるロン。さらにはベトコンの攻撃を受けてパニックを起こし、誤射してウィルソンを死なせてしまう。ロンは上官に誤射を告白するが口外を禁じられる。そして68年1月劣勢の中、ロン自身もベトコンの銃弾で踵を撃たれ、立ち上がったところをさらに撃たれ下半身不随の重傷を負ってしまうのだった。

ロン・コーヴィック

実在する元アメリカ海兵隊員で反戦活動家。ロンの同名自伝的小説（1976年）の映画化。ベトナム戦争を扱った戦争映画である。トムは出演を決めるとロン本人と会い、アドバイザーに迎えて役作りをした。軍事訓練を受け、下半身麻痺を演じるにあたり、約1年間車椅子に乗って生活し、決して腰を上げようとしなかった。そして見事、第47回ゴールデングローブ賞主演男優賞を受賞した。

DATA

監督	オリバー・ストーン
脚本	オリバー・ストーン
	ロン・コーヴィック
原作	ロン・コーヴィック
製作	A・キットマン・ホー
	オリバー・ストーン
出演者	ロンの父…レイモンド・J・バリー
	ロンの母…キャロライン・カヴァ
	ドナ…キーラ・セジウィック
	ティミー…フランク・ホエーリー
	チャーリー…ウィレム・デフォー
	ヘイズ軍曹…トム・ベレンジャー
	ビリー・ヴォルソヴィッチ …スティーヴン・ボールドウィン
	兵士…ウィリアム・ボールドウィン
	退役軍人…トム・サイズモア
	スティーヴ・ボイエル…ジェリー・レヴィン
	トミー・コーヴィック…ジョシュ・エヴァンズ
	ニュースレポーター…オリバー・ストーン
	ジェイミー・ウィルソン…リリ・テイラー
	パレードの退役軍人…ロン・コーヴィック
	レスリングのコーチ…リチャード・グルーシン
音楽	ジョン・ウィリアムズ
撮影	ロバート・リチャードソン
編集	デヴィッド・ブレナー
	ジョー・ハッシング
製作会社	Ixtlan
配給	全米：ユニバーサル・ピクチャーズ
	日本：UIP
公開	全米：1989年12月20日
	日本：1990年2月17日
上映時間	145分
興行収入	全米：161,001,698ドル
配給収入	日本：14億7500万円

BD&DVD INFORMATION

トム・クルーズとオリバー・ストーン監督のコンビが
アカデミー賞に挑む！
トム・クルーズ
7月4日に生まれて
UNIVERSAL

7月4日に生まれて
ユニバーサル
思い出の復刻版
Blu-ray：5,720円／
DVD：1,572円（全て税込）
発売元：NBCユニバーサル・エンターテイメント

カクテル

Cocktail

あの男のいるところ、いつも喝采…

カクテル
WHEN HE POURS, HE REIGNS.
★解説★
ハリウッドではいま一番ホットなスター、トム・クルーズの主演最新作「カクテル」は、若者が体験する喪失と再生、そして真実の愛の物語。今回トムはバーテンダーに扮し、「卒業白書」の初々しさ、「トップ・ガン」「ハスラー2」の精悍な魅力に加えて、ここでは危険な甘さをブレンドし、ファッショナブルなアーバン・ラブストーリーに仕上がっている。

原作・脚本は、実際にバーテンダー体験を持つ元N.Y.ポスト紙記者ヘイウッド・グールド。これをケビン・コスナー主演の「追いつめられて」で見事なサスペンス手腕を見せたロジャー・ドナルドソンが監督、絶好調スター、トムの個性と魅力をあますところなくスクリーンに描き出している。

共演は主人公にバーテンダー・テクニックのすべてを叩き込むダグに「FX／引き裂かれたトリック」のブライアン・ブラウン。主人公の生き方を変える画家志望のウェイトレス、ジョーダンに「ベスト・キッド」「ベビーシッター・アドベンチャー」で人気上昇中のエリザベス・シュー。他に「ホテル・ニューハンプシャー」のリサ・ベインズ、「ピッチャー」のケリー・リンチ、「真夜中の青春」のローレンス・ラッキンビルら演技派が共演。

音楽は新鋭J・ピーター・ロビンソン。22年ぶりの全米No.1ヒットとなったビーチ・ボーイズの"ココモ"を始め、ボビー・マクファーリン、ジョージア・サテライツらのゴキゲンなサウンドが全篇を彩る。
N.Y.のプロのバーテンダー、ジョン・バンディがテクニカル・アドバイザーとして就き、トムとブライアンに数週間の特訓。2人にプロそこのけのバーテンダー・テクニックを身につけさせたのも大きな話題のひとつ。
★ストーリー★
ニューヨーク、マンハッタンはアッパー・イースト。夜ともなれば思い思いのファッションに身を包んだ美女たちが群れるカクテル・バーに、ニューヨークで一番危険なバーテンダーがいる。
彼の名はブライアン・フラナガン（トム・クルーズ）。野望を胸にニューヨークへやってきたものの、学歴が災いして、目指す大企業への道はままならない。ふと目に入った求人広告につられてやってきたのが、ここマンハッタンのカクテル・バー。オーナーはダグ・コグラン（ブライアン・ブラウン）。彼の鮮かなシェイカーさばきに目を見張るブライアン。
その日からブライアンのバーテンダー修業が始まった。昼間は大学に通いながら、夜はシェイカーを振る毎日。ダグから踊るようにリズミカルなバーテンダー・テクニックを教わり、群れる美女たちへの流し目のコツもしっかりマスター。ピタリと息の合ったコンビ・プレーで場を沸かせるこの陽気でセクシーな2人組は、たちまちのうちに界隈きっての人気バーテンダーになった。
しかし、ブライアンのガールフレンドにダグが手を出したことから2人は大喧嘩。チームは解散を余儀なくされる。
2年後、ジャマイカの浜辺で変わらず陽気にシェイカーを振るブライアンの前に、ニューヨークからバカンスにやって来た画家志望の少女ジョーダン（エリザベス・シュー）が現れた。彼女の真摯な瞳に見つめられたブライアンは、心の奥底でこれまでの虚飾の人生が揺らぎ出すのを感じたが……。
スタッフ
監督…ロジャー・ドナルドソン
製作………テッド・フィールド
ロバート・W.コート
原作・脚本…ヘイウッド・グールド
撮影………ディーン・ゼムラー
美術……………メル・ボーン
編集…………ニール・トラビス
衣裳…エレン・ミロジュニック
音楽…J.ピーター・ロビンソン
キャスト
ブライアン・フラナガン…トム・クルーズ
ダグ・コグラン…ブライアン・ブラウン
ジョーダン・ムーニー…エリザベス・シュー
ボニー……………リサ・ベインズ
ジョーダンの父…ローレンス・ラッキンビル
ケリー・コグラン……ケリー・リンチ
パットおじさん…ロン・ディーン
3月25日〈土〉よりロードショー
特別鑑賞券発売中（一般¥1200／学生¥1100／ペア券¥2200）
有楽町マリオン11F
日本劇場
03（574）1131

TOM CRUISE
この男のいるところ、いつも喝采……
Cocktail
トム・クルーズ
カクテル

Story

ブライアン・フラナガン（トム・クルーズ）は、一攫千金を夢見てニューヨーク行きのバスに乗った。道中、読んでいたのは「百万長者になる方法」。相当な野心家だ。ニューヨークで、たった一人の身寄りであるパット叔父さん（ロン・ディーン）の元へ行くと、叔父さんはちっぽけなバーのマスターをしていた。しかし、ブライアンは興味がない。自分は一流の会社で働くんだと意気込むが、高卒の学歴ではどこも雇ってくれなかった。そんな折、ある求人広告を見かけ、とあるバーへ行くとそこにはやたらとカッコよく、しゃべりも巧みなバーテン、ダグラス・コグラン（ブライアン・ブラウン）がいた。しかし、パット叔父さんとやっていることは同じだと興味がない。しかし一晩、店を手伝うと要領を得られずクタクタに。そんなブライアンに、ウェイトレスたちはチップをカンパしてくれ、ダグラスはブライアンを雇うことにする。ブライアンは昼間は大学で経済学を学び、バーテンはあくまで一時のバイトのつもりだったが、ダグラスからバーテンダーのテクニックを教わるとブライアンはメキメキ腕を上げ、ダグラスと共に人気バーテンダーコンビとなる。しかし、ブライアンのガールフレンドにダグラスが手を出したことから2人は大喧嘩、コンビは解散することとなる……。

DATA

監督	ロジャー・ドナルドソン
脚本	ヘイウッド・グールド
原作	ヘイウッド・グールド
製作	テッド・フィールド ロバート・W・コート
出演者	ダグラス・コグラン…ブライアン・ブラウン ジョーダン・ムーニー…エリザベス・シュー ボニー…リサ・ベインズ リチャード・ムーニー…ローレンス・ラッキンビル ケリー・コーグリン…ケリー・リンチ コラール…ジーナ・ガーション パット叔父さん…ロン・ディーン エディ…ロバート・ドンリー エレノア…エレン・フォーリー ダルシー…アンドレア・ドーベン
音楽	ピーター・ロビンソン
主題歌	ザ・ビーチ・ボーイズ 「ココモ」
撮影	ディーン・セムラー
編集	ニール・トラヴィス
製作会社	タッチストーン・ピクチャーズ シルバー・スクリーン・パートナーズⅢ インタースコープ・コミュニケーションズ
配給	全米:ブエナ・ビスタ・ピクチャーズ 日本:ワーナー・ブラザース
公開	全米:1988年7月29日 日本:1989年3月25日
上映時間	104分
興行収入	世界:78,222,753ドル
配給収入	日本:17億5000万円

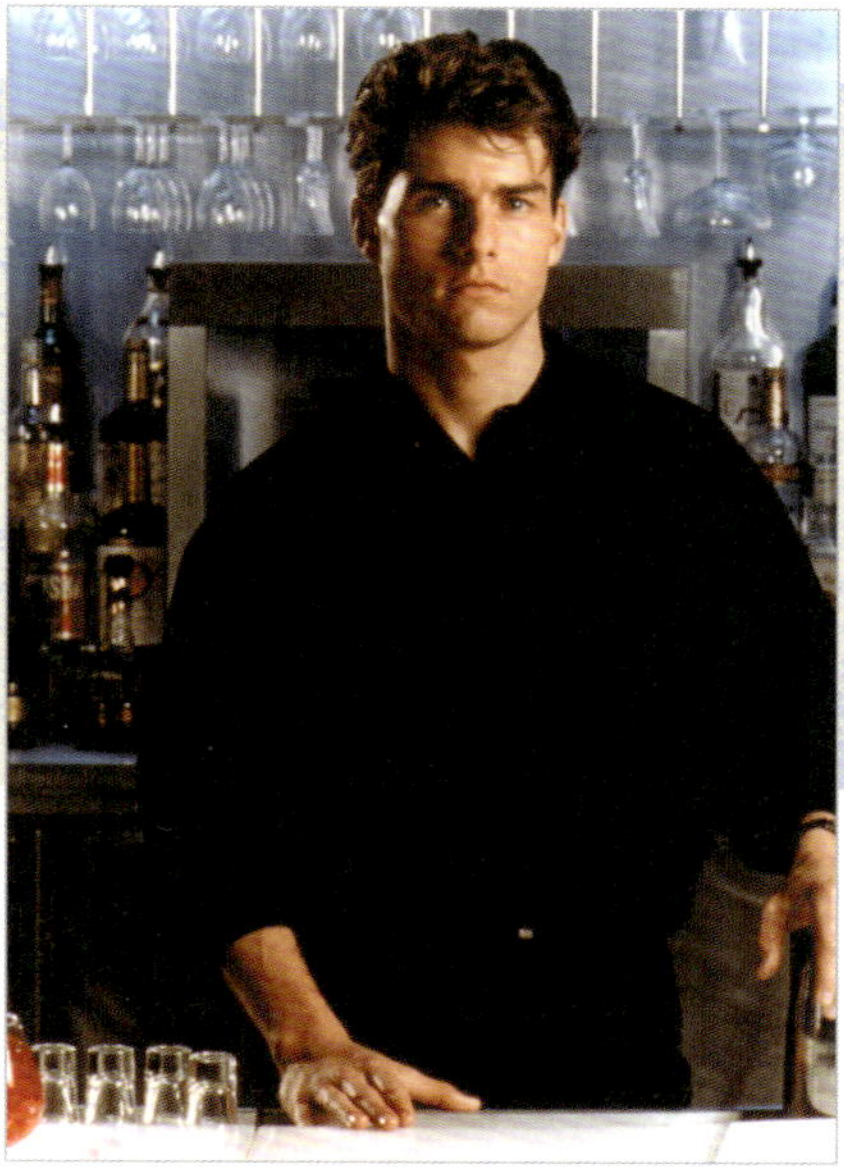

ブライアン・フラナガン

ニューヨークで一攫千金を狙う野心家。元ニューヨークポストの記者だったヘイウッド・グールドの同名小説の映画化。脚本も担当しているが、話は少々ややこしい。80年代という時代に乗ったバブル映画でトムのアイドルムービーと言ったところ。当時の流行だったミュージックビデオ的な映像や音楽がちりばめられている。サウンドトラックに収められた、ザ・ビーチボーイズの「ココモ」が大ヒットした。

レインマン

Rain Man

「レインマン」それは子供の頃、兄が弟に付けたニックネーム…

レインマン

（スタッフ）

監督	バリー・レビンソン
製作	マーク・ジョンソン
脚本	ロナルド・バース
〃	バリー・モロー
ストーリー	バリー・モロー
製作総指揮	ピーター・グーバー
〃	ジョン・ピータース
撮影	ジョン・シール
プロダクション・デザイナー	アイダ・ランドム
音楽	ハンス・ジマー
衣裳デザイナー	バーニー・ポラック

（キャスト）

レイモンド	ダスティン・ホフマン
チャーリー	トム・クルーズ
スザンナ	ヴァレリア・ゴリノ

本年度ゴールデン・グローブ賞4部門ノミネート

作品賞／監督賞／脚本賞

主演男優賞（ダスティン・ホフマン）

原作邦訳：早川書房刊／サントラ盤：東芝EMI

ユナイト映画 UA　UIP配給　RAIN MAN

10代の頃、父親と衝突して家を飛び出して以来、自由奔放に生きてきた若者。金の返済に追われる彼に、父親の死亡の知らせが届く。遺産めあてに帰郷した若者を待っていたのは、自閉症で40数年間も孤独の世界に生きる実の兄の存在と、その兄が遺産相続人という思いがけない事実だった。

自閉症だが記憶力が抜群という特殊な才能を持つ兄を利用して、何とか遺産金を手に入れようと、故郷のシンシナティからカリフォルニアへ兄を連れ出す弟。初めて実社会に放り出されて刺激を受ける兄。奇妙な兄の行動に悩まされながら、兄の世話に翻弄させられる弟。いま二人の旅は、過去と未来の狭間の中で、それぞれの心に大きな変化をもたらそうとしていた……。

他人同然のように、全く異なる人生を歩み続けてきた兄と弟が、父親の死をきっかけに出会い、そしてお互いを見つめあい、感じあい、意識しあい、やがてそれぞれの人生を大きく変えていくまでを、ユーモアと感動で描きあげた本年度最高の話題作である。

注目の出演者には、アメリカ映画界を代表する2大ビッグ・スターを配し、初の共演を実現させている。

"レインマン"こと兄のレイモンドを演じるは、「トッツイー」のダスティン・ホフマン。自閉症という難しい役柄に取り組み、その迫真の演技は観る者に深い感銘を与えずにはおかない。対象的な弟チャーリーを演じるのは、「トップガン」「ハスラー2」で一躍トップ・スターに躍り出たトム・クルーズ。演技派ホフマンと対等に渡り合うその演技は高い評価が与えられている。

2大スターを囲む共演陣には、イタリア映画界出身で注目を集めている新鋭ヴァレリア・ゴリノ、「ドライブ・アカデミー全員免停」のジャック・マードック、「ハンター」のマイケル・D・ロバーツら英米の映画・演劇界の実力派を配している。

原作はバリー・モローのオリジナルで、これを「友よ風に抱かれて」のロナルド・バースとモロー自身が脚色し、「ダイナー」「ナチュラル」「ヤング・シャーロック／ピラミッドの謎」そして「グッドモーニング・ベトナム」と一作毎に高い評価を得ているバリー・レビンソンが監督にあたった。

◎全米マスコミが絶賛！

★"知的な驚きに満ちた魅力的な感動作"（ニューズウィーク誌）

★"この作品にはマジックがある。素晴らしい笑いと感動"（ピープル誌）

（レイモンド）ダスティン・ホフマン

都会的な洒落たセンスと軽妙な持ち味で幅広い役柄に挑戦し続けるダスティン・ホフマンは「レインマン」で新たな境地を開拓した。まさに天才的な頭脳を持ちながら、外界とのコミュニケートに不自由を覚えるというレイモント役は彼のキャリアの中でも最も複雑な役柄だった。

もともと彼はピアニストを目指していたが途中で演劇志望に転じ、アクターズ・スタジオに学んだ。様々な職を転々とする頃、舞台で認められるようになって、やがて67年「卒業」でデビューを飾る。79年には「クレイマー、クレイマー」でアカデミー主演男優賞を獲得し、おしもおされぬトップスターの座に名を連ねることになった。

（チャーリー）トム・クルーズ

「トップガン」で人気爆発、ヤングスターの実力ナンバー1にランクされたトム・クルーズは、新作「レインマン」でも野心あふれる若者を演し、みずみずしい輝きを放っている。もともとレスリングを志した彼だったがケガで断念し、ハイスクールのミュージカルの主役に抜てきされたことが彼を俳優への道に進ませたといえよう。81年「エンドレス・ラブ」の端役についたことから、83年「アウトサイダー」「卒業白書」とスターへの道を歩むことになる。その後はリドリー・スコットやトニー・スコット、マーチン・スコセッシと大物監督の作品にたてつづけに主演し、彼のトップスターとしての地位はゆるぎないものになった。

Story

チャーリー・バビット（トム・クルーズ）は中古車ディーラー。ランボルギーニの輸入のために全財産をつぎ込んだが、環境庁の定める基準に合格せず、税関を通過させられずに破産寸前の状態に陥る。顧客からの催促に追われていたある日、父親の訃報が届く。父親とは長い間疎遠だった。16歳の時に父親のクルマを無断で持ち出し逮捕され、迎えに来てもらえず2日間収監され、釈放後そのまま家出する形で独立したからだ。シンシナティで葬儀をすませると、チャーリーへの遺産はバラ園とクルマ1台だけと知らされ愕然とする。そして他の財産がサヴァン症候群の兄・レイモンド（ダスティン・ホフマン）への信託財産として運用されることを知る。レイモンドがウォールブルック病院にいることを知るとチャーリーはレイモンドを連れ出し、財産を横取りしようと企む。そして、ロサンジェルスに向けての旅が始まった。しかし、レイモンドは飛行機も高速道路も拒否。一般道路を進むしかなかった。道中、チャーリーはレイモンドに天才的数学能力、記憶力があることに気づく。ジュークボックスの曲名、電話帳の人名、番号、落ちた楊枝の数を一瞬にして覚えてしまうのだ。そして、ラスベガスでレイモンドはその才能を発揮。大儲けをした後、クルマはロサンジェルスに着いた……。

DATA

監督	バリー・レヴィンソン
脚本	バリー・モロー ロナルド・バス
原作	バリー・モロー
製作	マーク・ジョンソン
製作総指揮	ピーター・グーバー ジョン・ピーターズ
出演者	レイモンド・バビット…ダスティン・ホフマン スザンナ…ヴァレリア・ゴリノ Dr.ブルーナー…ジェリー・モーレン レニー…ラルフ・シーモア ジョン・ムーニー…ジャック・マードック アイリス…ルシンダ・ジェニー バーン…マイケル・D・ロバーツ サリー・ディブス…ボニー・ハント Dr.マーストン…バリー・レヴィンソン
音楽	ハンス・ジマー
撮影	ジョン・シール
編集	ステュー・リンダー
製作会社	ユナイテッド・アーティスツ グーバー=ピーターズ・カンパニー
配給	全米:MGM/UA Communications Co. 日本:UIP
公開	全米:1988年12月16日 日本:1989年2月25日
上映時間	134分
製作費	25,000,000ドル
興行収入	世界:354,825,435ドル 全米:172,825,435ドル 日本:55億円
配給収入	日本:32億6000万円

チャーリー・バビット

高級輸入車販売店の経営者。父親の遺産を託されたサヴァン症候群の兄・レイモンドから、遺産を横取りしようとする。トムにとって初めての文芸作品。作品は第61回アカデミー賞、第46回ゴールデングローブ賞（ドラマ部門）、第39回ベルリン国際映画祭、それぞれで作品賞を受賞。トム自身は無冠だったが、本作への出演はその後の俳優人生を大きく変えたことは間違いない。

BD INFORMATION

レインマン
Blu-ray:2,619円(税込)
発売元:ワーナー・ブラザース ホームエンターテイメント
販売元:NBC ユニバーサル・エンターテイメント

レジェンド 光と闇の伝説

Legend

次々に襲いかかる闇の怪物軍団　森の妖精たち対悪魔の激しい戦い！

レジェンド 光と闇の伝説

☆スタッフ☆

監督	リドリー・スコット
製作	アーノン・ミルチャン
脚本	ウィリアム・ヒョーツバーグ
音楽	ジェリー・ゴールドスミス〈サントラ盤＝ビクター・レコード〉
特殊メーク・アップ	ロブ・ボーティン
撮影	アレックス・トムソン

☆キャスト☆

ジャック	トム・クルーズ
リリー	ミア・セーラ
闇の帝王	ティム・カリー
ガンプ	デイビッド・ベネント
ブリックス	アリス・プレイトン

〈上映時間＝1時間35分〉

『トップガン』で人気No.1のトム・クルーズがメルヘンのロマンチック・ヒーローで最高の魅力を発揮！『エイリアン』のアカデミー賞スタッフが贈る製作費42億円の超大作！

『トップガン』『ハスラー2』で大ヒットを放ち、日本でのファン雑誌の人気投票でトップに立つ80年代の新しいセックス・シンボル、トム・クルーズが一年半かけて撮影していた話題のロマンチック・メルヘンがいよいよやってきた。

アカデミー視覚効果賞を受賞した『エイリアン』のリドリー・スコット監督と、SFX担当のニック・アドラーの名コンビが、4年の準備期間をへて製作費3000万ドル（邦貨約42億円）を投入して完成させたSFXマジカル・ワンダーランドへ誘う夢の超大作だ。

ポエティックな映像美にあふれ、現代のSFXとメークアップ技術が到達した最高峰であり、『ネバーエンディング・ストーリー』を、はるかに超えたSFXメルヘンの傑作と絶讃されている。

時を超えた宇宙に大宮殿をかまえ暗闇を支配する魔王は、汚れを知らない清楚な王女リリー（『フェリスはある朝突然に』の美貌の新人ミア・セーラ）に恋し、妃に迎えたいと願い、手下の人食い鬼に王女をさらってくるように命じた。諸悪の権化である魔王は、太陽の光を大敵とおそれ世界を暗黒と化す野望にもえていた。

いっぽうリリーは、大古の森林におおわれ、花咲き鳥がさえずり木や花の精が夢幻世界に舞う、この世のものと思えない華麗な楽園で野性の若者ジャック（トム・クルーズ）と出会い恋をしていた。この息をのむ楽園の美しさに、まず驚かされる。

映像美学の天才監督が仕掛けた華麗なビジュアル・ショック！人喰い鬼との格斗！火炎地獄でジャイアンツと死斗！チミモウリョウと妖精がくりひろげる大スペクタクル！

楽園の小川に二頭の白馬があらわれ、それは頭部に一本の角がはえたユニコーンだったが、あまりの美しさにリリーは、その角にふれた。すると大自然は吹雪が吹き荒れる嵐となった。ユニコーンは神聖な動物で、人間がふれると天罰がくだるという伝説があり、禁断の掟を破ったリリーは、人食い鬼たちに追われ捕えられて魔王のもとにつれてこられる。

ジャックは森の妖精ガンプ（『ブリキの太鼓』のデイビッド・ベネント）や、彼の手下で豚の鼻をした小妖精ブラウン・トムやスクルーボールの協力をえて、リリー救出のため魔王の大宮殿に侵入した。火の玉のように飛びかう妖精ウーナが道案内をつとめた。

ジャックは途中、沼から飛び出してきた人食い鬼の妖怪メグに食い殺されそうになるが、メグと大格斗をくりひろげ沼に落して殺害。魔王の城に地すべりと共にすべり落ちていったが、そこはまっ赤に燃えさかる火の海という火炎地獄——人間をバーベキューにしようとしている悪魔の食事係のジャイアンツとも死斗を展開するジャック。手に汗にぎるアドベンチャー・スペクタクルが最高のSFXを駆使してエキサイトさせる。映像美学の天才リドリー・スコットならではのビジュアル・ショックが全篇にあふれる。

『ネバーエンディング・ストーリー』をはるかに超えた驚異のSFXマジカル・ワンダーランド！まさにこのSFXは伝説となって語りつがれる映画史に残る最高峰！

ジャックは、魔王が太陽の光を浴びると死ぬことを知って、朝日を反射させるものを集めて最後の大戦斗にいどむ。クライマックスへドラマは最高潮に盛りあがっていく——。

人間の十倍はある巨大な魔王。黒いドレスの魔女に誘われリリーが魔女に変身させられる特撮。妖精や人食い鬼たちの精巧な表情と動きは、メークアップの技術が、ついにここまできたのかと驚嘆させるすばらしさ。

製作費42億円の大金を投入した本物の厚味が全篇にあふれ、魔王の住む大宮殿のセットをはじめ、地下牢の火炎地獄など、映画美術のけんらんたる豪華さも必見。

SFXブームの頂点にそびえ立つ最高の傑作がついに誕生した。

8月夏休みロードショー

同時上映 飛べ！バージル プロジェクトX

お得な特別鑑賞券発売中！一般1200円／学生1100円

〈トム・クルーズ〉ポスター・プレゼント付

有楽町・マリオン前

ニュー東宝シネマ1 (571)1946

迫り来る！闇の支配者!!
王女リリーが危い！光のパラダイスが危い！
次々と襲いかかる 闇の怪物軍団
森の妖精たち対悪魔の激しい戦い！
驚異のSFXホラー・ワールド!!
トム・クルーズ主演
レジェンド
光と闇の伝説

Story

美しい夢の森。無邪気な王女リリー（ミア・サラ）は、動物と話ができる青年ジャック（トム・クルーズ）と森を散歩するのが大好き。しかし地下の暗黒世界では、闇の魔王（ティム・カリー）が、夜の闇を支配し地球を暗黒と化そうとしていた。そして、邪魔である聖なる存在＝ユニコーン（一角獣）を殺すよう手下のブリックス（アリス・プレイトン）に命じていた。一方、ジャックはリリーに雄と雌のユニコーンが水遊びをしているところを見せる。すると、その美しさに魅了されたリリーは雄のユニコーンに触れてしまう。その瞬間、ブリックスの放った毒矢がユニコーンに当たり、ユニコーンは駆け去った。しかし、ブリックスは1頭の角をもぎ取ることに成功する。リリーはまだ、ことの重大さに気づかず、「私は王女なのだから、私に求婚するなら試練をくぐって」とジャックに微笑みかけ、指輪を沼に投げ入れた。それを取ってきたら結婚するというのだ。指輪を追うジャック。しかし森が突然吹雪に襲われ、全てが凍りついてしまう。リリーと離ればなれになるジャック。雪の中に倒れていたジャックは妖精ガンプ（デイビッド・ベネント）に起こされ、ガンプ、ブラウン・トム（コーク・ハバート）、スクルーボール（ビリー・パーティ）たち妖精と知り合う。

DATA

監督	リドリー・スコット
脚本	ウィリアム・ヒョーツバーグ
製作	アーノン・ミルチャン
出演者	リリー…ミア・サラ 闇の魔王…ティム・カリー ガンプ…デイビッド・ベンネント 魔王の父…マイク・エドモンズ ネル…ティナ・マーティン ブラウン・トム…コーク・ハバート スクルーボール…ビリー・バーティ
音楽	ジェリー・ゴールドスミス タンジェリン・ドリーム（アメリカ公開版）
主題歌	「Is Your Love Strong Enough?」 ブライアン・フェリー（アメリカ公開版）
撮影	アレックス・トムソン
編集	テリー・ローリングス
製作会社	リージェンシー・エンタープライズ
配給	全米:ユニバーサル・ピクチャーズ 日本:20世紀フォックス
公開	イギリス:1985年12月13日 全米:1986年4月18日 日本:1987年8月22日
上映時間	94分（劇場公開版） 89分（アメリカ公開版） 114分（ディレクターズ・カット版）
製作費	30,000,000ドル

ジャック

動物と話ができる青年。北欧神話を題材としたファンタスティック・アドベンチャーをリドリー・スコットが監督した。劇場公開時には2種類のバージョンがあり、1つはジェリー・ゴールドスミスによる格調高い音楽が付けられた「国際版」。もう1つはタンジェリン・ドリームによるロック音楽に差し替えられた「アメリカ公開版」。この音楽差し替え騒動で、リドリーとジェリーは決裂してしまった。

ハスラー２

The Color of Money

女は愛に生き　男ははかない砂の城に全てを賭ける！

いま甦る最高のBIGエキサイティング！
●ものがたり
かつてのハスラー、エディ（ポール・ニューマン）は、50代になり、頭には白いものがまじっていた。あのミネソタ・ファッツと死闘を演じてから、もう25年がたっていた。

そんな頃、エディは若いハスラー、ビンセント（トム・クルーズ）と出会った。ビデオゲーム、ナインボールと、ゲームを選ばず相手を打ちのめすビンセントを見て、エディは若い頃の自分の姿と重ね合せた。

数か月後にアトランティックシティで、ナインボールの大きな大会がある。エディとビンセントは、チームを組んでその大会に参加することにした。ビンセントの恋人カルメンも加わって、3人の旅が始まった。

都会から都会へ、ゲームセンターからゲームセンターへ、3人の旅は続く。この旅で、エディはどうしてもビンセントを一流のハスラーに仕上げなければならない。ゲームの勝ち方、負け方、そして、負けて金をかせぐ方法。ビンセントは、プロのあらゆるテクニックと精神を、エディから叩き込まれた。

アトランティックの大会に参加したエディとビンセント。勝ち上ってゆくふたりは、準決勝で顔を合せた。素晴らしい激戦ののち、エディはビンセントを破った。打ちひしがれて床に崩れ落ちたビンセント。

翌日、エディは、ビンセントがわざと負けたのを知った。そして、それを見破れなかった自分の老いを知った。たしかにビンセントは全盛期の自分を超えていた。

ビンセントは、次の大会ヒューストンに向って旅立って行った。闘鶏の巣を離れて飛び立つ若鷲のように。
●かいせつ
日本語に新しい言葉を生んだ、あの「ハスラー」から25年。この秋、タッチ・ストーンフィルムズは、新しい興奮と共に「ハスラー2」（原題「THE COLOR OF MONEY」）を完成させた。（米国公開は10月17日）原作者は、前作と同じウォルター・テビスで、物語は「ハスラー」の25年後に設定されている。
主演のポール・ニューマンは、前作と同じエディ役。今は現役を離れ、ハスラー達に資金援助をする胴元になっている。彼が目をつけた新進ハスラー、ビンセント役にトム・クルーズ。「アウトサイダー」で光る演技を見せた。映画は愛と勝負の中、世代間の競争で何が起こるかを描き、男の美学を追求している。
ポール・ニューマンは、「ハスラー」を始め、今まで何回かアカデミー賞、主演男優賞にノミネートされたが、まだ受賞していない。この作品でこそ、彼が多年の念願を果すだろうと予想する人は多い。
監督は、「タクシードライバー」のマーティン・スコセッシ。彼の歯切れのよい演出と、シュノーケル・カメラなどを駆使して、目を見張るダイナミックさで迫るゲーム場面なども早くも話題になっている。
ハスラー2
タッチストーン・フィルムズ作品／配給●東宝
the Color of Money
12月13日(土)新春第一弾ロードショー公開！
直輸入USAポスター付
前売券絶賛発売中！
一般 1200円（当日 1500円の処）
学生 1100円（当日 大学・高校1300円 中学1200円の処）
新日劇（有楽町マリオン）11F
日本劇場 (574) 1131

女は愛に生き 男ははかない砂の城に全てを賭ける！
かつて男はハスラーだった…
その心に再び火をつけた若者がいた！
the Color of Money
ポール・ニューマン／トム・クルーズ
ハスラー2
マーティン・スコセッシ作品

Story

かつて腕利きのハスラーだったファースト・エディ（ポール・ニューマン）も50代。ミネソタ・ファッツとの死闘から25年という時が過ぎた。今はしがない酒のセールスで生計を立て、酒の卸し先のバーのマダム・ジャネル（ヘレン・シェイヴァー）と老後の生活のことなども考えていた。そんなある日、エディは腕利きのジュリアン（ジョン・タトゥーロ）を、ナイン・ボール・ゲームでたやすく負かしてしまう青年ヴィンセント（トム・クルーズ）と出会う。ヴィンセントにはしっかり者の恋人カルメン（メアリー・エリザベス・マストラントニオ）がついているが、ヴィンセント自身はただ純粋に勝負を楽しみたいだけで賭けには興味がない。キューをヌンチャクのように振り回しながら玉を突き、合間にはビデオゲームで遊びまくる。そんなヴィンセントを見て、エディは若い頃の自分の姿を重ね合わせ、ヴィンセントを育てることに決める。エディは2人を夕食に誘い、勝負師は腕だけでなく人の心を見抜く目を持っていることが大切だと教える。そして、エディはヴィンセントに投資したいと申し出る。費用や賭け金は自分持ちで、6週間の武者修行の旅に出て腕を磨き、アトランティック・シティで行われるナイン・ボール・クラシック・ゲームの大会に出場させようとするのだった……。

DATA

監督	マーティン・スコセッシ
脚本	リチャード・プライス
原作	ウォルター・テヴィス
製作	バーバラ・デ・フィーナ アーヴィング・アクセルラッド
出演者	ファースト・エディ…ポール・ニューマン カルメン …メアリー・エリザベス・マストラントニオ ジャネル…ヘレン・シェイヴァー ジュリアン…ジョン・タトゥーロ
音楽	ロビー・ロバートソン ギル・エヴァンス
撮影	ミヒャエル・バルハウス
編集	セルマ・スクーンメイカー
制作会社	タッチストーン・ピクチャーズ シルバー・スクリーン・パートナーズⅡ
配給	全米:ブエナ・ビスタ・ディストリビューション 日本:東宝
公開	全米:1986年10月17日 日本:1986年12月13日
上映時間	119分
製作費	10,000,000ドル
興行収入	世界:52,293,982ドル

ヴィンセント

ただのビリヤード好きの青年だったが、エディとの出会いでハスラーとなる。ポール・ニューマン主演の1961年公開の映画「ハスラー」の25年ぶりの続編。本作でポール・ニューマンは、第59回アカデミー賞主演男優賞を受賞した。トムは、しっかりと脇をサポート。ポールの受賞に貢献したと言っても過言ではないだろう。日本では公開されるやいなやビリヤードブームが到来。プールバーが乱立した。

トップガン

Top Gun

ベスト・オブ・ザ・ベストの若者たちが愛と青春の全てを賭けて遙かな大空へ飛び立つ！

トップガン
TOM CRUISE KELLY McGILLIS
TOP GUN
パラマウント映画 UIP配給

●パイロットのエリート集団 "トップガン"

7トンもの兵器を搭載しながら、1分で3万フィートも飛翔し、音速の倍以上のスピードを出す、米海軍が誇る世界最強の戦闘機F－14トムキャット。早朝のサンディエゴ・ミラマー海軍航空隊基地に、この鋼鉄の弾丸怪鳥1機が銀色に輝く雄姿を現した。耳をつんざくジェット・エンジンの唸りを物ともせず、コクピットに乗り込みキャノピーを下ろす若き中尉、マーベリックとグース。地上のクルーに親指を立てて見せ、滑走路にF－14をタキシングさせた2人は、管制塔からのゴー・サインを待った。ジェット・エンジンの排気熱で陽炎の中に揺れていたトムキャットが、機体を持ち上げたかと思った瞬間、マッハの弾丸怪鳥は暁の大空へ向かってテイク・オフしていた。2条の白煙だけを残し、刹那に2000フィート上昇したトムキャットは、右に急旋回すると、果てなき紺碧の空へ戦いを求めて姿を消した。

武器戦闘機訓練校の若き士官マーベリックとグースは、これから5週間に渡る想像を絶する苛酷な訓練へと旅立ったのだ。パイロットしては世界一といわれる米海軍から、えりぬかれたエリート士官"トップガン"になるために／それは士官として、最高の名誉を得るための、男としての挑戦でもあった。

●強力でフレッシュなスタッフ・キャスト陣

「愛と青春の旅だち」のドラマを越え、これまでの他作品のジェット・スカイ・アクションの迫力を抜きさったと激賞されているのが、この「トップガン」だ。

トップ・ガンを目指すパイロット、マーベリックに扮するのは、「タップス」でティモシー・ハットンの親友を、そして「卒業白書」では主人公を演じ、YAスターの中でも実力と人気を兼ね備えた俳優として出演依頼が殺到しているトム・クルーズ。彼と共にトムキャットに乗り込むレーダー係受士官グースには、「ガッチャ／」のアンソニー・エドワーズ。また、「刑事ジョン・ブック／目撃者」でハリソン・フォードと恋におちるヒロインを演じ、この一作でトップ・スターとなったケリー・マクギリスが、敵機の性能について訓練生達に講義する航空物理学博士を演じているのも話題になっている。

監督は、「エイリアン」「ブレードランナー」のリドリー・スコットの弟であるトニー・スコット、製作はドン・シンプソンと、「さらば愛しき女よ」「キャット・ピープル」「ミスター・タンク」などの問題作を次々に手掛けているジェリー・ブルックハイマーなど、スタッフ・キャスト共に話題作にふさわしい、強力でフレッシュな顔ぶれとなっている。

米海軍の全面協力を得て、普段は軍関係者以外立ち入ることのできない原子力航空母艦エンタープライズ号上での撮影が許可された他、実際にトップガンの司令官をしているボブ・ウィラードの創案した一大空中戦を、より選ったパイロット達の操縦による戦闘機によって撮影するといったように、これまでの映画では見られなかったリアルで迫力あるシーンが、次々にスクリーンに展開、あたかも自分がトムキャットのコクピットに座っているような体験を味わえるとセンセーションを巻き起こしている。登場する戦闘機もトムキャットの他、F－5タイガー、A－4スカイホークなど多種多彩である。また、主演のトム・クルーズは脚本を読んで心を打たれ、役作りに専念するためトップガンの訓練に実際に加わった上、曲芸飛行で世界的に有名な"ブルー・エンジェルス"のコクピットに乗り込み飛行経験を積んで、本番でのトムキャットの飛行に備えた。

12月6日(土)より 正月第1弾 ロードショー
特別鑑賞券発売中（一般¥1200/学生¥1100/ペア¥2200）

有楽町マリオン9F
日劇プラザ
(574)1131

本年度全米No.1ヒット作品。
ベスト・オブ・ザ・ベストの若者達が愛と青春の全てを賭けて遥かな大空へ飛び立つ！
激しくも甘く切なく……
〝愛は吐息のように〟〝デンジャー・ゾーン〟他 今ヒット気流を上昇中！
トム・クルーズ
ケリー・マクギリス
監督トニー・スコット
音楽ハロルド・フォルターメイヤー
トップガン
TOPGUN パラマウント映画 UIP配給

Story

アメリカ海軍の艦上戦闘機F－14トムキャットのパイロットであるピート・〝マーヴェリック〟・ミッチェル（トム・クルーズ）と、レーダー索敵員のグース（アンソニー・エドワーズ）はコンビ。クーガー（ジョン・ストックウェル）とマーリン（ティム・ロビンス）の乗る僚機と共に、インド洋上で国籍不明のMIG－28と空中戦に陥った。クーガー機の背後に執拗に張り付くMIG－28。しかしその頭上で、マーヴェリック機はバックトゥバックによる双方の操縦席のニアミスを行い、敵パイロットに余裕のポーズを見せて写真まで撮る荒技を見せた。すると、敵機はそのまま離脱。しかし、この空中戦の恐怖からクーガーは自主退官してしまう。マーヴェリックとグースは思いがけなくもカリフォルニア州ミラマー海軍航空基地に所在するアメリカ海軍戦闘機兵器学校：トップガンへの派遣をスティンガー艦長（ジェームズ・トールカン）より命令される。トップガンの訓練生には自信家のアイスマン（ヴァル・キルマー）がおり、スライダー（リック・ロソヴィッチ）とコンビを組んでいた。士官クラブで催された非公式な歓迎パーティーで、マーヴェリックはブロンド美人・チャーリー（ケリー・マクギリス）に一目惚れしてしまう。しかし翌日、チャーリーが教官であることを知る……。

DATA

監督	トニー・スコット
脚本	ジム・キャッシュ ジャック・エップス・ジュニア
製作	ドン・シンプソン ジェリー・ブラッカイマー
製作総指揮	ビル・バダラート
出演者	チャーリー…ケリー・マクギリス アイスマン…ヴァル・キルマー グース…アンソニー・エドワーズ ヴァイパー…トム・スケリット ジェスター…マイケル・アイアンサイド クーガー…ジョン・ストックウェル ウルフマン…バリー・タブ スライダー…リック・ロソヴィッチ サンダウン…クラレンス・ギルヤード・Jr. ハリウッド…ウィップ・ヒューブリー スティンガー…ジェームズ・トールカン キャロル…メグ・ライアン
音楽	ハロルド・フォルターメイヤー ジョルジオ・モロダー
撮影	ジェフリー・L・キンボール
編集	ビリー・ウェバー クリス・レベンゾン
配給	全米:パラマウント・ピクチャーズ 日本:UIP
公開	全米:1986年5月16日 日本:1986年12月6日
上映時間	110分
製作費	15,000,000ドル
興行収入	世界:357,288,178ドル 全米:180,258,178ドル 日本:67億円
配給収入	日本:39億5000万円

BD&DVD INFORMATION

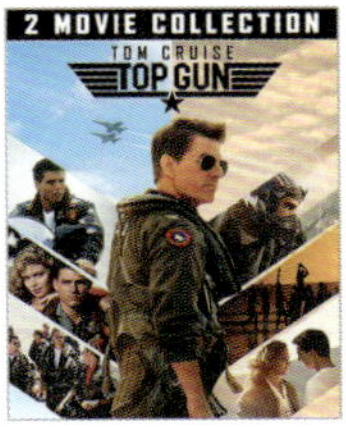

トップガン&トップガン
マーヴェリック
4K ULTRA HD+Blu-ray:
セット（4枚組）
10,780円

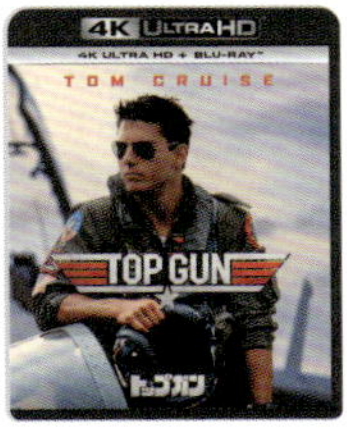

トップガン TV吹替初収録特別版
4K ULTRA HD+Blu-ray
セット:6,589円／

Blu-rayスペシャル・コレクターズ・
エディション:2,075円／
DVDスペシャル・エディション:
1,572円（全て税込）
発売元:NBCユニバーサル・
エンターテイメント

ピート・ミッチェル
（コールサイン：マーヴェリック）

アメリカ海軍の艦上戦闘機・F-14のパイロット。トムは、戦争賛美の強い本作の出演を一度断っている。しかし、実際にF-14戦闘機に乗ると、その素晴らしさを体感し出演を決めた。トムにとって、この体験の影響は大きく、のちに飛行ライセンスを取得。自家用機を所持するほど。本作では役作りのため、撮影開始3カ月前にパイロット訓練校で本物の飛行士と共に生活をした。

トップガン　チラシグラフィティ

トップガン
TOM CRUISE
KELLY McGILLIS
TOP GUN
パラマウント映画 UIP配給
●パイロットのエリート集団
"トップガン"
7トンもの兵器を搭載しながら、1分で3万フィートも飛翔し、音速の倍以上のスピードを出す、米海軍が誇る世界最強の戦闘機F－14トムキャット。早朝のサンディエゴ・ミラマー海軍航空隊基地に、この鋼鉄の弾丸怪鳥1機が銀色に輝く雄姿を現した。耳をつんざくジェット・エンジンの唸りを物ともせず、コクピットに乗り込みキャノピーを下ろす若き中尉、マーベリックとグース。地上のクルーに親指を立てて見せ、滑走路にF－14をタキシングさせた2人は、管制塔からのゴー・サインを待った。ジェット・エンジンの排気熱で陽炎の中に揺れていたトムキャットが、機体を持ち上げたかと思った瞬間、マッハの弾丸怪鳥は暁の大空へ向かってテイク・オフしていた。2条の白煙だけを残し、刹那に2000フィート上昇したトムキャットは、右に急旋回すると、果てなき紺碧の空へ戦いを求めて姿を消した。
武器戦闘機訓練校の若き士官マーベリックとグースは、これから5週間に渡る想像を絶する苛酷な訓練へと旅立ったのだ。パイロットしては世界一といわれる米海軍から、えりぬかれたエリート士官"トップガン"になるために！それは士官として、最高の名誉を得るための、男としての挑戦でもあった。
●強力でフレッシュなスタッフ・キャスト陣
「愛と青春の旅だち」のドラマを越え、これまでの他作品のジェット・スカイ・アクションの迫力を抜きさったと激賞されているのが、この「トップガン」だ。
トップ・ガンを目指すパイロット、マーベリックに扮するのは、「タップス」でティモシー・ハットンの親友を、そして「卒業白書」では主人公を演じ、YAスターの中でも実力と人気を兼ね備えた俳優として出演依頼が殺到しているトム・クルーズ。彼と共にトムキャットに乗り込むレーダー傍受士官グースには、「ガッチャ！」のアンソニー・エドワーズ。また、「刑事ジョン・ブック／目撃者」でハリソン・フォードと恋におちるヒロインを演じ、この一作でトップ・スターとなったケリー・マクギリスが、敵機の性能について訓練生達に講義する航空物理学博士を演じているのも話題になっている。
監督は、「エイリアン」「ブレードランナー」のリドリー・スコットの弟であるトニー・スコット、製作はドン・シンプソンと、「さらば愛しき女よ」「キャット・ピープル」「ミスター・タンク」などの問題作を次々に手掛けているジェリー・ブルックハイマーなど、スタッフ・キャスト共に話題作にふさわしい、強力でフレッシュな顔ぶれとなっている。
米海軍の全面協力を得て、普段は軍関係者以外立ち入ることのできない原子力航空母艦エンタープライズ号上での撮影が許可された他、実際にトップガンの司令官をしているボブ・ウィラードの創案した一大空中戦を、より選ったパイロット達の操縦による戦闘機によって撮影するといったように、これまでの映画では見られなかったリアルで迫力あるシーンが、次々にスクリーンに展開、あたかも自分がトムキャットのコクピットに座っているような体験を味わえるとセンセーションを巻き起こしている。登場する戦闘機もトムキャットの他、F－5タイガー、A－4スカイホークなど多種多彩である。また、主演のトム・クルーズは脚本を読んで心を打たれ、役作りに専念するためトップガンの訓練に実際に加わった上、曲芸飛行で世界的に有名な"ブルー・エンジェルス"のコクピットに乗り込み飛行経験を積んで、本番でのトムキャットの飛行に備えた。
12月13日(土)より
正月第1弾ロードショー
伊勢丹前・シネタウン
新宿スカラ座
(351)3127

UP THERE
WITH THE BEST
OF THE BEST.
A DON SIMPSON/JERRY BRUCKHEIMER PRODUCTION
TOM CRUISE · KELLY McGILLIS
TOP GUN
トップガン
トム・クルーズ/ケリー・マクギリス
監督/トニー・スコット
パラマウント映画 UIP配給 DOLBY STEREO

「ミッション:インポッシブル」シリーズ
「ラスト サムライ」、「宇宙戦争」
ハリウッドの頂点に君臨している
スーパースター、トム・クルーズ!
そんな彼を一躍スターダムに
押し上げた映画が、この『トップガン』!!
1986年に公開された本作は、全世界で約3億5380万ドルの興行収入を記録、日本でも当時配給収入39億円を超えた。この数字は公開年の日米で年間1位の成績で、クルーズ自身も、「トップガン」での成功により、世界的なスターの座を不動のものとした。
そして、2005年9月。映画史上に輝くスカイ・アクション・エンターテインメントの決定版がデジタル・リマスター版として19年ぶりにスクリーンに帰ってくる!
カリフォルニア州ミラマー海軍航空隊基地。1分間で3万フィートを飛ぶF-14トム・キャットのパイロットで通称マーヴェリック(トム・クルーズ)とレーダー索敵員のグース(アンソニー・エドワーズ)が、パイロットとして選び抜かれたエリート仕官"トップガン"になるためにやって来た。それは、最高の名誉を得るための男としての挑戦でもあった。
本作はトム・クルーズ以外にも現在も活躍中のスターが多く出演している。ライバルのアイスマン役は「バットマン・フォーエヴァー」のヴァル・キルマー、相棒役のグースは「ER 救急救命室」でおなじみのアンソニー・エドワーズ。その他にも、ティム・ロビンス、メグ・ライアン、ケリー・マクギリス等が出演していた。また製作陣も「パイレーツ・オブ・カリビアン／呪われた海賊たち」「アルマゲドン」など、ハリウッド最高のヒットメーカーである、ジェリー・ブラッカイマーが製作。また監督には「エネミー・オブ・アメリカ」、「スパイ・ゲーム」のトニー・スコットなど、現在では考えられないビッグネームが集結して作られた、まさにベスト・オブ・ベストの作品と言えるのだ。
また当時トム・クルーズが映画の中で着ていたMA-1がファッションとして流行し、ケニー・ロギンスの「デンジャー・ゾーン」やアカデミー賞最優秀主題歌賞を受賞したベルリンの「愛は吐息のように」が収録されたサントラがミリオンセラーを記録するなど一大ムーブメントとなった。撮影も米海軍の協力を得て、選りすぐったパイロットたちが実際に操縦する戦闘機を撮影するというリアルで迫力のあるシーンなど、この臨場感のある迫力の空中バトルを是非大スクリーンで体験して下さい。
マーヴェリック:トム・クルーズ
チャーリー:ケリー・マクギリス
アイスマン:ヴァル・キルマー
グース:アンソニー・エドワーズ
ヴァイパー:トム・スケリット
監督:トニー・スコット
製作:ドン・シンプソン/ジェリー・ブラッカイマー
脚本:ジム・キャッシュ/ジャック・エップス・Jr.
音楽:ハロルド・フォルターメイヤー
www.uipjapan.com
TOP GUN
9.3(土) デジタル・リマスター版 ROADSHOW
特別鑑賞券好評発売中 ¥1300
東劇 03-3541-2711
ユナイテッド・シネマ としまえん 03-5912-9800
MOVIX本牧 045-625-4766
シネプレックス幕張 043-213-3000
ユナイテッド・シネマ 入間 04-2965-9999
シネプレックスわかば 049-272-5100
MOVIX宇都宮 028-657-6200
MOVIX伊勢崎 0270-30-1700

デジタル・リマスター版でスクリーンに甦る!
トム・クルーズの栄光は
ここから始まった……
トム・クルーズ
ケリー・マクギリス
ヴァル・キルマー◆アンソニー・エドワーズ◆トム・スケリット
監督トニー・スコット
製作ドン・シンプソン/ジェリー・ブラッカイマー
脚本ジム・キャッシュ/ジャック・エップス・Jr.
音楽ハロルド・フォルターメイヤー
トップガン
www.uipjapan.com

$100,000,000
86年5月全米公開――75日間で1億ドル突破!!
1963年アメリカ海軍は、パイロットのトップ1パーセントのためのエリート学校を設立した。目的は、失われつつある空中戦の技術訓練にあった。ここの訓練生たちは、エリート中のエリートをめざし、日夜厳しい訓練に明け暮れるのだ。世界最高のこれらパイロットを養成するこの学校と訓練生の別名を"トップガン"と呼んだ。
いまこのトップガンの仲間入りしたひとりの若者。無謀な飛行技術で大空を駆巡るマーベリックだ。その彼が心を奪われたひとりの女性。しかもその彼女は、トップガンの教官だった。クールで知的な美人教官。心ときめき、やがて恋になり、そしてめくるめく愛が燃えあがろうとしていた……。
トップガンとよばれるエリート集団に編入されたひとりの若者を通し、その青春、友情、希望、挫折、生と死そして高まる愛を、ダイナミックな迫力で迫る飛行シーンとロック・ビートのリズム感あふれる素晴らしいミュージックの中に描き、本年度アメリカ映画界No.1ヒット作品として独走を続ける話題作である。
12月[redacted]正月第1弾全国ロードショー!
全篇を飾る豪華な
全米No.1ヒット・サウンドの数々!!
この映画の話題のひとつは、全編のバックを彩るゴキゲンなロック・サウンド。音楽は「ビバリーヒルズ・コップ」のハロルド・ファルターメイヤー、「フラッシュダンス」のジョルジオ・モロダーの協力を得て、既に全米ヒットNO.1となったケニー・ロギンスの「デンジャー・ゾーン」をはじめ、ベルリンの「愛は吐息のように」、マイアミ・サウンド・マシーンの「ホット・サマー・ナイト」など全11曲がフィーチャーされている。
SOUNDTRACK ALBUM
AVAILABLE ON CBS RECORDS,
CASSETTES AND
COMPACT DISCS
PARAMOUNT PICTURES PRESENTS A DON SIMPSON/JERRY BRUCKHEIMER PRODUCTION
A TONY SCOTT FILM TOM CRUISE TOP GUN KELLY McGILLIS VAL KILMER ANTHONY EDWARDS
TOM SKERRITT MUSIC SCORE BY HAROLD FALTERMEYER WRITTEN BY JIM CASH & JACK EPPS, JR
PRODUCED BY DON SIMPSON AND JERRY BRUCKHEIMER DIRECTED BY TONY SCOTT A PARAMOUNT PICTURE
TOM CRUISE · KELLY McGILLIS
TOP GUN
トップガン
A DON SIMPSON/JERRY BRUCKHEIMER PRODUCTION
TOM CRUISE · KELLY McGILLIS
TOP GUN
パラマウント映画 UIP配給
トップガン
トム・クルーズ ケリー・マクギリス
特別優待割引券
トップガン
一般200円/学生100円を
割引いたします。
UIP映画配給

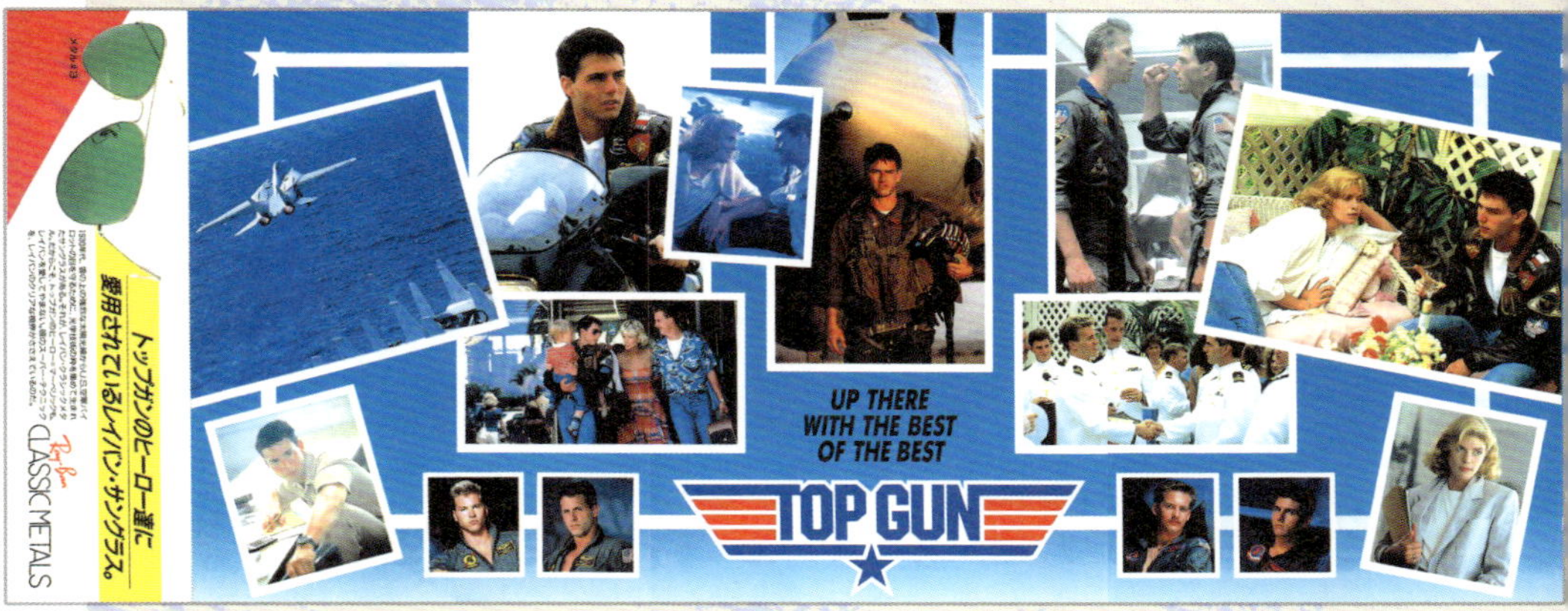
UP THERE
WITH THE BEST
OF THE BEST
TOP GUN
トップガンのヒーロー達に
愛用されているレイバン・サングラス。
Ray-Ban
CLASSIC METALS

1986年5月16日に全米で公開されたトップガン。
公開されるやいなや大ヒット。
トップガン旋風は全世界に広がった。
日本では12月6日の公開が発表され、
約半年の間、待たされることになり、
その間、サウンドトラックやMA-1が大流行した。
(ちなみに、トムは劇中でMA-1は着ていない)。
情報を知らせるチラシもいくつか作られ、
右ページ上は、本チラシの別パターン。
下は2005年のデジタルリマスター版公開時のものだが、
上に掲載したチラシは三つ折りになっていて、大変珍しいものである。

卒業白書

Risky Business

大学入試も女も金も あたって砕けろ！悩みの青春 いま卒業！

青春はこんな風に卒業してみたい

豊かな中流家庭の一人息子として育ち、マジメで気の優しいジョエル（トム・クルーズ）の悩みは、名門プリンストン大学へ入って欲しいという両親の大きな期待と、友人のマイルズ（カーチス・アームストロング）にけしかけられるＳＥＸへの欲望。ごくごく正常な若者だ。そんなジョエルに願ってもないチャンス？がおとずれた。両親が旅行へ出かけたのだ。親父のステレオも車も自由に使える、酒を飲もうが勉強しまいが思いのまま、そんな解放感にひたっているジョエルの所へ、マイルズがやって来た。エンターティメント・ペーパーを持って来て、早く卒業しなと言う。とても自分じゃ電話できそうもないジョエルのかわりに、マイルズは適当に選んだところにホームコール、ジョエルが断りの電話をしないように番号も教えずに帰ってしまった。

一人残されたジョエルは、アセリと期待の入りまじった不安な気持ちで待っていた――。だが、やって来たのは、ナント黒人のしかもゲイのお兄さん。あせって全財産の75ドルを渡してなんとかお引き取り願ったが、そのお兄さんが紹介してくれたラナ（レベッカ・ドウ・モルネイ）という女を、今度は自分で呼んでみた。

ジョエルの危険でワルくてカッコイイ青春卒業はそこから始まるのだ……

新鮮な感覚と新鮮なスターの魅力

この作品の最大のポイントはジョエルとラナ役の魅力である。この主役を演じるスターを探すために、予定の撮影開始日を大幅に遅らせたほどである。その結果、選ばれたのがこのところ「タップス」「エンドレス・ラブ」「アウトサイダー」とたて続けに若者の映画に準主演、青春スターとして注目を浴び人気も急上昇中のトム・クルーズと、「ワン・フロム・ザ・ハート」に端役主演しただけという20才のレベッカ・ドウ・モルネイの２人。もちろん主役は初めてという新鮮なカップルだ。

監督は「がんばれ！ベアーズ特訓中」などの脚本家、ポール・ブリックマン。ジョン・ミリアス、ローレンス・キャスダン（白いドレスの女）など、脚本家出身の監督は出来の良い作品を作るので定評があるが、ブリックマン監督も自らの脚本を見事に映像化している。音楽はシンセサイザー・ミュージックの草分けであるドイツのグループ、タンジェリン・ドリームが担当、撮影は「９時から５時まで」のレイナルド・ビラロボスと「ダーティハリー」「ビッグ・ウェンズデー」などのベテラン、ブルース・サーティースの２大名匠が担当、新鮮なムードで作品をもり上げている。

卒業白書

Risky Business

全米でヤングの話題爆発！
新しい青春映画の名作誕生

＊連続７週トップ独走の大ヒット

50 Top-Grossing Films

50 Top-Grossing Films

★キャスト★

ジョエル……トム・クルーズ
ラナ……レベッカ・ドウ・モルネイ

★スタッフ★

製作……ジョン・アブネット
スチーブ・ティッシュ
監督＆脚本……ポール・ブリックマン
撮影……レイナルド・ビラロボス
ブルース・サーティース
音楽作曲＆演奏……タンジェリン・ドリーム

若手スターNo.1！
トム・クルーズ

映画が教えてくれる一卒業のしかた

'84年に青春を卒業する男のコ諸君。次の事だけは覚えておいてくれ、〈卒業白書〉が教えてくれるカッコいい青春の卒業のしかた13スタイル

★ワルく、カッコ良く、スマートに
★誰も傷つけずに青春の門を通ること
★時には"どうにでもなれ！。という気持で行動してみること
★ＳＥＸを"悪いコト。と決めつけるな
★自分たちは両親の人形でないことを自覚しろ
★初めての経験には金をおしむな
★恋の相手を家柄や仕事で決めるな
★チャンスには飛びつけ、結果を怖れるな！
★両親の留守にはやりたいことをやれ
★高望みは絶対にすべきだ。ダメでもともと
★常に何とかなると思っていろ
★マジメで気弱でおとなしい優等生的息子は自慢にならない。
★一晩200万円もモウかる仕事があることを知っておけ

全米の若者たちの夢

タンジェリン・ドリーム、ボブ・シーガーらの曲にのって、全米で大ヒットを記録しているこの作品は11月９日の時点で14週を突破し、興行成績も50億円を越す猛烈なヒットとなった。

アメリカの高校生たちにとって、この映画のジョエルは、自分たちの夢を最高にうまく実現させてくれるヒーローなのだ。メチャクチャな事をやりながら、最終的にはバッチリ幸運をつかみとる。あんな風にやれたらなあというのが、現代アメリカのヤングたちの偽らざる心境なのだ。

凄い人気！ 学生券1100円
お得な特別ご鑑賞券1200円も発売中

新春第2弾 ロードショウ

■上映時間（全館共通）

日・祝	10:40	平日	12:40	2:40	4:40	6:40

東急文化会館5F 渋谷東急 (407) 7029
歌舞伎町コマ劇場前 新宿東急 (200) 1981
伊勢丹斜め向い 新宿東映パラス (351) 3061
有楽町フードセンター前 丸の内東映パラス (535) 4740

Story

シカゴ郊外。ジョエル・グッドソン（トム・クルーズ）は、大学受験を控え「自由企業経営会」なるゼミに出席する高校生。プリンストン大学で経営学を専攻し、将来は一流のビジネスマンにと方向性は決まっているのだが、頭の中はＳＥＸのことでいっぱい。両親が休暇旅行に出かけると、性欲の憂さ晴らしに父親自慢のステレオでロックを爆音でかけるわ、高級ウイスキーをラッパ飲みするわ、父親の愛車のポルシェを乗り回すわの好き放題。そんなさなか、友達がジョエルの家に娼婦の出張サービスを送り込んできた。そして、ジョエルはラナ（レベッカ・デモーネイ）という娼婦と出会う。ラナはジョエルが思い描いていた夢の女性以上に、スレンダーでセクシーな超美人だった。あっという間に初体験は済んでしまったが、このラナにはヒモがついていた。料金が足りないことから、ラナのヒモであるグイド（ジョー・パントリアーノ）が出てきてカーチェイスとなり、もめているうちに父親のポルシェを湖に沈めてしまう。修理費を稼ぐため、ジョエルとラナは高級娼婦とお坊ちゃん高校生たちの大乱痴気パーティーを企画。そして、8千ドルを稼ぎ出す。高校生のジョエルには初めて経験することばかり。この先どうなってしまうのか……。

ジョエル・グッドソン

プリンストン大学を目指すが、勉強よりも女のことばかり考えている童貞の高校生。本作はトムの初主演作で、ゴールデングローブ賞主演男優賞にノミネートされ出世作となった。ワイシャツにブリーフ姿で踊るシーンが有名だが、あれはトムの発案。本作で初めは不仲だった相手役のレベッカ・デモーネイと急接近。同い年だった2人は同棲するまでに至り2年交際した。

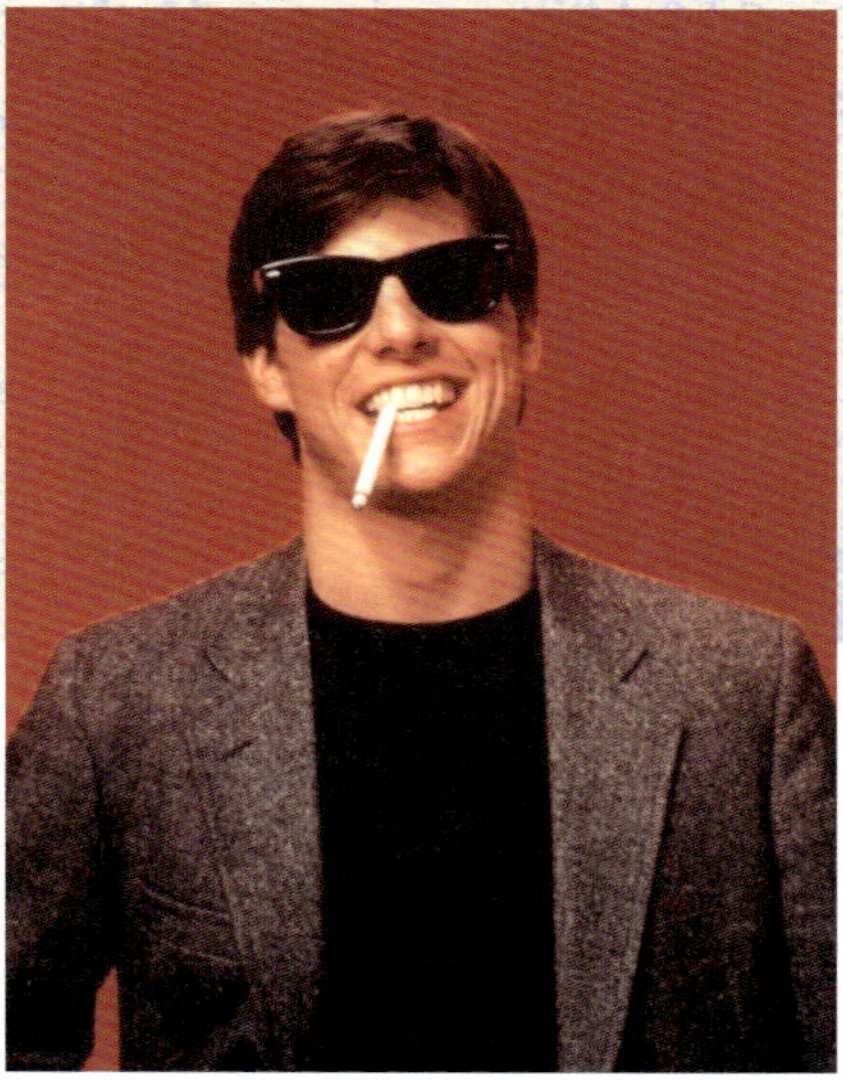

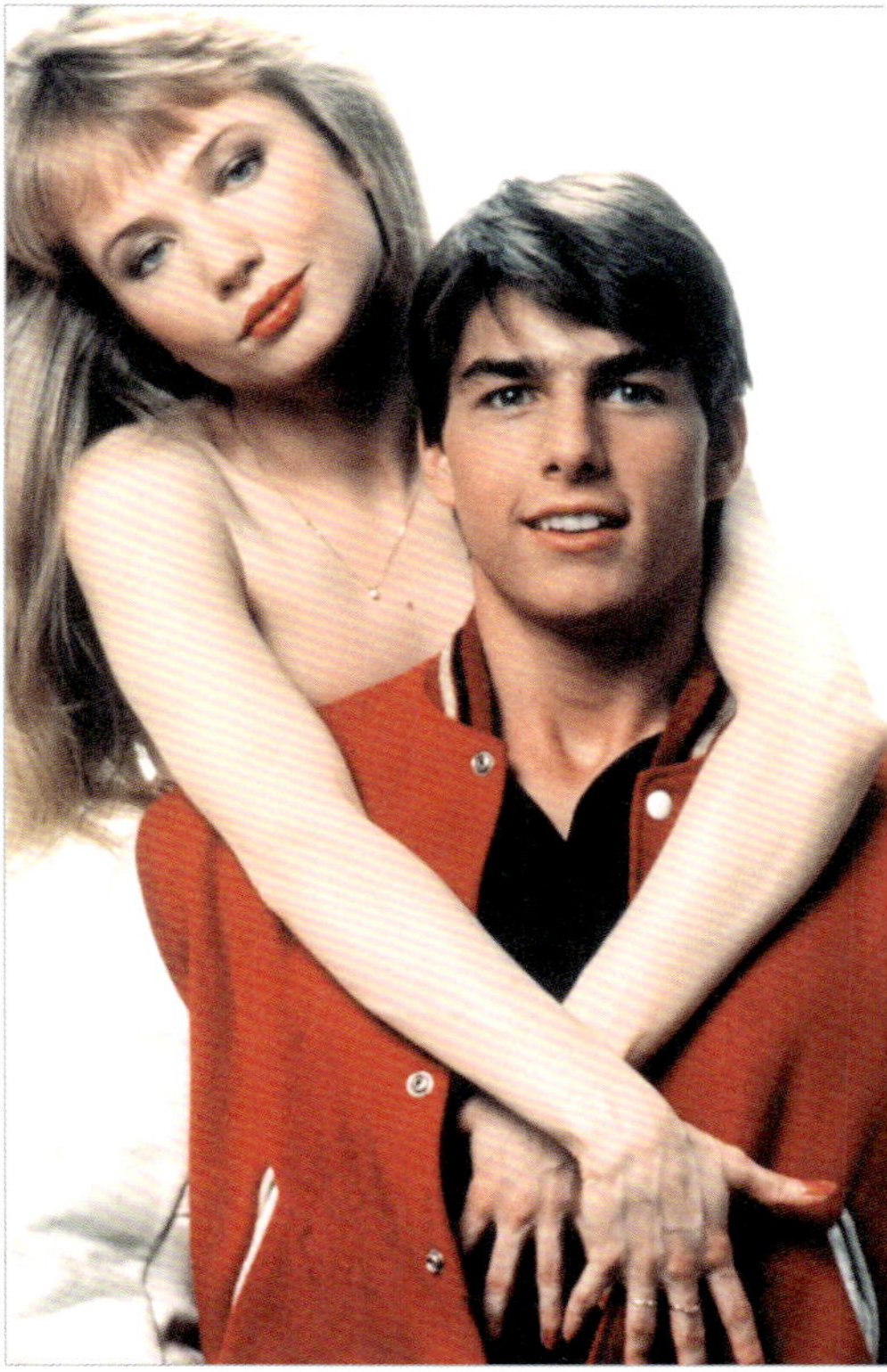

DATA

監督	ポール・ブリックマン
脚本	ポール・ブリックマン
製作	ジョン・アヴネット スティーヴ・ティッシュ
出演者	ラナ…レベッカ・デモーネイ グイド…ジョー・パントリアーノ マイルズ…カーティス・アームストロング バリー… ブロンソン・ピンチョット グレン…ラファエル・スパージ ジョエルの父…ニコラス・プライアー ジョエルの母…ジャネット・キャロル ルザフォード…リチャード・メイサー
音楽	タンジェリン・ドリーム
撮影	レイナルド・ヴィラロボス ブルース・サーティース
編集	リチャード・チュウ
製作会社	ゲフィン・ピクチャーズ
配給	ワーナー・ブラザース
公開	全米：1983年8月5日 日本：1984年1月28日
上映時間	98分
製作費	6,200,000ドル
興行収入	63,541,777ドル

BD&DVD INFORMATION

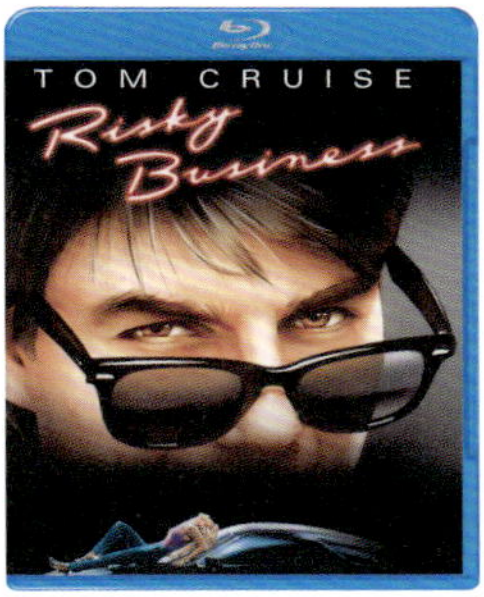

卒業白書
Blu-ray：2,619円／
DVD：1,572円（全て税込）
発売元：ワーナー・ブラザース
ホームエンターテイメント
販売元：NBC ユニバーサル・
エンターテイメント

アウトサイダー

The Outsiders

全世界の若者の魂を躍動させてY・A時代がやってくる！

★★★ 熱いエネルギーが爆発！これが噂の〈Y・A《ワイ・エー》映画〉★★★
超豪華！人気アイドルの
Y・Aスターが勢ぞろい！

80年代のハリウッドを担う人気Y・A〈ヤング・アダルト〉スターが一挙出演。『E.T.』のトーマス・ハウエル、全米トップ・アイドルのマット・ディロン、人気ロック・シンガーのレイフ・ギャレット、『エンドレス・ラブ』のトム・クルーズ、『リトル・ロマンス』のダイアン・レイン…平均年令17才のヤング・パワーがスクリーンに大爆発！『ティーンズ』『16』『ユース』等Y・A雑誌はこぞって『アウトサイダー』の特集号を発行。世界各地でファン・クラブが激増。日本でも早くもファンクラブが結成されるという過熱ぶりで、2度とみられない超豪華な顔ぶれがスゴイ話題を呼んでいる。

アメリカから全世界へ――

驚異的な大ヒットを記録！

公開されるや"本格的"な若者映画の登場と絶賛を受け、年代を超越した幅広い層が劇場に殺到。あっという間にバラエティ紙のトップに躍り出て、第一位を独走の大ヒット！この作品は全米の中・高生の3人に2人は読んでいる超ベストセラーの原作を若者たちの熱望により映画化が決定。しかも監督さえも、スピルバーグ、ルーカスと並ぶ、あのフランシス・コッポラ監督を指名。ついに若者たちの"夢"は実現された。そしてこの映画史上かつてない出来事をコッポラ監督は語る『私は若者たちを撮ったのではない。若者といっしょに考え、話し合いながら、ニュー・タイプの映画を創り出したのだ。』マスト・ピクチャー(必見映画)として本年度ベスト・ワンの声は高まり、いま限りない感動が拡がっている。

音楽、小説、ファッションに……

Y・Aブームが最高潮！

いま、アメリカではティーンズとはいわず、若者をヤング・アダルト＝Y・A〈ワイ・エー〉と呼んでいる。大人たちが創りあげた社会の中でとまどうY・Aたち。そんな彼らの気持をあるがままに綴るのがY・A小説、ハートを歌いあげるのがY・A音楽、そしてY・Aファッション。そのすべてを一身に集めたY・Aスターがスクリーンに躍動するのがY・A映画『アウトサイダー』だ！Y・A小説の代表傑作の原作、あのスティービー・ワンダーが自ら作詞し歌う主題歌、ブルージーンズのY・Aファッション、次代のハリウッドを担うY・Aスター！いま全世界の若者の心をとらえ、ついに〈Y・A〉はブーム最高潮に達した。

マスコミがこぞって絶賛！

限りなく拡がる感動の渦！
★LAウィークリー誌／さすがコッポラだ。強烈なインパクト、美しい映像、深い感銘。小説・サウンド・ファッション、そして映画。ついにY・Aは全米を席捲した。
★ニューヨーク・タイムズ紙／ベストセラー『アウトサイダー』の映画化は若者の夢だった！
★ボックスオフィス誌／大胆！新新！感動！全篇が若者の躍動感に満ち、スティービーの主題歌も抜群だ。
★タイム誌／何処にも行き場のないタフな若者をストレートに描いた本年度最高の秀作が生まれた！
50 Top-Grossing Films
アウトサイダー
TOWA
カラー作品
アメリカ・ゾエトロープ超大作★東宝東和提供

FRANCIS F.COPPOLA presents
Y・Aスター総結集！いま、時代は熱くダイナミックに突っ走る！
THE OUTSIDERS
アメリカから全世界へ――限りない鮮烈の青春を謳う感動巨編
アウトサイダー
監督・製作 フランシス・コッポラ
TOWA
8月27日(土)より《話題》のロードショー
有楽町・東宝映画街 日比谷 スカラ座 (591)5355

Story

オクラホマ州タルサ。ここには10代の少年たちから成る2つのグループがあった。ウェストウッドに住むお坊っちゃまグループのソッシュと進学は望めない落ちこぼれグループのグリース。2つは対立し、小競り合いはしょっ中である。14歳のポニーボーイ・カーティス（C・トーマス・ハウエル）は、両親を交通事故で失い、兄のダレル（パトリック・スウェイジ）とソーダポップ（ロブ・ロウ）が親代わりとなり、3人で暮らしている。ポニーボーイの住むイーストウッドは貧民階級の町で、この兄弟は3人揃ってグリースのメンバーだった。血の気の多いツービット（エミリオ・エステベス）、体自慢のスティーブ（トム・クルーズ）たちが仲間。ポニーボーイは2歳年上で物静かなジョニー（ラルフ・マッチオ）、リーダー格のダラス（マット・ディロン）と、いつも一緒だった。ある夜、3人はドライヴインシアターに行くとソッシュの女の子2人を見つける。からかい出すダラスにジョニーが割って入る。女の子の1人チェリー（ダイアン・レイン）が礼を言い、チェリーを送っていくことになる。しかし、ソッシュのクルマが追いかけて来た。ポニーボーイとジョニーはソッシュに囲まれ、恐怖にかられたジョニーがナイフを振り回し、ソッシュのリーダー格ボブ（レイフ・ギャレット）が死んでしまう……。

DATA

監督	フランシス・フォード・コッポラ
脚本	キャスリーン・ローウェル
原作	S・E・ヒントン
製作	グレイ・フレデリクソン フレッド・ルース
製作総指揮	フランシス・フォード・コッポラ
出演者	ポニーボーイ・カーティス …C・トーマス・ハウエル ダラス…マット・ディロン ジョニー…ラルフ・マッチオ ダレル(ダリー)・カーティス …パトリック・スウェイジ ソーダポップ・カーティス…ロブ・ロウ ツービット…エミリオ・エステベス チェリー…ダイアン・レイン ボブ…レイフ・ギャレット バック…トム・ウェイツ
音楽	カーマイン・コッポラ
撮影	スティーヴン・H・ブラム
編集	アン・ゴアソード
製作会社	アメリカン・ゾエトロープ
配給	全米:ワーナー・ブラザース 日本:東宝東和
公開	全米:1983年3月25日 日本:1983年8月27日
上映時間	91分
興行収入	世界:25,697,647ドル

スティーヴ

貧困層の若者のグループ「グリース」のメンバー。ポニーボーイの家に遊びに来ては浮かれ騒ぐお調子者。トムは、Y・Aスター勢揃いの中で目立とうと頑張っている。アメリカで人気のY・A(ヤング・アダルト)小説のベストセラーとなったS・E・ヒントンの同名小説の映画化。監督は、フランシス・フォード・コッポラ。「ランブルフィッシュ」、「コットンクラブ」と続く、コッポラのY・A三部作の第一作目である。

フランシス・F・コッポラ
これは誰の心にもかつて存在した、忘れたくても忘れられないあの頃の記憶!!
青春の金字塔!!
劇場公開版より22分の大幅改変!
コッポラ本人が認めた
"完全版"で上映!!
THE OUTSIDERS
全国順次公開
アウトサイダー
コンプリート・ノベル -4Kレストア版-
70/80年代
僕らは輝き続ける。

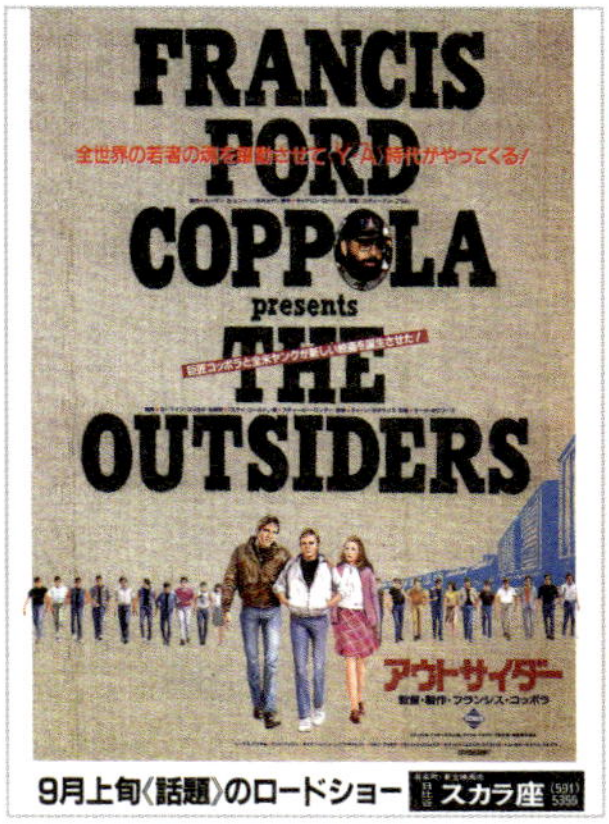
FRANCIS FORD COPPOLA presents THE OUTSIDERS
全世界の若者の魂を躍動させて〈Y・A〉時代がやってくる!
アウトサイダー
監督・製作・フランシス・コッポラ
9月上旬《話題》のロードショー
スカラ座

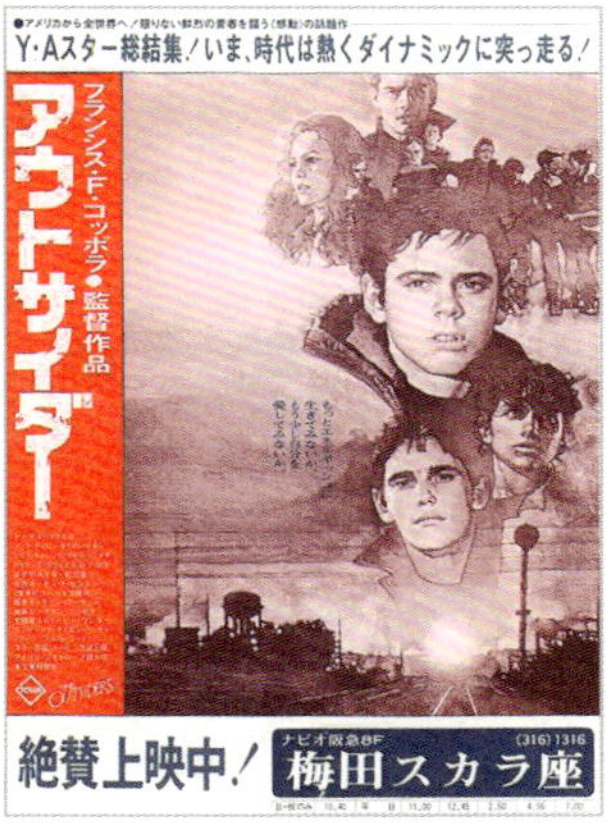
Y・Aスター総結集!いま、時代は熱くダイナミックに突っ走る!
フランシス・F・コッポラ●監督作品
アウトサイダー
絶賛上映中!
ナビオ阪急8F
(316)1316
梅田スカラ座

トム・クルーズ／栄光の彼方に

All the Right Moves

この街を出て、一花咲かせたい！若き青年の青春バイブル

ステフ

夢を掴もうと、もがく不器用なアメフト青年。トムは主演を果たし、アメリカでは「卒業白書」以降に公開されていて、恋人役に「バック・トゥ・ザ・フューチャー」のリー・トンプソンが出ていたり、撮影がアクション超大作「スピード」の監督、ヤン・デ・ボンだったりと豪華ではあるのだが当時、日本ではまだ無名。劇場未公開となり、ビデオスルーで発売された。

DATA

監督	マイケル・チャップマン
脚本	マイケル・ケーン
製作	スティーヴン・ドイッチ
製作総指揮	ゲイリー・モートン
出演者	リサ…リー・トンプソン ニッカーソン…クレイグ・T・ネルソン ポップ…チャールズ・シオフィ グレッグ…ゲイリー・グレアム サルヴッチ…ポール・カラフォテス ブライアン…クリストファー・ペン
音楽	デヴィッド・キャンベル
撮影	ヤン・デ・ボン
編集	デヴィッド・ガーフィールド
配給	20世紀フォックス
公開	1983年10月21日
上映時間	90分
興行収入	世界:17,233,166ドル

Story

鉄鋼の町、ペンシルバニア。この街に住む人々のほとんどが鉄鋼所で働いている。ステフ（トム・クルーズ）の父も兄も日夜、賢明に働いている。ステフは、そんな父や兄を愛し尊敬しているが、高校卒業を迎えて、自分はこの町を出て大学で学び、広い世界へ羽ばたきたいと考えていた。町から抜け出す方法は、ただ一つ。フットボールで奨学金をもらって大学に進学すること。音楽家志望のガールフレンド、リサ（リー・トンプソン）や仲間たちと夢を語り合いながら過ごす。しかし、楽勝のはずだった試合に凡ミスで負けたことへ暴言を吐き、コーチのニッカーソン（クレイグ・T・ネルソン）から退部を言い渡されてしまう……。

爆笑!? 恋のABC体験

Losin' It

ボンクラ高校生たちは童貞を喪失することができるのか!?

ウッディ

高校生のチェリー野郎。原題の「Losin' It」とは童貞喪失の意味。果たして「恋のABC」を体験することはできるのか!? 冒頭はトムの寝起きから始まり、クレジットもトップで出てくるが、3人の童貞野郎たちの青春グラフィティ的映画と言ったところ。日本未公開作で、1985年11月5日にVHSのみで発売され、現在は絶版。DVDは海外では発売されたが、日本国内では発売されていない。

DATA

監督	カーティス・ハンソン
脚本	ビル・L・ノートン
原案	ビル・L・ノートン ブライアン・ギンドーフ
製作	ブライアン・ギンドーフ ハンナ・ヘンプステッド
製作総指揮	ガース・H・ドラビンスキー ジョエル・B・マイケルズ
出演者	キャシー…シェリー・ロング デイヴ…ジャッキー・アール・ヘイリー スパイダー…ジョン・ストックウェル ウェンデル…ジョン・P・ナヴィンJr. 保安官…ヘンリー・ダロウ ラリー…ケイル・ブラウン タクシー運転手…エンリケ・カスティロ 国境警備隊…ジョー・スピネル
音楽	ケン・ワンバーグ
撮影	ギルバート・テイラー
編集	リチャード・ハルシー
配給	エンバシー・ピクチャーズ
公開	1983年4月8日
上映時間	100分
興行収入	世界:1,246,141ドル

Story

1960年代のロサンジェルス。高校生のウッディ（トム・クルーズ）、デイヴ（ジャッキー・アール・ヘイリー）、スパイダー（ジョン・ストックウェル）の3人は童貞とおさらばするために、57年型の赤いシボレー・コンバーチブルに乗ってメキシコのティファナを目指した。デーヴの弟、ウェンデル（ジョン・P・ナヴィンJr.）は資金調達係として一緒に行くことに。道中、立ち寄った店で店主の夫婦喧嘩に遭遇。3人はその隙に万引きして逃げようとするが、妻のキャシー（シェリー・ロング）がクルマに乗り込んできて、何故か5人で一緒に行くことになる。しかし、風俗の街、ティファナは治安が最悪。とんでもない事件が彼らを待ち受けていた……。

タップス

Taps

この学校は僕たちの家だ！守るのは当然だ!!

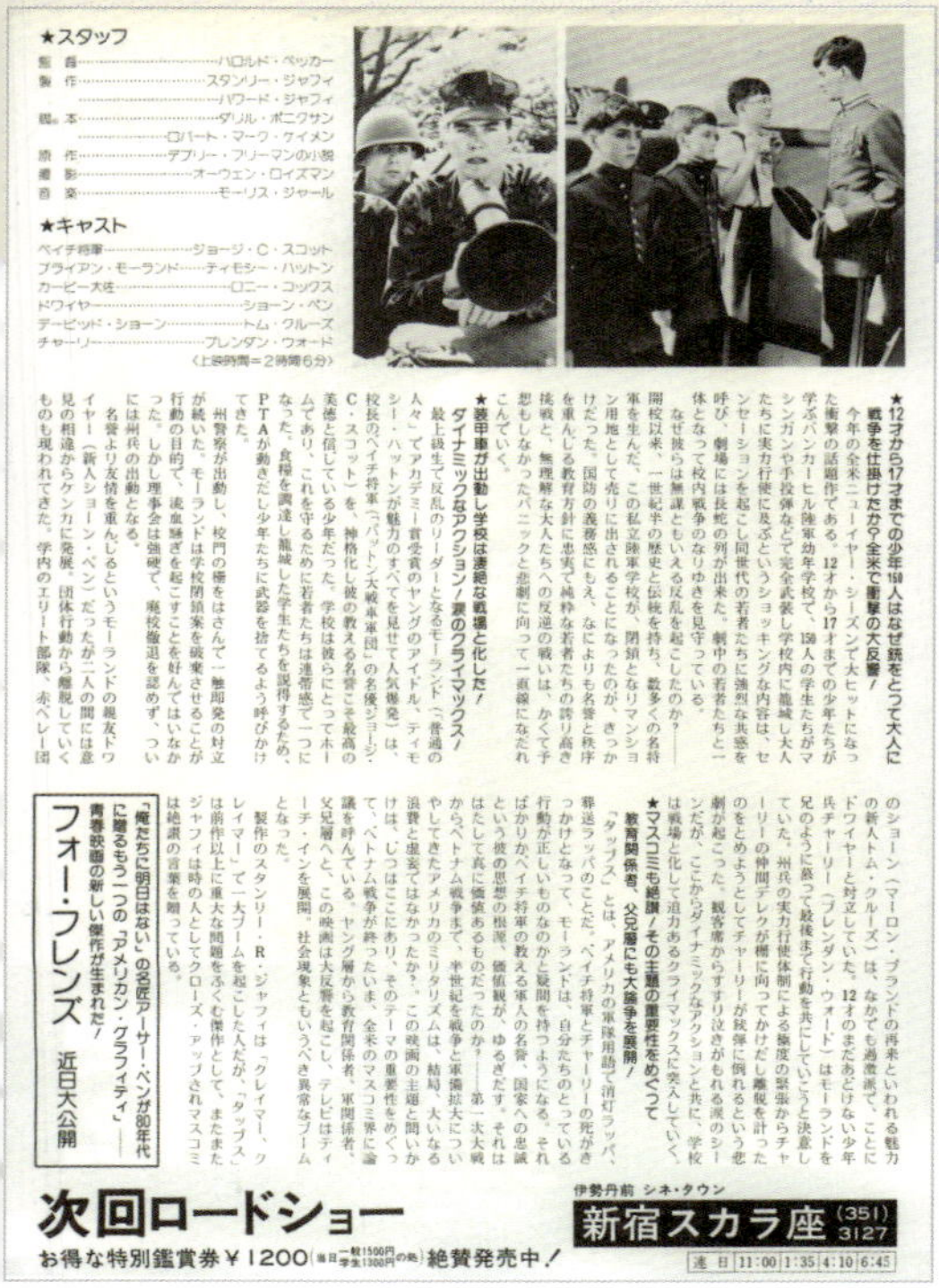
★スタッフ
監督……ハロルド・ベッカー
製作……スタンリー・ジャフィ
……ハワード・ジャフィ
脚本……ダリル・ポニクサン
……ロバート・マーク・ケイメン
原作……デブリー・フリーマンの小説
撮影……オーウェン・ロイズマン
音楽……モーリス・ジャール

★キャスト
ベイチ将軍……ジョージ・C・スコット
ブライアン・モーランド……ティモシー・ハットン
カービー大佐……ロニー・コックス
ドワイヤー……ショーン・ペン
デービッド・ショーン……トム・クルーズ
チャーリー……ブレンダン・ウォード
〈上映時間＝2時間6分〉

★12才から17才までの少年150人はなぜ銃をとって大人に戦争を仕掛けたか？全米で衝撃の大反響！

今年の全米ニューイヤー・シーズンで大ヒットになった衝撃の話題作である。12才から17才までの少年たちが学ぶバンカーヒル陸軍幼年学校で、150人の学生たちがマシンガンや手投弾などで完全武装し学校内に籠城し大人たちに実力行使に及ぶというショッキングな内容は、センセーションを起こし同世代の若者たちに強烈な共感を呼び、劇場には長蛇の列が出来た。劇中の若者たちと一体となって校内戦争のなりゆきを見守っている。

なぜ彼らは無謀ともいえる反乱を起こしたのか？——開校以来、一世紀半の歴史と伝統を持ち、数多くの名将軍を生んだ、この私立陸軍学校が、閉鎖となりマンション用地として売りに出されることになったのが、きっかけだった。国防の義務感にもえ、なによりも名誉と秩序を重んじる教育方針に忠実で純粋な若者たちの誇り高き挑戦と、無理解な大人たちへの反逆の戦いは、かくて予想もしなかったパニックと悲劇に向って一直線になだれこんでいく。

★装甲車が出動し学校は凄絶な戦場と化した！ダイナミックなアクション！涙のクライマックス！

最上級生で反乱のリーダーとなるモーランド（「普通の人々」でアカデミー賞受賞のヤングのアイドル、ティモシー・ハットンが魅力のすべてを見せて人気爆発）は、校長のベイチ将軍（「パットン大戦車軍団」の名優ジョージ・C・スコット）を、神格化し彼の教える名誉こそ最高の美徳と信じている少年だった。学校は彼らにとってホームであり、これを守るために若者たちは連帯感で一つになった。食糧を調達し籠城した学生たちを説得するため、PTAが動きだし少年たちに武器を捨てるよう呼びかけてきた。

州警察が出動し、校門の柵をはさんで一触即発の対立が続いた。モーランドは学校閉鎖案を破棄させることが行動の目的で、流血騒ぎを起こすことを好んではいなかった。しかし理事会は強硬で、廃校撤退を認めず、ついには州兵の出動となる。

名誉より友情を重んじるというモーランドの親友ドワイヤー（新人ショーン・ペン）だったが二人の間には意見の相違からケンカに発展。団体行動から離脱していくものも現われてきた。学内のエリート部隊、赤ベレー団のショーン（マーロン・ブランドの再来といわれる魅力の新人トム・クルーズ）は、なかでも過激派で、ことにドワイヤーと対立していた。12才のまだあどけない少年兵チャーリー（ブレンダン・ウォード）はモーランドを兄のように慕って最後まで行動を共にしていこうと決意していた。州兵の実力行使体制による極度の緊張からチャーリーの仲間デレクが柵に向ってかけだし離脱を計ったのをとめようとしてチャーリーが銃弾に倒れるという悲劇が起こった。観客席からすすり泣きがもれる涙のシーンだが、ここからダイナミックなアクションと共に、学校は戦場と化して迫力あるクライマックスに突入していく。

★マスコミも絶讃！その主題の重要性をめぐって教育関係者、父兄層にも大論争を展開！

「タップス」とは、アメリカの軍隊用語で消灯ラッパ、葬送ラッパのことだ。ベイチ将軍とチャーリーの死がきっかけとなって、モーランドは、自分たちのとっている行動が正しいものなのかと疑問を持つようになる。そればかりか、ベイチ将軍の教える軍人の名誉、国家への忠誠という彼の思想の根源、価値観が、ゆるぎだす。それははたして真に価値あるものだったのか？——第一次大戦から、ベトナム戦争まで、半世紀を戦争と軍備拡大についやしてきたアメリカのミリタリズムは、結局、大いなる浪費と虚妄ではなかったか？"この映画の主題と問いかけは、じつはここにあり、そのテーマの重要性をめぐって、ベトナム戦争が終ったいま、全米のマスコミ界に論議を呼んでいる。ヤング層から教育関係者、軍関係者、父兄層へと、この映画は大反響を起こし、テレビはティーチ・インを展開。社会現象ともいうべき異常なブームとなった。

製作のスタンリー・R・ジャフィは「クレイマー、クレイマー」で一大ブームを起こした人だが、「タップス」は前作以上に重大な問題をふくむ傑作として、またまたジャフィは時の人としてクローズ・アップされマスコミは絶讃の言葉を贈っている。

「俺たちに明日はない」の名匠アーサー・ペンが80年代に贈るもう一つの「アメリカン・グラフィティ」——青春映画の新しい傑作が生まれた！
フォー・フレンズ　近日大公開

次回ロードショー
お得な特別鑑賞券￥1200（当日一般1500円 学生1300円の処）絶賛発売中！
伊勢丹前 シネ・タウン
新宿スカラ座 (351)3127
連日 11:00 1:35 4:10 6:45

Story

開校から1世紀半、伝統と歴史を誇る名門校バンカーヒル・ミリタリー・アカデミー。ここでは、12歳で親もとを離れ6年間、厳しい規律の下で学習と教練をみっちり叩き込まれる。今年も卒業式を迎えて、ブライアン・モアランド大尉（ティモシー・ハットン）は最上級生となり、生徒長の役目が引き継がれた。生徒長とは、この学校の全ての生徒を統率する生徒指揮官のこと。真面目なブライアンは校長のハーラン・ベイシュ将軍（ジョージ・C・スコット）を神のように尊敬していて、この名誉に感激する。しかし、理事会はミリタリー・アカデミーなどという時代錯誤な存在は1年間の猶予を置いて閉校すると発表。そんな折、開かれたダンス・パーティーで、生徒たちの喧嘩を止めようとしたベイシュ将軍の銃が暴発、1人の少年が死亡してしまう。将軍は逮捕され、理事会はここぞとばかりに閉校を決定する。これに反発した生徒たちは、ブライアンの指揮の下、武器をとって学校にたて籠もり、閉校撤回を要求。ブライアンは在校生に呼びかけ、１５０余名の生徒は全員賛成した。だが理事会は要求に応じず、州兵が出動。ブライアンは降伏を決意するが、デイビッド・ショーン大尉（トム・クルーズ）は命令に従わず、マシンガンを乱射する……。

デイビッド・ショーン

バンカーヒル・ミリタリー・アカデミーの生徒。階級は大尉。デヴァリー・フリーマンの小説の映画化。「タップス」とは戦死者の葬儀に際して演奏される弔意を表すラッパのこと。トムは、初めもっと小さな役だったが、監督に直談判。7キロ増量して不気味なふてぶてしさを強調した。そして、強烈な印象を残している。当時から役に対する情熱は変わらないようである。

DATA

監督	ハロルド・ベッカー
脚本	ダリル・ポニックサン ロバート・マーク・ケイメン ジェームズ・ラインバーガー（脚色）
原作	デヴァリー・フリーマン 『Father Sky』
製作	スタンリー・R・ジャッフェ ハワード・B・ジャフェ
出演者	ハーラン・ベイシュ将軍… ジョージ・C・スコット ブライアン・モアランド大尉…ティモシー・ハットン アレックス・ドワイヤー大尉… ショーン・ペン アドルフ・カービー大佐… ロニー・コックス JC・ピアース…ジャンカルロ・エスポジート チャーリー・オーデン…ブレンダン・ウォード デレク…ジョン・P・ナヴィン.Jr. ジョン・クーパー大尉…ティム・ワーラー エドワード・ウエスト…エヴァン・ハンドラー ラスティ…ラスティ・ジェイコブス ケヴィン・モアランド…ウェイン・ティピット ハリス…ドナルド・キンメル ロリー…シェイラ・マーラ フェリス…ジェス・オスナ
音楽	モーリス・ジャール
撮影	オーウェン・ロイズマン
編集	モーリー・ワイントローブ
製作会社	20世紀フォックス
配給	20世紀フォックス
公開	全米:1981年12月9日 日本:1982年5月22日
上映時間	126分
興行収入	世界:35,856,053ドル

DIGITAL DISTRIBUTION

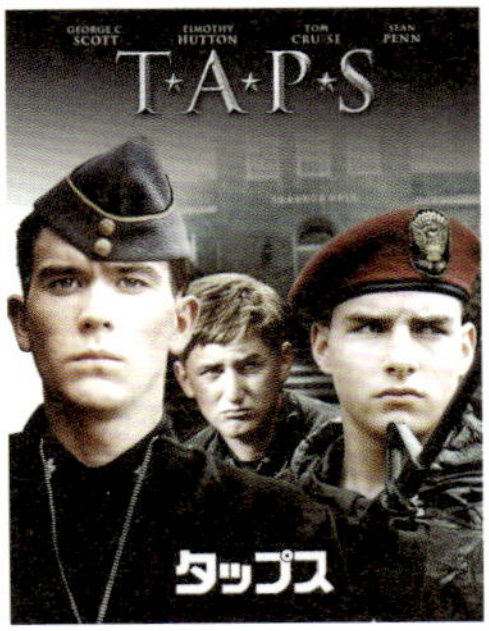

タップス
デジタル配信中
（購入／レンタル）
発売元：ウォルト・ディズニー・ジャパン

エンドレス・ラブ

Endless Love

涙でさよならなんていえない

Story

17歳のデビッド・アクセルロッド（マーティン・ヒューイット）と15歳のジェード・バターフィールド（ブルック・シールズ）は互いの両親も公認の恋人同士。ある日、ジェードの部屋でデビッドが全裸でいたところを父親に見られてしまう。その後、朝帰りしたところも見られ、勉学の妨げになると、2人は引き離される。デビッドはジェードに会いたい一心で、ジェードの家に放火してしまうのだった……。

涙でさよならなんていえない……
バーモントの夜空を焦がして
いま、哀しくも鮮やかに——
ひとつの愛が燃えあがる！
エンドレス・ラブ
ブルック・シールズ　マーティン・ヒューイット　監督フランコ・ゼフィレッリ

エンドレス・ラブ
sslovendlesslovendlesslovendlesslovendlesslovendlesslovendlessloven
「チャンプ」の名匠
フランコ・ゼフィレッリ
がつづる壮大な愛と
感動のドラマ！
映画に、主題歌に、原
作に、いまあらゆる話
題を独占する〈愛〉の
超ベスト・ヒット！
愛と憎しみの中で
傷つき悩む
父と娘、母と息子。
そして夫と妻。
二人の瞳は80年代の
青春をみつめている
ブルック・シールズ
マーティン・ヒューイット
ふたりの余りにも
強い愛。
人々は驚き、そして
恐れた。
あれからいくつの冬…
別れと出逢いの中で
ふりつもる歓び
そして哀しみ。
endless LOVE
ひとはいつも泣きながら
愛を知る——
12月12日より《新春》ロードショー
新宿文化シネマ1

ビリー

デビッドに放火をそそのかす友人の高校生。トムのデビュー作である。監督はフランコ・ゼフィレッリ。名前もある役で、かつ巨匠の元でデビューできたのは幸先がよいが、出番はほんの数分。当時は主演のブルック・シールズに注目が集まり、ダイアナ・ロスとライオネル・リッチーによる同名主題歌が大ヒット。アカデミー主題歌賞にノミネートされ、この年最大のヒット曲となった。

DATA

監督	フランコ・ゼフィレッリ
脚本	ジュディス・ラスコー
原作	スコット・スペンサー
製作	ダイソン・ラヴェル
製作総指揮	キース・バリッシュ
	ピーター・グーバー
出演者	ジェード・バターフィールド…ブルック・シールズ
	デビッド・アクセルロッド…マーティン・ヒューイット
	アン・バターフィールド（ジェイドの母）…シャーリー・ナイト
	ヒュー・バターフィールド（ジェイドの父）…ドン・マレー
	アーサー・アクセルロッド（デヴィッドの父）…リチャード・カイリー
	ローズ・アクセルロッド（デヴィッドの母）…ベアトリス・ストレイト
	キース・バターフィールド（ジェイドの兄）…ジェームズ・スペイダー
	サミー・バターフィールド（ジェイドの弟）…アイアン・ジーリング
音楽	ジョナサン・チューニック
撮影	デヴィッド・ワトキン
編集	マイケル・J・シェリダン
配給	全米:ユニバーサル・ピクチャーズ
	日本:東宝東和
公開	全米:1981年7月17日
	日本:1981年12月12日
上映時間	116分
興行収入	世界:32,492,674ドル
配給収入	日本:11億1000万円

第3章

映画に魂を注ぐ男

プロデュース

トムのもう一つの顔。それは、プロデューサーとしての顔。その手腕は計り知れない。本章では、トムが出演していないプロデュースのみを行った作品を紹介していく。

その"存在《アザーズ》"が見えた時、全てが変わる。
ニコール・キッドマン
アザーズ
the Others
製作:トム・クルーズ　監督:アレハンドロ・アメナバール
その恐怖に世界が戦慄した、ゴシック・ホラーの最高
“M:I-3”の監督に抜擢された、新鋭ジョー・カーナハン作品
NARC
アメリカ大統領も読む雑誌で
ニュースを作り続けた男の生き方が、
ニュースになってしまった。
ニュースの天才
ヘイデン・クリステンセン『スター・ウォーズ エピソード2／クローンの攻撃』　製作総指揮:トム・クル
ピーター・サースガード『K-19』　クロエ・セヴィニー『ブラウン・バニー』　監督:ビリー・レイ
www.news-tensai.jp
この秋、爽やかな感動で満たされる奇跡の6日間
エリザベスタウン
e-town-movie.jp

エリザベスタウン

Elizabethtown

すべてを失った僕を、待っている場所があったー

突然の解雇、恋人との破局、そして、父の死。
僕はあの時、生きる力をなくしていた・・・・
人生最悪の日から6日間——
長い年月をかけて情熱を傾けてきた、新しいシューズ開発のプロジェクトが失敗。商品の返品が相次ぎ、デザイナーのドリューは解雇される。しかも6日後には、彼ひとりの責任として、企業の損失がビジネス紙で公表されることに…。夢に破れ、生きる気力を失ったドリューは、世間の失笑をかう前に人生を終わらせる覚悟をする。そこに、追い討ちをかけるように知らされる父の死——。失意の中、父の故郷であるケンタッキー州の小さな街、エリザベスタウンへと出発する。親戚たちとの触れ合い、初めて知る亡き父の姿、新しいロマンス——美しいその街で過ごすうち、ドリューの傷ついた心も次第に癒されていく。そして迎える運命の『6日後』とは・・・？
時に軽妙に、時に心の琴線に触れ——
オーランド・ブルームの新たな魅力
主演は、いま最も旬な若手俳優として、『ロード・オブ・ザ・リング』3部作、『トロイ』、『キングダム・オブ・ヘブン』でスターへの階段を一気に駆け上がったオーランド・ブルーム。これまでの重厚な史劇のイメージから一転。オーリー演じる主人公の優しい語り口によってストーリーが展開していく。その声は彼自身の独白でありながら、私たちの心にも向けられている…。
名匠の手によって、登場人物の心情に重ね——
音楽が奏でるストーリー
監督は『ザ・エージェント』、『あの頃ペニー・レインと』等、ビビッドな青春映画の名作を数多く手がけているキャメロン・クロウ。心地良い後味を残す作品というだけでなく、主題歌としてエルトン・ジョンの「父の銃」、トム・ペティの「イットゥル・オール・ワーク・アウト」、ナンシー・ウィルソンの「セイム・イン・エニィ・リンゴ」など心に響く音楽を全編に散りばめてエモーショナルを高めていく手法が、本作品にも生かされている。
地図を持って彼に道しるべを与えるのは
不思議な女性、クレア（キルスティン・ダンスト）——
主人公ドリューのハートに突然飛び込んできたのが、偶然出逢ったフライト・アテンダントのクレア。ポジティブな彼女が、ドリューの疲れきった心に生き生きとした空気を吹き込んでいく。でもそれは恋愛感情？逢って、別れて、再会して——恋人未満なふたりのラブ・ストーリーの行方は…。
トム・クルーズが作品をプロデュース。
オーリー&トム、夢のコラボレーションが誕生
製作を担当したトム・クルーズは、No.1アクターとしてだけでなく、『ミッション：インポッシブル』シリーズや『ラスト サムライ』等のプロデューサーとしてもキャリアを重ねている。
さらに本作品のキャメロン・クロウ監督とは、『バニラ・スカイ』でも組んだ名コンビ。
エリザベスタウン
e-town-movie.jp
11月12日(土) ROADSHOW
特製 ポストカード付特別鑑賞券好評発売中！
¥1,300
日劇1
シネマメディアージュ
渋谷シネタワー
新宿プラザ
新宿スカラ
池袋HUMAXシネマ
吉祥寺スカラ座
109シネマズ木場
T・ジョイ大泉
相鉄ムービル
109シネマズ港北
TOHOシネマズ川崎
川崎チネチッタ
MOVIX昭島

オーランド・ブルーム × キルスティン・ダンスト
すべてを失った僕を、待っている場所があった——
この秋、爽やかな感動で満たされる奇跡の6日間
キャメロン・クロウ監督作品
エリザベスタウン
ELIZABETHTOWN
パラマウント映画 クルーズ/ワグナー・ビニール・フィルムズ キャメロン・クロウ オーランド・ブルーム キルスティン・ダンスト スーザン・サランドン "ELIZABETHTOWN" アレック・ボールドウィン ブルース・マッギル ジュディ・グリア ジェシカ・ビール ナンシー・ウィルソン ナンシー・スタイナー デビッド・モリッツ クレイ・A・グリフィス ジョン・トール ASC ドナルド・J・リー・Jr. トム・クルーズ ポーラ・ワグナー キャメロン・クロウ
united international pictures
e-town-movie.jp
キャメロン・クロウ

Story

シューズ会社に勤めるドリュー・ベイラー（オーランド・ブルーム）は、自分がデザインしたシューズの責任者として進めてきた新開発プロジェクトで、約10億ドルもの損害を出してしまい社長のフィル・デボース（アレック・ボールドウィン）からクビを通告される。恋人のエレン・キッシュモア（ジェシカ・ビール）ともうまくいかず、自宅に戻ったドリューは自殺を考えるが、そんな折、姉のヘザー（ジュディ・グリア）から電話がかかってくる。父親が急死したという知らせだった。ドリューは遺灰を海に撒いてほしいという父の遺言を果たすため、父親の故郷であるケンタッキー州のエリザベスタウンに向かう。その途中、飛行機の中で同地に住む世話焼きなフライト・アテンダントのクレア・コルバーン（キルスティン・ダンスト）と知り合った。ドリューは、積極的なクレアの存在が気になり始める。エリザベスタウンに着き、ホテルで孤独を感じたドリューだったが、いつの間にかクレアと朝まで長話することに……。仲を深めていく2人だったが、クレアにはすでに恋人がいた。そして父親の葬儀の後、ドリューは遺灰が入った壷と、クレアがくれた地図とCDをクルマに乗せて旅に出る……。

TOPIC

トムは、プロデューサーとして入り、自分の会社クルーズ/ワグナー・プロダクションズで本作を製作している。監督には「バニラ・スカイ」のキャメロン・クロウ、ヒロイン役のクレアには「インタビュー・ウィズ・ヴァンパイア」で共演したキルスティン・ダンストをキャスティング。主人公のドリューにクビを言い渡す会社社長・フィル・デボース役で出演したアレック・ボールドウィンとは、この後「ロック・オブ・エイジズ」での共演を経て、「ミッション:インポッシブル　ローグ・ネイション」でCIAの長官からIMFの長官になるイーサン・ハントの上司という重要な役柄を与えている。

DATA

監督	キャメロン・クロウ
脚本	キャメロン・クロウ
製作	キャメロン・クロウ トム・クルーズ ポーラ・ワグナー
製作総指揮	ドナルド・J・リー・Jr.
出演者	ドリュー・ベイラー…オーランド・ブルーム クレア・コルバーン…キルスティン・ダンスト フィル・デボース…アレック・ボールドウィン ホリー・ベイラー…スーザン・サランドン エレン・キッシュモアー…ジェシカ・ビール ヘザー・ベイラー…ジュディ・グリア ビル・バニヨン…ブルース・マッギル チャールズ・ディーン…ゲイラード・サーテイン ジェシー・ベイラー…ポール・シュナイダー チャック・ハズボロー…ジェド・リース
音楽	ナンシー・ウィルソン
撮影	ジョン・トール
編集	デヴィッド・モリッツ
製作会社	クルーズ/ワグナー・プロダクションズ
配給	全米:パラマウント・ピクチャーズ 日本:UIP
公開	全米:2005年10月14日 日本:2005年11月12日
上映時間	123分
製作費	45,000,000ドル
興行収入	世界:52,164,016ドル 全米:26,850,426ドル

DVD INFORMATION

エリザベスタウン
DVD:1,572円(税込)
発売元:NBCユニバーサル・エンターテイメント

ニュースの天才

Shattered Glass

ニュースに、本当と、嘘はあるのか?!

Story

政治雑誌『ザ・ニュー・リパブリック』の最年少の記者、スティーヴン・グラス（ヘイデン・クリステンセン）25歳。母校の教室で恩師と後輩たちに、記者としての仕事ぶりを語っていた。「人が感動したり恐れたりするものを探し、当事者の目線で記事を書く」と。他誌からも記事の執筆依頼が来るような売れっ子で、書く記事は斬新な切り口で評価が高かった。「本当に偉大な編集長は記者を守り戦ってくれる」と人徳者の編集長、マイケル・ケリー（ハンク・アザリア）の下で働くのが、スティーヴンの誇りであったが、マイケルが社長とのいざこざで解雇されてしまう。後任には元同僚のチャック・レーン（ピーター・サースガード）が決まるが……。

ニュースに、本当と、嘘はあるのか?!
アメリカ大統領も読む雑誌で
ニュースを作り続けた男の生き方が、
ニュースになってしまった。
ニュースの天才
ヘイデン・クリステンセン『スター・ウォーズ エピソード2／クローンの攻撃』 製作総指揮：トム・クルーズ
www.news-tensai.jp

ニュースの天才
アメリカ大統領機、
エアフォースワンで唯一読まれている雑誌
「ニューリパブリック」の人気ジャーナリストが
次々と放った、スクープ記事41。そのうち
27の記事が、
実は、作られたニュースだった。
アメリカのマスコミと読者を大騒ぎさせた
実在するスーパージャーナリスト、
スティーブン・グラスの
ニュースな生き方を
リアルに描いた、スーパー話題作。
これは、本当にあったニュース、である。
www.news-tensai.jp
11月27日(土)ニュースを疑え!!
VIRGIN TOHO CINEMAS 六本木ヒルズ
TOHOシネマズ南大沢
TOHOシネマズ川崎
TOHOシネマズ海老名
TOHOシネマズ小田原
TOHOシネマズ市川コルトンプラザ
TOHOシネマズ浜松

DATA

監督	ビリー・レイ
脚本	ビリー・レイ
原案	バズ・ビッシンジャー
製作	クレイグ・バウムガーデン アダム・メリムズ ゲイ・ヒルシュ トーヴ・クリステンセン
製作総指揮	マイケル・パサーネク トム・オーテンバーグ トム・クルーズ ポーラ・ワグナー
出演者	スティーブン・グラス…ヘイデン・クリステンセン チャールズ・"チャック"・レーン…ピーター・サースガード ケイトリン・アヴィー…クロエ・セヴィニー アダム・ペネンバーグ…スティーヴ・ザーン アンディ・フォックス…ロザリオ・ドーソン エイミー・ブランド…メラニー・リンスキー マイケル・ケリー…ハンク・アザリア
音楽	マイケル・ダナ
撮影	マンディ・ウォーカー
編集	ジェフリー・フォード
製作会社	クルーズ/ワグナー・プロダクションズ
配給	全米:ライオンズゲート 日本:ギャガ
公開	全米:2003年10月31日 日本:2004年11月27日
上映時間	94分
製作費	6,000,000ドル
興行収入	世界:2,944,752ドル

NARC ／ナーク

Narc

極上のストーリーに心奪われる……

Story

デトロイト警察の元潜入麻薬捜査官であるニック・テリス（ジェイソン・パトリック）は、任務中に市民を誤射してしまう。その後悔の念から警察を辞職した。18カ月という間、休職していたが、同僚の刑事だったマイケル・カルヴェス（アラン・ヴァン・スプラング）が殺害された事件の容疑者を特定するため、殺人課の刑事として復職を命じられる。そして、被害者のパートナーであり、荒くれ者で知られるヘンリー・オーク警部補（レイ・リオッタ）と組むことになるのだった。捜査を進めるうちにお互いに信頼を置くようになる2人だったが……。

“極上のストーリーと最高の演技に
僕は完全に心を奪われてしまった。”
――トム・クルーズ
“M:I-3”の監督に抜擢された、新鋭ジョー・カーナハン作品
NARC
ナーク
www.uipjapan.com

“銃から飛び出したばかりの
ホットな弾の勢いがある。”
ニューヨーク・タイムズ
“息をつかせない緊迫感、
迫力に満ちた
見ごたえのある作品。”
ローリング・ストーン誌
NARC
ナーク
真相の極限に迫る
なぜか胸が熱くなってくる…
NARC“潜入捜査官”の心を揺さぶるドラマ!
5月24日(土)よりロードショー!!
特別に鑑賞券（一般/¥1,500）好評発売中!
日比谷・東宝映画街・帝国ホテル向かい
日比谷スカラ座2
03(3591)5358

DATA

監督	ジョー・カーナハン
脚本	ジョー・カーナハン
製作	レイ・リオッタ
	ジュリアス・R・ナッソー
	トム・クルーズ
	ポーラ・ワグナー
出演者	ニック・テリス刑事…ジェイソン・パトリック
	ヘンリー・オーク警部補…レイ・リオッタ
	チーヴァース警部…シャイ・マクブライド
	マイケル・カルヴェス刑事…アラン・ヴァン・スプラング
	キャスリン・カルヴェス…アン・オープンショー
	ハーラン医師…トニー・デ サンティス
	オクタヴィオ・ルイズ…ジョン・オーティス
	レオ・リー…カーソン・ダーヴェン
音楽	クリフ・マルティネス
撮影	アレックス・ネポムニアスキー
編集	ジョン・ギルロイ
製作会社	Splendid Pictures
	Emmett/Furla Films
	Tiara Blu Films
	Cutting Edge Entertainment
配給	パラマウント・ピクチャーズ
	ライオンズゲート
公開	全米:2002年12月17日（限定）
	2003年1月10日（拡大）
	日本:2003年5月24日
上映時間	105分
製作費	6,500,000ドル
興行収入	世界:12,633,747ドル

アザーズ

The Others

その“存在＜アザーズ＞”が見えた時、全てが変わる。

世界的に現象を巻きおこした
ホラー映画の最高傑作
「アメナバールはヒッチコックの風格を漂わし、
ニコールは「シャイニング」のジャック・ニコルソンを
彷彿とさせる、最高にスリリングな映画だ!」
アンソニー・ミンゲラ
暗闇で光彩を放つ俳優たちの強烈な演技!
HOLLYWOOD REPORTER
アメナバールの才能に、あなたは恐怖の本質を見る。
THE WASHINGTON POST
スピルバーグ、リドリー・スコット、ティム・バートン、いかなる巨匠も
今年はこの作品に勝つことはできない。
HOUSTON CHRONICLE
the Others
トム・クルーズがその才能に惚れ込んだ、‘21世紀のヒッチコック’
アレハンドロ・アメナバール監督最新作
その光さえ届かない館で、一体子供たちは何を見たのか?
アザーズ
the Others
www.gaga.ne.jp www.ponycanyon.co.jp/pc-movies/
www.others-jp.com
GAGA-HUMAX
カミングスーンTV
2002年G.W.ロードショー
特別ご鑑賞券近日発売
丸の内プラゼール
新宿ピカデリー
渋谷松竹セントラル
池袋シネマ・ロサ
上野セントラル
シネマメディアージュ
マイカル松竹本牧
他 全国松竹系にて

その“存在《アザーズ》”が見えた時、全てが変わる。
ニコール・キッドマン
アザーズ
the Others
製作：トム・クルーズ　監督：アレハンドロ・アメナバール
第53回ベネチア映画祭コンペティション部門正式出品作品／第14回東京国際映画祭特別招待作品
www.others-jp.com
その恐怖に世界が戦慄した、ゴシック・ホラーの最高傑作

Story

1945年、第2次世界大戦末期の英国、チャネル諸島のジャージー島。グレース（ニコール・キッドマン）は、アレルギー体質のため太陽光線を浴びることのできない色素性乾皮症の娘アン（アラキナ・マン）と息子ニコラス（ジェームズ・ベントレー）と3人きりで、広大な屋敷で日々を送っていた。夫のチャールズ（クリストファー・エクルストン）は出征したまま。そんな家族の元に、ミセス・ミルズ（フィオヌラ・フラナガン）と、言葉をしゃべることのできないリディア（エレーン・キャシディ）、庭師のエドマンド・タトル（エリック・サイクス）の3人の使用人が現れる。その日を境に、屋敷で不可解な現象が起き始めた。誰もいない階上からの物音、見知らぬ子供の泣き声。そんな折、アンが一枚の絵を描いてみせる。そこには見覚えのない老婆と男の子とその両親が描かれていた。そして、グレースは3人の使用人が、半世紀以上も前に死んでいたことを知る。幽霊だったのだ。3人の使用人は、この屋敷の秘密を知っていた。かつてこの屋敷では、母親が我が子を殺し、自殺する事件が起きていた。屋敷の中では生者と死者が暮らしていたのだ。さらに使用人たちは「互いに気づくことも、気づかないこともある」とグレースに教える……。

TOPIC

クルーズ/ワグナー・プロダクションズにて製作。トムは、製作総指揮を務めている。主演は、ニコール・キッドマン。当時、2人は夫婦だった。監督・脚本はアレハンドロ・アメナーバル。トムは同じ時期に、この監督が原案を書いた「オープン・ユア・アイズ」のリメイク作「バニラ・スカイ」で主演した。こちらの作品でも製作に入り、自らの会社で作っている。

BD INFORMATION

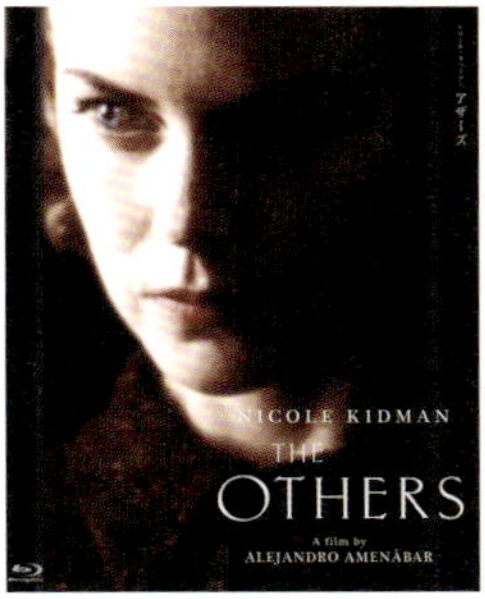

アザーズ
Blu-ray:5,280円(税込)
発売元:株式会社アイ・ヴィー・シー

DATA

監督	アレハンドロ・アメナーバル
脚本	アレハンドロ・アメナーバル
製作	フェルナンド・ボバイラ
	ホセ・ルイス・クエルダ(スペイン語版)
	パーク・サンミン
製作総指揮	トム・クルーズ
	リック・シュウォーツ
	ポーラ・ワグナー
	ボブ・ワインスタイン
	ハーヴェイ・ワインスタイン
出演者	グレース…ニコール・キッドマン
	チャールズ…クリストファー・エクルストン
	ミルズ夫人…フィオヌラ・フラナガン
	アン…アラキナ・マン
	ニコラス…ジェームズ・ベントレー
	エドマンド・タトル…エリック・サイクス
	リディア…エレイン・キャシディ
	老婆…ルネ・アシャーソン
音楽	アレハンドロ・アメナーバル
撮影	ハビエル・アギーレサロベ
編集	ナチョ・ルイス・カピヤス
製作会社	ラス・プロドゥクシオネス・デル・エスコルピオン
	ソゲシネ
	クルーズ/ワグナー・プロダクションズ
配給	全米:ディメンション・フィルムズ
	日本:ギャガ
公開	全米:2001年8月2日
	日本:2002年4月27日
上映時間	104分
製作費	17,000,000ドル
興行収入	世界:209,947,037ドル
	全米:96,522,687ドル
	日本:16億円

サスペクト・ゼロ

Suspect Zero

見えるんだ、罪が。聞えるんだ、叫びが。

すべての謎が秘められた、"Q"のマーク。
3件の無差別殺人事件。まぶたを切り取られ、眼球をむき出しにされた死体には、"Q"のマークが残されていた——。FBI捜査官マッケルウェイに送られてくる、膨大な量のファックスとスケッチ。それらに秘められた手がかりから、被害者たちの恐るべき共通点が次第に明らかにされていく。彼らは、FBIですらプロファイリング不可能だった"サスペクト・ゼロ"——。捜査線上に浮かび上がってくる、元FBIを名乗る謎の男オライアンは、FBIの協力者なのか？挑戦者なのか?! 彼には"サスペクト・ゼロ"の存在が見えているのか？そして、彼の背後に映し出されてくる、謎の国家プロジェクト"イカロス計画"とは——。オライアンの秘密が解き明かされたとき、さらなる戦慄が走り出す!!
"ゼロ"の向こうに、秘密が隠されている。
戦慄の結末へと引き込まれていく、衝撃のサスペンス!!
事件を追うFBI捜査官マッケルウェイを演じるのは、『ペイチェック 消された記憶』のアーロン・エッカート。彼のパートナーには『マトリックス』のキャリー＝アン・モス。そして、事件の陰に潜む謎の男オライアンには、アカデミー賞®俳優ベン・キングズレー。名優3人のアンサンブルが、想像を超えるリアリティーを生み出す。未体験のサスペンス。衝撃の苦悩に包まれた結末が、まもなく日本を震撼させる!!
サスペクト・ゼロとは
特定の犯行手口やパターンがなく、捜査線上に決して浮かび上がらない、犯罪者。
殺意だけで無差別殺人を繰り返す、FBIですらプロファイリング不可能な殺人犯、を意味する。
2月11日(祝)より ロードショー!
サスペクト・ゼロ オリジナルメールブロック付 前売鑑賞券絶賛発売中! ●一般券1,300円(税込み)
リピーター割引
有楽町スバル座 03(3212)2826
シネマ メディアージュ 03(5531)7878
新宿オスカー 03(3202)5657
池袋HUMAXシネマ 03(5979)1660

見えるんだ、罪が。
聞えるんだ、叫びが。
サスペクト・ゼロ
【SUSPECT ZERO】特定の犯行手口やパターンがなく、捜査線上に決して浮かび上がらない、連続殺人犯。
アーロン・エッカート
ベン・キングズレー
キャリー＝アン・モス
2005.2.11
ついに「セブン」を超えた! 戦慄のサスペンス・ミステリー!!

プロデュース作品

トムは、本作ではクレジットなしで参加。しかし、自分の会社であるクルーズ / ワグナー・プロダクションズで製作をしている。これまで、「ラスト・リミッツ 栄光なきアスリート」（1998、日本未公開）、「アザーズ」（2001）、「NARC ／ナーク」（2002）、「Hitting It Hard」（2002、日本未公開）、「ニュースの天才」（2003）、「サスペクト・ゼロ」（2004）、「エリザベスタウン」（2005）、「Ask the Dust」（2006、日本未公開）と、8 本の作品で自分は出演せず、プロデュース業のみを行った。全て、クルーズ / ワグナー・プロダクションズで製作している。

Story

ＦＢＩ捜査官のトム・マッケルウェイ（アーロン・エッカート）は、連続殺人犯の不当逮捕が原因で、ニューメキシコ州のアルバカーキに左遷させられてしまう。トムが赴任するやいなや、管轄内で立て続けに3件の殺人事件が発生する。3人の被害者たちはまぶたが切り取られ、身体に〝0〟（ゼロ）のマークが刻まれていた。やがて、捜査線上にベンジャミン・オライアン（ベン・キングズレー）という男が浮上。元ＦＢＩ捜査官だというベンジャミンの痕跡から、〝サスペクト・ゼロ〟という新たな犯人像が描き出されてきた。

第4章

映画に人生を捧げる男

バイオグラフィ

トム・クルーズが歩んできた足跡を
年表形式で追う。

出演作品

出演／製作

製作作品

1962年7月3日ニューヨーク州シラキュース市で生まれる

曾祖父のトーマス・クルーズ・メイポーサーはウェールズからの移民だった。そして、アイルランド、イングランド、ドイツなどの血を引く父トーマスと母メリー・リーの間に、トムは生まれた。トーマス・クルーズ・メイポーサー4世（本名）と名付けられ、姉2人と妹1人がいる。父親はゼネラル・エレクトリック社で電気技師として働いていたが、トムの誕生を機に独立し、各地を渡り歩く生活が始まった。母親は社交的で女優の経験もあり、引っ越し先では地元の演劇グループに参加していた。その影響か、小学4年生の時に初めて演劇に関わった。6人の男子生徒と演劇祭で音楽劇を上演した。しかし、トムの少年時代の関心は、もっぱらスポーツ。水泳、野球、フットボール、サッカー、テニス、ボクシング、レスリング、スキー等に励み、アイスホッケーでは前歯を一本折った（このため1本は差し歯だが「アウトサイダー」出演時には差し歯を外している）。

9歳の時に、父親がカナダ軍の防衛コンサルタントとして就職したため、カナダ・オンタリオ州オタワのビーコン・ヒルに引っ越した。この時、カナダの国技であるラクロスに打ち込んだ。12歳の時に両親が離婚。母親に引き取られた。そして、母親の故郷であるケンタッキー州ルイヴィルで暮らし始める。経済的には厳しく、トムは新聞配達などをして家計を助けた。14年間で合計15の学校に通った。少年時代、トムは両親の離婚以外にも苦しんだことがある。それは難読症。文字の識別がうまくできず、読み書きが非常に困難になる学習障害で、母親も姉妹たちも同じ障害に苦しんでいた。転校が多かったため、十分な学習環境を得られないことも災いしている。

カトリックの信者だったトムは14歳の時にフランシスコ派修道院が運営する神学校に入学している。しかし、家族と離れての規律の厳しい寮生活からひどいホームシックにかかり1年で中退。家に帰るが母

	1983（21歳）						1982（20歳）												1981（19歳）											
	6	5	4	3	2	1	12	11	10	9	8	7	6	5	4	3	2	1	12	11	10	9	8	7	6	5	4	3	2	1
出演			爆笑!?恋のABC体験 全米公開	アウトサイダー 全米公開										タップス日本公開					タップス 全米公開 / エンドレス・ラブ日本公開					エンドレス・ラブ 全米公開						
出来事																														

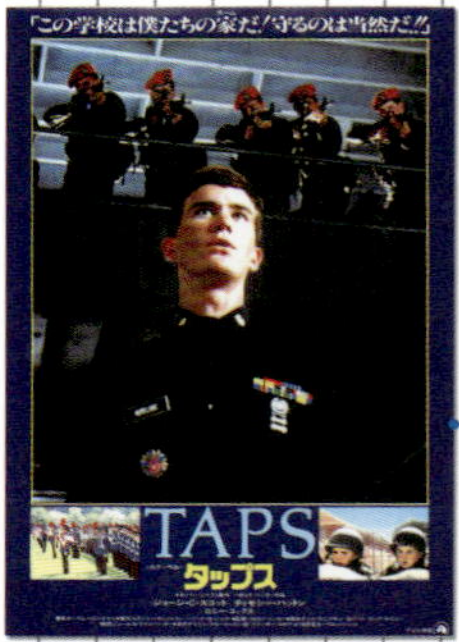

親が再婚し、16歳の時に一家でニュージャージー州に移った。グレンリッジ・ハイスクールに転校してレスリング部に入部。地元紙面を飾るほどの活躍ぶりだったが、高校3年の時、試合に備えての階段の上り下りの練習中に転落。膝をケガしたことで、激しいスポーツができなくなってしまった。そして、エネルギーの矛先は演劇へと向かった。校内公演のミュージカル劇「野郎どもと女たち」のネイサン・デトロイト役で喝采を浴びると俳優を志すことを決めた。

高校を卒業すると俳優になるためニューヨークに。数カ月間、レストランのウェイターとして働きながら芝居の勉強に励んだ。オーディションを受けまくるが落ちてばかり。しかし、1年足らずで努力が実り、ロサンジェルスでクリエイティヴ・アーティスツ・エージェンシーと契約。ブルック・シールズ主演の「エンドレス・ラブ」のオーディションに合格し、台詞72語、出演シーン2分という主人公の友人役を手に入れた。

年	月	出演	出来事
1983	8	卒業白書 全米公開	
1983	9	アウトサイダー 日本公開	
1983	10	トム・クルーズ／栄光の彼方に 全米公開	
1984（22歳）	1	卒業白書 日本公開	「卒業白書」ゴールデングローブ賞 主演男優賞ノミネート
1985（23歳）	12	レジェンド／光と闇の伝説 英国公開	

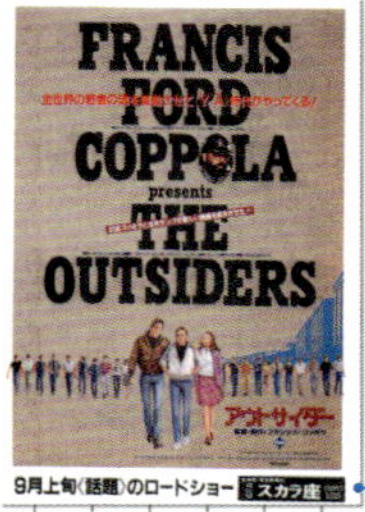

1988（26歳）／1987（25歳）／1986（24歳）

年	月	出演	出来事
1987	8	レジェンド／光と闇の伝説 日本公開	
1987	5		ミミ・ロジャースと結婚
1986	12	トップガン 日本公開	
1986	11	ハスラー2 日本公開	
1986	10	ハスラー2 全米公開	
1986	5	トップガン 全米公開	
1986	4	レジェンド／光と闇の伝説 全米公開	

1993（31歳）／1992（30歳）／1991（29歳）

年	月	出演	出来事
1993	6	ザ・ファーム法律事務所 全米公開	
1993	3		男優賞ノミネート
1993	2	ア・フュー・グッドメン 日本公開	ゴールデングローブ賞 主演
1993	1		「ア・フュー・グッドメン」で
1992	12	ア・フュー・グッドメン 全米公開	
1992	7	遥かなる大地へ 日本公開	
1992	5	遥かなる大地へ 全米公開（初来日）	

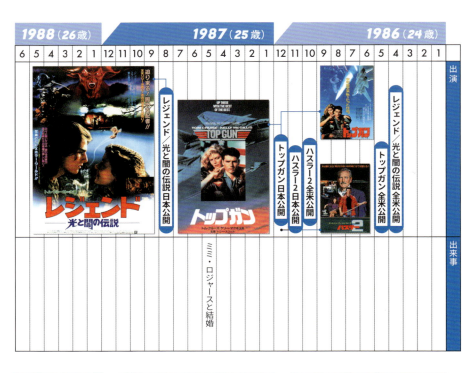

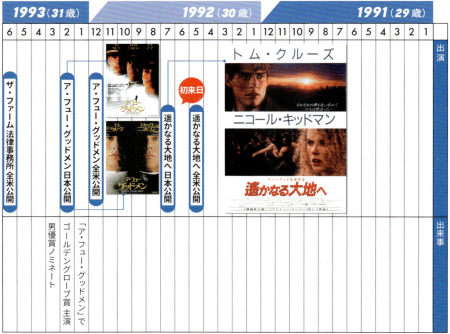

	1990（28歳）												1989（27歳）												1988					
	12	11	10	9	8	7	6	5	4	3	2	1	12	11	10	9	8	7	6	5	4	3	2	1	12	11	10	9	8	7
出演							デイズ・オブ・サンダー全米・日本公開				7月4日に生まれて日本公開		7月4日に生まれて全米公開									カクテル日本公開	レインマン日本公開		レインマン全米公開					カクテル全米公開
出来事	ニコール・キッドマンと結婚						「7月4日に生まれて」でアカデミー主演男優賞ノミネート			「7月4日に生まれて」でゴールデングローブ賞 主演男優賞受賞		ミミ・ロジャースと離婚																		

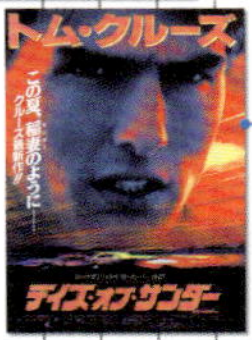

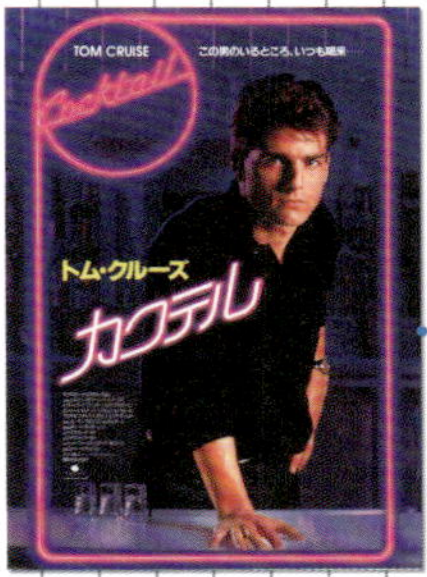

	1995（33歳）												1994（32歳）												1993					
	12	11	10	9	8	7	6	5	4	3	2	1	12	11	10	9	8	7	6	5	4	3	2	1	12	11	10	9	8	7
出演													インタビュー・ウィズ・ヴァンパイア日本公開	来日 インタビュー・ウィズ・ヴァンパイア全米公開																ザ・ファーム法律事務所日本公開
出来事																												クルーズ／ワグナー・プロダクションズ 設立		

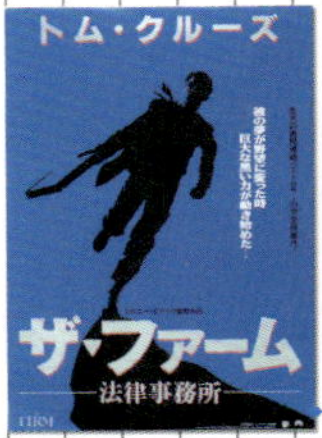

1996（34歳）〜1998（36歳）

出演／製作

- 1996年5月　ミッション：インポッシブル全米公開
- 1996年7月　来日　ミッション：インポッシブル日本公開
- 1996年12月　ザ・エージェント全米公開
- 1997年5月　ザ・エージェント日本公開
- アイズ ワイド シャット撮影のためロンドンに移住

出来事

- 1997年3月　「ザ・エージェント」でゴールデングローブ賞 主演男優賞受賞

2001（39歳）〜2003（41歳）

出演／製作

- 2001年8月　アザーズ全米公開
- 2001年12月　バニラ・スカイ全米公開
- 2001年12月　バニラ・スカイ日本公開
- 2002年4月　アザーズ日本公開
- 2002年5月　Hitting It Hard全米公開
- 2002年6月　マイノリティ・リポート全米公開
- 2002年7月　オースティン・パワーズゴールドメンバー全米公開
- 2002年8月　オースティン・パワーズゴールドメンバー日本公開
- 2002年10月　来日
- 2002年12月　来日　マイノリティ・リポート日本公開
- 2003年1月　NARCナーク全米拡大公開
- 2003年5月　NARCナーク日本公開

出来事

- 2001年8月　ニコール・キッドマンと離婚
- 2001年12月　来日

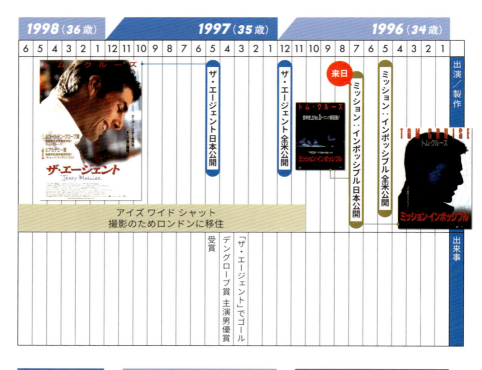

1998

- 9月　出演/製作：ラスト・リミッツ 栄光なきアスリート全米公開

アイズ ワイド シャット撮影のためロンドンに移住

1999（37歳）

- 7月　出演/製作：アイズ ワイド シャット全米・日本公開　来日

2000（38歳）

- 1月　出演/製作：マグノリア全米公開
- 1月　出来事：「マグノリア」でゴールデングローブ賞 助演男優賞受賞
- 2月　出演/製作：マグノリア日本公開
- 3月　出来事：「マグノリア」でアカデミー助演男優賞ノミネート
- 5月　出演/製作：M：I-2全米公開
- 7月　出演/製作：M：I-2日本公開　来日

2003

- 8月　来日
- 10月　出演/製作：ニュースの天才全米公開
- 12月　出演/製作：ラストサムライ日米同時公開　来日

2004（42歳）

- 1月　出来事：「ラストサムライ」でゴールデングローブ賞 主演男優賞ノミネート
- 8月　出演/製作：コラテラル全米公開
- 9月　出演/製作：サスペクト・ゼロ全米公開
- 10月　出演/製作：コラテラル日本公開　来日
- 11月　出演/製作：ニュースの天才日本公開

2005（43歳）

- 2月　出演/製作：サスペクト・ゼロ日本公開
- 5月　出来事：オプラ・ウィンフリー・ショーでソファー事件を起こす
- 6月　出演/製作：宇宙戦争日米同時公開　来日
- 10月　出演/製作：エリザベスタウン全米公開
- 10月　出来事：日本で「トムの日」制定
- 11月　出演/製作：エリザベスタウン日本公開

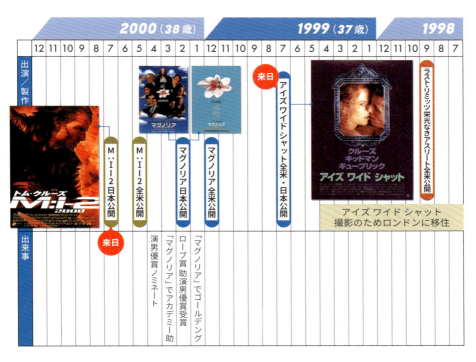

2006（44歳）

出演／製作
- 3月　Ask the Dust 全米公開
- 5月　M:i:Ⅲ 全米公開
- 6月　来日
- 7月　M:i:Ⅲ 日本公開

出来事
- 4月　娘・スリ・クルーズ誕生
- 11月　ケイティ・ホームズと結婚

2007（45歳）

出演／製作
- 11月　大いなる陰謀 全米公開

出来事
- 5月　ビバリーヒルズに43億円で邸宅購入

2008（46歳）

出演／製作
- 4月　大いなる陰謀 日本公開

2011（49歳）

出演／製作
- 12月　ミッション：インポッシブル／ゴースト・プロトコル 日米同時公開
- 来日

2012（50歳）

出演／製作
- 6月　ロック・オブ・エイジズ 全米公開
- 9月　ロック・オブ・エイジズ 日本公開
- 12月　アウトロー 全米公開

出来事
- 7月　ケイティ・ホームズと離婚
- 経済誌『フォーブス』の2010年5月からの1年間で「最も稼いだ俳優」ランキングで1位獲得

2013（51歳）

出演／製作
- 2月　アウトロー 日本公開
- 来日
- 4月　オブリビオン 全米公開
- 5月　オブリビオン 日本公開
- 来日

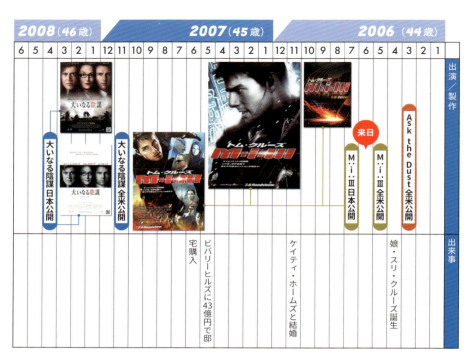

2010（48歳）／2009（47歳）／2008

出演／製作

- 2010年10月：ナイト&デイ日本公開
- 2010年9月：来日
- 2010年6月：ナイト&デイ全米公開

- 2009年3月：来日
- 2009年3月：ワルキューレ日本公開
- 2009年1月：ワルキューレ独国公開
- 2008年12月：ワルキューレ全米公開
- 2008年11月：トロピック・サンダー／史上最低の作戦日本公開
- 2008年8月：トロピック・サンダー／史上最低の作戦全米公開

出来事

- 2008年12月：「トロピック・サンダー／史上最低の作戦」でゴールデングローブ賞 助演男優賞ノミネート

2015（53歳）／2014（52歳）／2013

出演／製作

- 2015年8月：来日
- 2015年8月：ミッション：インポッシブル／ローグ・ネイション日本公開
- 2015年7月：ミッション・インポッシブル／ローグ・ネイション全米公開

- 2014年7月：オール・ユー・ニード・イズ・キル 日本公開
- 2014年6月：オール・ユー・ニード・イズ・キル 全米公開
- 2014年6月：来日

出来事

	2018（56歳） 6	5	4	3	2	1
出演／製作						
出来事						

	2017（55歳） 12	11	10	9	8	7	6	5	4	3	2	1
出演／製作			バリー・シール／アメリカをはめた男日本公開	バリー・シール／アメリカをはめた男全米公開		ザ・マミー／呪われた砂漠の王女日本公開	ザ・マミー／呪われた砂漠の王女全米公開					
出来事												

	2016（54歳） 12	11	10	9	8	7	6	5	4	3	2	1
出演／製作		ジャック・リーチャーNEVERGOBACK日本公開	ジャック・リーチャーNEVERGOBACK全米公開 来日									
出来事												

	2023（61歳） 6	5	4	3	2	1
出演／製作						
出来事	コロナ禍に					

	2022（60歳） 12	11	10	9	8	7	6	5	4	3	2	1
出演／製作								トップガン マーヴェリック日米同時公開 来日				
出来事	コロナ禍に											

	2021（59歳） 12	11	10	9	8	7	6	5	4	3	2	1
出演／製作												
出来事	コロナ禍に											

	2020（58歳）												2019（57歳）												2018					
	12	11	10	9	8	7	6	5	4	3	2	1	12	11	10	9	8	7	6	5	4	3	2	1	12	11	10	9	8	7
出演／製作																													ミッション:インポッシブル／フォールアウト日本公開	来日 ミッション:インポッシブル／フォールアウト全米公開
出来事	コロナ禍に																													

	2025（63歳）												2024（62歳）												2023					
	12	11	10	9	8	7	6	5	4	3	2	1	12	11	10	9	8	7	6	5	4	3	2	1	12	11	10	9	8	7
出演／製作								ミッション:インポッシブル／ファイナル・レコニング日米同時公開																						ミッション:インポッシブル／デッドレコニングPART ONE全米・日本公開
出来事	コロナ禍に												アメリカ海軍公共サービス殊勲章受賞				パリオリンピック閉会式に登場													来日が中止に

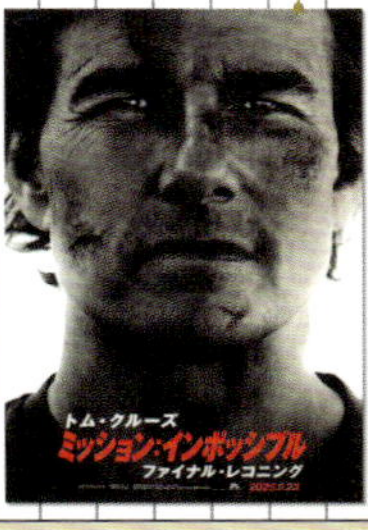

トム・クルーズ ザ・レジェンド

クルーズミッションチーム編《へん》

2025年4月24日
第1刷発行

発行人・編集人・奈良原敦子（株式会社ART NEXT）
発行所　株式会社ART NEXT
〒150-0044
東京都渋谷区円山町5-5
Navi渋谷V 3F
info@art-next.co.jp

印刷・製本・株式会社シナノ

○定価はカバーに表示してあります。
本書で扱った内容には、今日では一部不適切と思われる内容がありますが、当時の時代背景を考慮し、収録しております。

編集・執筆
市来 満
デザイン
澁谷明美
写真提供
AFLO
Album/ アフロ
Collection Christophel/ アフロ
Everett Collection/ アフロ
Moviestore Collection/ アフロ
mptvimages/ アフロ
Newscom/ アフロ
Paramount Pictures/JLPPA/
Best Image/ アフロ
Photofest/ アフロ
PictureLux/ アフロ
Splash/ アフロ
代表撮影 / ロイター / アフロ

※本誌掲載の情報は全て
2025年4月24日現在のものです。

ISBN978-4-910825-28-1